GOTTESDIENST PRAXIS SERIE A

Arbeitshilfen für die Gestaltung
der Gottesdienste im Kirchenjahr

Herausgegeben von Erhard Domay

Gütersloher Verlagshaus

GOTTESDIENST PRAXIS

III. Perikopenreihe

Band 3: Christi Himmelfahrt bis 12. Sonntag nach Trinitatis

Gütersloher Verlagshaus

Die Deutsche Bibliothek - CIP-Einheitsaufnahme

Gottesdienstpraxis. - Gütersloh : Gütersloher Verl.-Haus.

Ser. A, Arbeitshilfen für die Gestaltung zu den Sonn- und Feiertagen des Kirchenjahres.
Perikopenreihe 3 / hrsg. von Erhard Domay.

Bd. 3. Christi Himmelfahrt bis 12. Sonntag nach Trinitatis - 1999
ISBN 3-579-02946-0

ISBN 3-579-02946-0

Umschlagentwurf: Franz Wollzenmüller, Oberhaching
Umschlagbild: © Johannes Schreiter, Langen, Fazit 21/1984/FB
Die hier wiedergegebene Reproduktion entspricht dem Original: Ausschnitt aus einem Fenster der Friedenskirche in Wörth a. Rhein.
Satz: Fotosetzerei Steggemann, Herford
Druck und Bindung: Westermann Druck Zwickau GmbH

Gedruckt auf chlorfrei gebleichtem Werkdruckpapier

Printed in Germany

Inhalt

Christi Himmelfahrt

Annäherungen an den Predigttext 1. Könige 8,22–24.26–28

Rolf Heinrich

»Wo wohnt Gott?«
»Kann er in einem Haus wohnen, wenn aller Himmel Himmel ihn nicht fassen können?« »Wohnt er auf der Erde mitten unter den Menschen?« Diese Fragen stellen MitarbeiterInnen der Gemeinde nach dem ersten Lesen des Textes.
Aus einer Sammlung von Landschaftsfotos (Himmelsbilder, Meer, Gebirge, Wüste, Gärten, intakte und zerstörte Landschaften) und Menschenbildern (Familienbilder, auf denen Kinder Trost und Zuflucht bei Mutter oder Vater finden, Menschen in Not und Elend; Menschen, die sich lieben) suchen die MitarbeiterInnen Fotos, auf denen »Wohnungen Gottes« zu sehen sind: »Gott ist obdachlos und sucht eine Wohnung.« »Gott hat als Vermieter seine Häuser und Gärten vernachlässigt. Er müßte dringend renovieren.« »Gott wohnt da, wo Menschen Lust am Leben haben, zärtlich zueinander sind und sich lieben.« »Wenn ich im Hochgebirge wandere und den Gipfel eines Berges erklommen habe, dann spüre ich die Nähe Gottes.« »Gott ist für mich Geborgenheit, so wie das kleine Baby auf dem Bauch des Vater schläft.« »Gott ist für mich eine Zuflucht, so wie der kleine weinende Junge sich an das Bein des Großvaters klammert.« »Gott sitzt im Gefängnis und wartet auf seine Befreiung.« »Gott wohnte in der Kirche, als Flüchtlinge in ihr Zuflucht fanden.« »Gott wohnt im Himmel. So ist er an jedem Ort der Erde und bei jedem Menschen auf dieser Erde gleich gegenwärtig.« »Für mich wohnt Gott in meinem Herzen.«
Im anschließenden Gespräch wurde deutlich, daß Gott nicht raum- und zeitlos zu denken ist, sondern in einem konkreten Lebensraum und in einer bestimmten Zeit lebt und wohnt. Seine Wohnungen und Lebensräume sind nicht einfältig, sondern vielfältig, je nach der Situation und den Umständen, in denen Menschen leben. So konnten Gott und Mensch im gleichen Garten wohnen, so konnte er im Zelt und auf dem Zion wohnen, so konnte er im Tempel und in seiner Schöpfung wohnen, so kann er sogar im Sabbat wohnen, in der Ruhe, zu der Gott am Sabbat kommt, so kann er im Herzen der Menschen wohnen. *Gott wohnt auf Erden unter den Menschen, er hat in einem Menschen Wohnung genommen.* Der erste Raum, den der Mensch

bewohnt, ist der Leib der Mutter, der Frau, die den Menschen geboren hat. Hier fand der Mensch alles, was er zum Leben brauchte. Der Mensch ist der Tempel Gottes. Jeder Mensch ist ein Heiligtum, denn Gott ist barmherzig. Barmherzigkeit kommt im hebräischen von Mutterschoß, es besagt eine Verbundenheit und einen bergenden Raum, die im Bereich der Mütterlichkeit gedeihen.

Eigentlich sind nicht die Wohnungen, die Räume und Orte entscheidend, denn Gott ist frei und kann den Tempel auch wieder verlassen, sondern entscheidend ist, daß Gott und Mensch, Mensch und Mensch sich begegnen. *Die Wohnungen und Räume sind Lebens-, Beziehungs- und Begegnungsräume,* in denen Menschen, die klagen und beten, eine Zuflucht suchen und hoffen, daß Gott seinen Verheißungen treu bleibt. Wenn das geschieht, sind Menschen an einem heiligen Ort und in einem heiligen Raum, in dem sie heil werden. Wenn Gott im Tempel oder in der Kirche wohnt, dann so, daß er Klage und Gebet hört und dem, der sonst keinen Raum und keine Wohnung hat, Lebensraum schafft und gewährt. Wenn Gott gegenwärtig ist, dann bindet er die Räume und Orte an eine besondere Lebensqualität, an die Klagen und Gebetsanliegen der Gemeinde. Das wurde den GesprächsteilnehmerInnen besonders deutlich, als wir ergänzend zu 1. Kön 8,22–28 die Verse 33–43 lasen, in denen die Lebenssituationen der Gemeinde und eines Ausländers (!) im Tempel vor Gott zur Sprache kommen: »Höre es im Himmel«. Gott öffnet den Raum von innen, der unbehauste und unruhige Mensch findet im Raum Gottes Zuflucht und Ruhe. Gott wird zum weiten Raum. Zugespitzt: Nicht wo der Himmel ist, da ist Gott, nicht wo der Tempel ist, da wohnt Gott, sondern wo Gott ist, da ist der Himmel und wo Gott ist, da ist der Tempel.

Den unterschiedlichen und vielfältigen Wohnungen Gottes, die von den MitarbeiterInnen genannt wurden, ist gemeinsam, daß in ihnen Leben bewahrt, beschützt und geheilt werden soll, nicht aber das Leben oder die Lebensbedingungen und Lebensgrundlagen zerstört und verletzt werden sollen. Im Vergleich der verschiedenen Wohnungen und Orte Gottes fand die *Wohnung Gottes als Zuflucht und Raum der Geborgenheit* an ganz unterschiedlichen Orten und Räumen die größte Zustimmung, und zwar als Zuflucht und Schutz für die Geringen, die Traurigen und Klagenden.

Zum Gottesdienst

Hartmut Stuber

Exegetisch-homiletische Skizze

Na denn, mit Herman van Veens fröhlichem Gott hinaus ins Freie! Hinaus aus muffigen Kirchenmauern mit den vielen, die gerade am Himmelfahrtstag unter Gottes weitem Himmel unterwegs sind. Schließen wir uns den Vatertagsausflüglern an; oder denen, die Gott im Wald und auf der Heide suchen, draußen vor den Kirchentüren. Viele Gemeinden machen ja gerade an Himmelfahrt das Angebot eines »Gottesdienst im Grünen«. Und wer es kann, mag gern die Chance nutzen, nun wirklich einmal Gottesdienst am strömenden Wasser und im Sonnenschein zu feiern.
Manche GottesdienstbesucherInnen - die weniger mobilen vor allem - werden jedoch auch an diesem Tag das vertraute Kirchengebäude auf-, und Gott darinnen suchen. Deshalb werden wir doch das dicke Buch unter die müden Achseln nehmen, das schwarze Gewand anziehen und vor den Altar treten. Doch nicht allein: Wir tun es zusammen mit Salomo.
Salomos Gebet zur Tempelweihe ist der einzige alttestamentliche Text der Himmelfahrtsperikopen. Ganz offensichtlich sind es die beiden Fragen in Vers 27, die dazu geführt haben, Christi Himmelfahrt vom alten Testament her zu bedenken. Der zu Gott erhöhte Christus wird quasi in diese Fragen hineingenommen. »Wo wohnt Gott?« und »Wo finde ich Christus?; diese beiden zentralen Fragen brechen bald hinter den noch zögerlichen Reflexionen Solomos in Vers 27 hervor. Doch allein mit Vers 27 finden wir keine befriedigende Antwort. Wenn weder der Himmel noch ein Haus Gott fassen und ihm Wohnort werden können, bleiben unsere Fragen letztlich offen. Deshalb nicht bei Vers 27 stehenbleiben, der ja eine in den Text offensichtlich hineingetragene, kommentierende Randbemerkung darstellt. Sehen wir den Text als Ganzes in seinem Versuch, Antwort auf die erwähnten Fragen zu sein.
Schon im Umfeld des Tempelweihgebetes gibt der deuterononomistische Verfasser in 1. Könige 8 Hinweise auf den Wohnort Gottes. So werden die Bundeslade (V. 9 ff.), der Himmel (V. 30), das Dunkel (!) (V. 12) und schließlich ein Haus (V. 13) als Orte der Präsenz Gottes benannt. Das Tempelweihgebet selbst betont die Präsenz Gottes im Haus Gottes, dem Tempel und seine Gegenwart im Gebet. Beides wird auch in der Predigt aufzuweisen sein.
Nach einem Weihespruch (V. 12 f.) und einem historischen Überblick zum Tempelbau (V. 14–21) ergreift Salomo zum dritten Mal das Wort; nun in priesterlicher Weise als eine Betender. Der Ort (»vor dem Altar«) und die in Vers 22 beschriebene Gebetshaltung machen dies deutlich.
Mit dem Erweis der Einzigartigkeit Gottes beginnt das Gebet. Schon hier werden Himmel und Erde als Räume Gottes benannt, in denen auch

andere Völker ihre Götter verorten. Die Einzigartigkeit des Gottes Israels besteht nicht in seinem möglichen Wohnort, sondern in Verbindung, die er - von jedem Ort aus - zu seinem Volk hält.
Der Bund Gottes mit Israel ermöglicht die Verbindung mit Gott, wo auch immer er wohnt (V. 23). Dies führt Salomo nun am Beispiel des Tempelbaus in Vers 24 aus. Gott hält seine Zusage ein, die wohl auf dem Spruch Nathans aus 2. Samuel 7 beruht. Die Herrschaft des leiblichen Sohns von David und der Tempelbau durch Salomo werden dort zugesagt (2. Samuel 7,12 f.). Die Erfüllung dieser Zusagen erlaubt Salomo den Ausblick in die Zukunft. Seine Forderung nach Fortbestand der davidischen Dynastie haben die Perikopengestalter - wohl als »Privatsache« Salomos - entfernt. Damit leider auch die Forderung von rechtem Verhalten des Volkes gegenüber Gott. Ein Verhalten, das den Bestand der Dynastie mit bedingt. Die Beteiligung der Menschen am Bund Gottes durch ihr eigenes Verhalten sollte mit Vers 25 in den Predigttext hineingenommen werden. Dann schließt auch der Vers 26 nahtlos an, der die Bitte aus Vers 25 nochmals verstärkt und zu Vers 28 überleitet.
Vers 27 ist dazwischen formal (zwei Fragen unterbrechen das Gebet) wie inhaltlich (eine Reflexion auf die Exilsituation und die Zerstörung des Tempels) ein Einschub, der allerdings - nicht nur wegen des Himmelfahrtbezuges - keineswegs aus dem Predigttext herausfallen kann. In den beiden Fragen spiegelt sich eine Fülle an Glaubensfragen - von der Theodizeefrage bis zu Gebetszweifeln - wider, denen die Predigt nicht ausweichen kann. Daher sind die Fragen in Vers 27 auch nicht vorschnell als rein rhetorische Fragen abzuhandeln. Was die damalig Fragenden aus ihrer Exilsituation rasch mit »Nein« beantworten würden, muß für uns - gerade in unseren gottfernen »Exilsituationen« - zunächst einmal offen bleiben. Offen für tragfähige Antworten.
Eine Antwort wird im Text ab Vers 28 angeboten. Die Bitte um Gebetserhörung zeigt, wie ein Begegnungsraum zwischen Mensch und Gott im Gebet geschaffen werden kann. Wo der barmherzige Gott des Bundes angerufen wird, da entsteht eine Beziehung, die die Frage nach dem Ort Gottes mit »Gott ist im Gebet zu finden« beantwortet. Da mir, wie dem Verfasser von 1. Könige 8 auch der konkrete Ort von Bedeutung ist, wird es notwendig, noch die Verse 29 und 30 zum Predigttext hinzuziehen. Vers 28 wird mit diesen Versen im Tempel verortet. Auch die Unterscheidung, daß Gott in seinem »Namen« im Tempel präsent ist (so auch im Gebet: »Vater unser ...«), er zugleich aber im Himmel wohnt, ist hilfreich, um die Spannung zwischen Nähe und Distanz Gottes zur Sprache zu bringen.
Ich will mich also nicht von Herman van Veens schöner Geschichte verführen lassen, aus dem Kirchengebäude auszuwandern. Gerade in der Kirche, »angesichts der ganzen Gemeinde« will ich der Frage nach der Wohnung Gottes nachgehen. Dabei sollen weder die Fragen aus Vers 27 schnell negativ beantwortet werden, noch soll versucht werden, Gott an den Kirchen-

raum zu binden. Die Spannung zwischen dem unverfügbaren Gott und dem sich uns zuwendenden Gott muß erhalten bleiben (unübertroffen bei Jochen Klepper: »Gott will im Dunkeln wohnen und hat es doch erhellt«). Die beiden »Wohnungen Gottes«, die der Text anbietet: das Gebet und das Haus Gottes (hier und heute: die Kirche) sollen jedoch in ihren Möglichkeiten entfaltet werden, »Lebens-, Beziehungs- und Begegnungsräume« zwischen Gott und den Menschen zu sein.
Gerade die (wenigen) Gemeindeglieder, die heute zum Gottesdienst kommen, suchen auch im Kirchengebäude Vergewisserung; wollen dort die Nähe Gottes spüren. Die Kirche als einen Raum des Gebets und der Stille, der Freiheit und der Zuversicht erleben zu lassen, soll Ziel des Gottesdienstes sein. Dabei wird der Gott ernst genommen, der sich vom Menschen Jesus bis zum Volk Israel, vom Tempel bis zur Kirche, selbst an Dinge dieser Welt bindet - und das in seiner ganzen Freiheit. In dieser Freiheit ist er zugleich Gegenüber unseres Gebets, das auch außerhalb der Kirchenmauern »Zuflucht und Raum der Geborgenheit« wird, selbst wenn »aller Himmel Himmel« ihn nicht fassen können.
Diese Botschaft kann dann auch »halbdunkle« Räume erhellen; und wenn ich mit meinem Reden und Tun nicht allzu »modrig« rieche, dann mögen vielleicht auch in der Kirche Blumen blühen. Und niemand müßte mehr die Sonne nur draußen suchen, weil der Himmel eben doch zur Erde herunter fährt.

Vorschläge zur Liturgie

Votum
Wir feiern diesen Gottesdienst
im Namen Gottes, der im Himmel wohnt
im Namen Jesu, der auf die Erde herab kam
und im Namen der heiligen Geisteskraft,
die Himmel und Erde vereint.

Lesung
Johannes 17,9b–11 u. 15–19 oder 20–26

Psalm
Psalm 84

Lieder
EG 166 Tut mir auf die schöne Pforte
EG 123 Jesus Christus herrscht als König
EG 281 Erhebet er sich unser Gott
EG 171 Bewahre uns Gott

Gebet

Gott der Güte,
in deinem Haus sind wir zu Gast.
Du kennst ja unsere Gastgeschenke,
die wir dir immer wieder übergeben:
ein trauriges Herz und eine zerbrochene Sehnsucht,
ein fragender Blick, eine zu kleine Hoffnung
und manches mehr.
Hier bei dir können wir all dies loswerden.
Du wandelst Trauer in Freude, heilst Zerbrochenes,
antwortest uns und stärkst unsere Hoffnungen.
Laß uns das heute erfahren.
Erfülle dieses Haus mit deinem Geist,
auf daß es uns ein Zuhause werde. Amen

Fürbittengebet

Gott der Güte,
du bist und bleibst uns verbunden
im Kirchenraum und im Alltagsleben -
durch dein Wort und unseren Gesang -
in Jesus Christus und im Gebet.
Aus dieser Verbindung leben wir,
mit dir verbunden bitten wir:
Menschen sind am Ende angelangt
- eröffne du ihnen Neuanfänge.
Menschen setzen auf Haß und Gewalt
- erwärme sie mit Strahlen der Liebe.
Menschen sehen keinen anderen Mensch mehr
- schick ihnen Engel ohne Flügel.
Menschen fehlt Arbeit und Brot
- gib ihnen Nahrung für Seele und Leib.
Menschen haben sich im Streit verloren
- laß sie Wege der Versöhnung finden.
Menschen suchen dich und fragen nach dir
- eröffne ihnen Räume, wo sie dich finden.
Und laß deine Augen offen stehen
über diesem Haus Tag und Nacht. Amen

Segen

Zu deinem Segen werde uns, Gott,
die Sonne über uns,
die Erde unter uns,
die Freundinnen und Freunde bei uns
deine Liebe tief in uns. Amen

Vorschlag zur Predigt

Predigtanfang
»Hallo, ich möchte den lieben Gott besuchen!« Mit diesem eindeutigen Wunsch, liebe Gemeinde, trat das kleine Mädchen dem Pfarrer gegenüber, der nach stürmischem Klingeln die Tür des Pfarrhauses geöffnet hatte. »Ich weiß, er wohnt eigentlich da drüben«, fuhr das Mädchen fort und zeigte auf die mächtige, alte Kirche, »aber dort ist abgeschlossen und ich finde auch keine Klingel.« Der Pfarrer bat den ungewohnten Gast herein. »Weißt du denn auch, wie du mit Gott reden kannst?« fragte er.
»Natürlich«, das Mädchen schien erstaunt, es ihm erklären zu müssen, »mit beten. Das geht eigentlich ja überall. Aber diesmal ist es so wichtig, daß ich das Gott bei ihm zuhause erzählen muß.« »Aber wenn Gott gerade mal nicht zuhause ist?« »Gott ist doch immer da. Gerade in seinem Haus!« Das Mädchen blickte den großen Mann verständnislos an.
Der Pfarrer zuckte zusammen. War er hier der Zweifler? Konnte er der kleinen Besucherin nur das Gebet, aber keinen Ort anbieten? Immerhin, er war nicht der einzige, der da unsicher wurde. Selbst von König Salomo wird solches berichtet, obwohl der Gott ja ein großartiges Haus gebaut hatte. Vom ersten Gebet Salomos im neuen Tempel berichtet unser heutiger Predigttext:
Textlesung (1. Könige 8,22–30)
Ob sie wohl rübergegangen sind in die Kirche, der Pfarrer und das Mädchen? Ich weiß es nicht. Ich hoffe aber, sie sind den Spuren der vielen gefolgt, die gerade im Kirchengebäude Gott begegnen. Oft freilich mit dem skeptischen Einwand, den schon der Predigttext formuliert: Sollte dieses Haus wirklich Gott fassen?
An einem Tag wie heute, wo wir einem in den Himmel entschwindenden Gott nachblicken, sind uns solche Fragen nur zu verständlich. Wenn dieser Himmel Gott nicht fassen kann, wie dann ein solch enges Haus wie unseres hier? Wir wissen: Gott läßt sich nicht an einen Ort binden, aber er verbindet sich mit Orten, an denen er uns begegnen will. Wir wollen heute überlegen, ob und wo dieses Kirchengebäude solch ein Ort ist.

Zum weiteren Verlauf
Im Folgenden soll nun der Kirchenraum als Lebens-, Beziehungs- und Begegnungsraum Gott-Mensch abgeschritten werden. »Abgeschritten« ist dabei ruhig wörtlich zu nehmen. Also nicht auf der Kanzel »kleben« bleiben, sondern zu den behandelten Orten in der Kirche als PredigerIn (in einer kleinen Gruppe auch mit der ganzen Gemeinde) hingehen. Bewegung tut auch einem Gottesdienst gut!
Orte der Begegnung mit Gott in der Kirche können – in Auseinandersetzung mit dem Predigttext – sein: Das Taufbecken als Ort, an dem Gott seinen Bund mit jedem/jeder von uns erneuert (»du hältst den Bund und die

Barmherzigkeit deinen Knechten«). Hier wäre von Erstbegegnung und den seitherigen Erfahrungen zu reden.
Der Altar und/oder die Kanzel mit der Bibel, zeigen wie Gott seine Zusagen hält; berichtet von erfülltem Leben mit Gott und läßt Gottes Wort immer neu lebendig werden (»mit deinem Mund hast du es geredet«). Vom Wort Gottes her wird die Gemeinde angesprochen und ermutigt.
Im Kruzifix begegnet das Fleisch gewordene Gotteswort und so auch die letzte Konsequenz der bei Salomo zugrundeliegenden Weissagung. Der nun auf den Thron Davids sitzt, nimmt diese Regentschaft für alle Zeiten ein. Indem Gott Mensch wird, entsteht die intensivste Begegnungsmöglichkeit.
Neben diesen 3 wesentlichen Begegnungsstätten sind noch weitere Orte im Kirchengebäude in unserem Zusammenhang zu gebrauchen. Vielleicht gibt es sehr »sprechende« Kirchenfenster, die mehr als Worte sagen. Auch die Orgel schafft mit ihrer Musik Begegnung. Warum also nicht die Predigt an dieser Stelle mit einem Lied unterbrechen. Schließlich sei auch auf das Gesamte eines alten wie neuen Kirchenbaues verwiesen. Was mit architektonischen Mitteln über die Gottesbeziehung ausgesagt werden will, ist heute so aktuell wie bei Salomos Tempel.
Die kritischen Fragen im Vers 27 bitte nicht zu sehr breittreten, sondern sie eher als Überprüfung des bisher Gesagten und als Hinführung zum nächsten Teil verwenden. Denn nun muß noch mit Vers 28–30 das Gebet in den Mittelpunkt rücken. War seither eher von den Möglichkeiten Gottes die Rede, sich in Beziehung zu setzen, so soll nun mit dem Gebet die menschliche Möglichkeit Gott zu »fassen« betont werden. Auch dies soll mit Blick auf das Kirchengebäude geschehen. Als Gebetsraum eignet dieses Gebäude sich, weil es ein Raum der Konzentration, der Ruhe und Stille ist. Freilich sollte solche Stille auch erlebbar sein (Ruhepausen gewähren). Doch qualifiziert diese Atmosphäre den Gebetsraum Kirche noch nicht als Begegnungsraum. Gott schafft diesen Gebetsraum. Er begründet in Begegnung und Gebet ein Gotteshaus. Das wäre mit Salomos Tempelbau, mit Bethel (1. Mose 28), mit jeder »geweihten«, d. h. von Gott in Besitz genommenen Kirche zu zeigen. Dem Mißverständnis, wir könnten Gott dort in Besitz nehmen, wird gerade mit Vers 27 leicht zu wehren sein. Daß aber unser Beten einem gnädigen Gott entgegengebracht wird (»wolltest du gnädig sein«), soll Zielpunkt der Überlegungen zum Gebet bleiben.

Möglicher Schluß
Wir haben gespürt: Es ist gut, daß Gott ein Haus hat. Ein offenes Haus, das uns einlädt zum Beten und Feiern. Wir sind ja hier, weil wir solche Hausbesuche brauchen. Unser Glaube lebt davon. Lebt zuallererst davon, daß es Gott ist, der uns in seinem Haus besucht. Natürlich nicht nur dort, sondern

auch am Arbeitsplatz, im Wald, in der Schule und im Krankenzimmer. Trotzdem ist es wichtig, daß Gott eine Adresse hat. »Gott, im Himmel« heißt diese Adresse eigentlich. Der heutige Tag sagt das ja ganz deutlich. Doch genauso ist »Gott, in der Kirche« eine wichtige Adresse. Denn das Kirchengebäude ist nicht Gottes Nebenwohnsitz, sondern sein großes Gästezimmer. Ein Gästezimmer, das uns offensteht. Uns und anderen. Warum also nicht diese Einladung weitergeben an andere: »Komm mit, den lieben Gott besuchen!«

Kontexte

Beim Übergang über die Alpen fand ich mich jedesmal, wie vom Anhauch des wärmeren Klimas, den ersten Lauten der klangvolleren Sprache, den ersten Rebenterrassen, so auch vom Anblick der zahlreichen schönen Kirchen und Kapellen zart und mahnend berührt, wie von der Erinnerung an einen sanfteren, milderen, mutternahen Zustand des Lebens; an kindlicheres, einfacheres, frömmeres, froheres Menschentum. Und mehr und mehr wurde es mir unmöglich, im Gefühl die katholische Frömmigkeit von der antiken zu trennen. Genau ebenso wie die uralte, römisch-mitteländische Art der Bodenkultur, der Terrassenbau mit Wein, Maulbeere, Olive, unzerstört in den alten, festen Formen hier unten weiterbesteht, so besteht etwas vom heidnisch-frommen, augenfrohen, bildergläubigen, gesunden Kult und Glauben der Antike in den Ländern südlich der Alpen noch heute fort. Wo in Römerzeiten ein Tempel stand, steht jetzt eine Kirche, wo damals die kleine primitive Steinsäule für einen Feldgeist oder Waldgott stand, steht jetzt ein Kreuz, wo damals das kleine ländliche Heiligtum stand, steht heute der Bildstock oder die Nische eines Heiligen. Wie vor Alters spielen vor dieser Nische die Kinder, wie vor Alters schmücken sie sie mit Blumen. Wanderer und Hirt rasten an diesem Ort, eine Cypresse oder Eiche steht dabei, und irgendeinmal an einem Sommersonntag kommt im schönen Zug mit blau und goldenen Kleidern der Bischof vorbei und segnet und weiht das kleine Heiligtum, daß es nicht vergessen werde, daß weiterhin Trost und Freude, Mahnung an das Göttliche und Erinnerung an unsere höchsten Ziele von diesem Ort ausgehen möge.
(Hermann Hesse, Einheit hinter den Gegensätzen, Suhrkamp Verlag, Frankfurt a. M. 1988, Seite 98 f., 103 f.)

Gebet ist so heilig, so heilend wie Gesang. Gebet ist Vertrauen, ist Bestätigung. Wer wahrhaft betet, der bittet nicht, er erzählt nur seine Zustände und Nöte, er singt sein Lied und seinen Dank vor sich hin, wie die kleinen Kinder singen. So haben die seligen Einsiedler gebetet, die inmitten ihrer Oase und ihrer Rehe im Kirchhof von Pisa gemalt sind, es ist das schönste Bild der Welt. So beten auch Bäume, auch Tiere. Auf den Bildern guter Maler betet jeder Baum und jeder Berg.
Wer aus einem frommen Protestantenhaus stammt, der hat einen weiten Weg zu suchen bis zu diesem Gebet. Er kennt die Höllen des Gewissens, er kennt den Todesstachel der Zerfallenheit mit sich selber, er hat Spaltung, Qual, Verzweiflung jeder Art erfahren. Am späten Ende des Weges sieht er mit Erstaunen, wie einfach, kindlich und natürlich die Seligkeit ist, die er auf so dornigen Wegen gesucht hat.
(Hermann Hesse, a. a. O., Seite 103 f.)

Gebet
Gott
ich nenne dich nicht Herr und auch nicht Vater
denn mit beiden Ausdrücken verbinde ich
vorwiegend unangenehme Erinnerungen
also Gott
ich spreche
ich spreche nicht MIT DIR
denn ich weiß ja, daß du nicht antwortest
ich spreche ins Leere
oder auch nicht
es hat dir gefallen, daß wir das Beten nennen
also gut, ich bete
und unterstelle einfach mal, daß es dich gibt
und daß du alles hörst
und so weiter, du weißt schon
lieber Gott
das meine ich nicht kindlich
obwohl dir sowas ja gefallen soll
sondern eher wie eine Brief-Anrede
also lieber Gott ...
nur eine Bitte:
überlaß uns weiterhin, und in unbeugsamer Abstinenz
alles, was FUNKTIONIERT; das Böse und das Gute,
dann kriegen wir das auch wieder hin,
verlaß nicht vorzeitig die Vorstellung, dreh nicht in diesem
entscheidenden Akt die Lichter aus,
wir haben Termine, du hast Zeit
lieber Gott, ich nenne dich nicht Vater und nicht Herr
wenn es dich gibt, dann mußt du etwas so anderes sein,
daß beim Versuch, das auszusprechen,
die Zunge am Gaumen zerbimmelt
lieber Gott, sei nicht so wie wir
sei vollkommen
machtlos
amen.
(Heinz Rudolf Kunze, Deutsche Wertarbeit, Zweitausendeins, Frankfurt a. M. 1984, Seite 117 f. Rechte beim Autor)

Wer sich mehr auf den »Himmel« konzentrieren will, werfe einen Blick auf die Himmelfahrtsgeschichte »Peters Himmelfahrt« in: Gottesdienstpraxis, Serie B, Christi Himmelfahrt/Pfingsten, Trinitatis, Gütersloher Verlagshaus, Gütersloh 1998.

Exaudi

Annäherungen an den Predigttext Johannes 7,37–39

Ernst Arfken

Gespräch mit einer Ärztin und einer Kunstgeschichtlerin (Ä. u. K.)

Ä.: Ich möchte mich dem Text von hinten her nähern und zunächst fragen: Was ist mit dem Wort »verherrlichen« gemeint?

P.: Die wichtigen Begriffe im Johannes-Evangelium haben meistens mehrere Bedeutungen. Das ist auch hier der Fall. Johannes sieht den Kreuzestod und die Auferstehung in ganz engem Zusammenhang. Mit der Kreuzigung (Johannes nennt sie oft auch die »Erhöhung«) kommt die Sendung Jesu zu ihrem Ziel, kommt zur Vollendung, zum Sieg. Das wird auch daran deutlich, daß Jesus nach dem Bericht von Markus und Matthäus mit dem Schrei stirbt: »Mein Gott, mein Gott, warum hast du mich verlassen?« (Psalm 22,2), während das letzte Wort Jesu im Johannes-Evangelium lautet: »Es ist vollbracht« (Joh 19,30).

Ä.: Mir fällt auf, daß Jesus hier vom Dürsten spricht. Damit wählt er zum Thema seiner Rede eine der elementarsten Regungen des Menschen – und nicht nur des Menschen, sondern der ganzen Natur. Auch die Natur dürstet. Das kann man im Lande Israel an heißen Tagen besonders anschaulich beobachten.

P.: Darf ich etwas einfügen? Ohne Essen kann der Mensch drei bis vier Wochen überleben, ohne Trinken nur drei bis vier Tage.

Ä.: Es gibt auch krankhafte Durststörungen. Diabetiker z. B. haben im Zustand vor dem Koma entsetzlichen Durst, können aber nicht trinken, weil die Muskulatur versagt – eine furchtbare Qual. Wiederum können Patienten mit einer Hypophysen-Störung trinken und trinken und werden den Durst nicht los.

P.: Was ist denn wohl mit dem Ausdruck »lebendiges Wasser« gemeint, und was wäre der Gegensatz dazu?

K. u. Ä.: Zunächst einmal ganz schlicht fließendes Wassser im Gegensatz zum stehenden Gewässer.

Ä.: Quellwasser ist ja weitaus kostbarer als stehendes Wasser und enthält auch viel mehr Heilkräfte.

P.: Ich kann mir vorstellen, daß man sich im Orient an heißen Tagen gern unter den einfachen Verhältnissen einen Eimer Wasser über den Kopf hielt

und damit seinen Körper begoß, um sich zu erfrischen. Was wäre denn die moderne Entsprechung?
A. u. K.: Die Dusche.
P.: Insofern liegt uns das Bild, das Jesus gebraucht, gar nicht so fern.
K.: Die Elefanten machen es ähnlich, indem sie sich mit Hilfe ihres Rüssels Wasser über den Körper spritzen.
Ä.: Ich kann mir vorstellen, daß in heißen Ländern unter armen Menschen reines kühles Wasser eine ähnliche lebenswichtige Bedeutung hat wie die Muttermilch für die Säuglinge.
K.: Was heißt denn wohl: »Wer an mich glaubt, wie die Schrift sagt«?
P.: Ich denke, vom Gegenteil her wird es verständlich. Was wäre denn ein Glaube an Jesus, anders als die Schrift sagt?
K.: Damals war es der Glaube an einen politischen Messias, der die Römer aus dem Lande treibt. Es gibt auch einen ganz intoleranten, rechthaberischen, eng dogmatischen Glauben. Ich nehme an, solche Art von Glauben hat Jesus nicht gewollt.
P.: Die Schrift spricht von dem Messias, den Gott gesandt hat. Damals wie heute fällt es vielen Menschen schwer, Jesus so zu sehen. Für viele ist er nur ein Idealist oder ein vorbildlicher Sozialarbeiter. - Ich würde gern noch einmal auf das Dürsten zurückkommen.
Ä. u. K.: Das ist hier zweifellos im übertragenen Sinne zu verstehen.
P.: Wonach dürstet denn die Menschen?
Ä.: Danach, von anderen verstanden zu werden.
K.: Nach Gemeinsamkeit. Dabei muß ich an die Geschichte von der Hochzeit zu Kana denken, in der Jesus den Menschen zu trinken gibt und damit fröhliche Gemeinschaft bewirkt.
P.: Dürstet die Menschen nicht auch nach einem sinnvollen, erträglichen und lohnenden Leben?
Ä.: Ja, aber sie finden es nicht, wenn sie es nur bei sich selbst suchen. Wer sich von Jesus geliebt weiß, wird es finden.
P.: Noch ein ganz anderes Beispiel zum »Dürsten«: Ist nicht auch der Geschwindigkeitsrausch auf der Autobahn eine Art Durst?
Ä.: Da fliehen die Menschen weg von sich selbst.
K.: Oder sie dürstet nach Neuem und Allerneusten, das sie ja nicht verpassen dürfen. - Ich denke, dieser Text hat auch etwas mit der Taufe zu tun. Schon äußerlich, indem bei der Taufe auch Wasser fließt. Taufe bedeutet neues Leben unter der Liebe Gottes, in der Vergebung der Schuld und der Gemeinschaft mit Gott. Und mit Pfingsten hat der Text ebenfalls zu tun, denn er spricht von der Erwartung des Heiligen Geistes.

Zum Gottesdienst

Ralf Handelsmann

Exegetisch-homiletische Skizze

Der Text ist redaktionell so bearbeitet, daß die Szene in den Jerusalemer Tempel gesetzt wird. Es wird dabei deutlich, daß der Verfasser den genauen Ablauf des jüdischen Laubhüttenfestes nicht mehr kennt. Denn tatsächlich hatte das Fest eine Dauer von acht Tagen, wobei die Wasserspende der Priester beim Morgengebet nur bis zum siebten Tag stattfand (so z. B. bei Siegfried Schulz, NTD Bd. 4, Das Evangelium nach Johannes, Göttingen[3], 1978). Die Anwesenheit von Jesus im Tempel wird durch diese Komposition vorausgesetzt. Sein Auftritt ähnelt dem vollmächtigen Auftreten der Propheten. Jedenfalls ist Jesus bei dieser Feier anwesend gedacht. Es kann sich anbieten, darauf hinzuweisen, daß auch Feiern in der menschlichen Gemeinschaft zum Leben Jesu dazugehört hat.
Die Exegeten sind sich weitgehend einig, daß hier keine schriftliche Tradition vorgelegen hat, sondern der Text in seinem Kern mündlich überliefert worden ist. Im Vers 38 suggeriert der Text, daß es sich um ein Schriftzitat handelt. Es läßt sich heute allerdings nicht mehr sicher feststellen, was zu dem Zitat dazugehören soll und woher es stammen könnte. Es könnte in Anlehnung an alttestamentliche oder auch apokryphe Schriften verwendet worden sein (so z. B. Jürgen Becker, Ökumenischer Taschenkommentar zum NT, Bd. 4.1; Das Evangelium des Johannes, Gütersloh 1979). Eine genaue Lokalisierung ist nicht möglich.
Die wichtigste exegetische Entscheidung besteht darin, sich zu überlegen, ob das »lebendige Wasser« aus Jesus heraus fließen wird oder aus den glaubenden Menschen. Die meisten Exegeten haben sich dafür entschieden, Jesus zum Spender des lebendigen Wasser zu machen. Das hieße dann: Wer im Glauben zu Jesus Christus, dem Auferstandenen, geht, der wird von ihm seinen Lebensdurst mit lebendigem Wasser gestillt bekommen. Vom Typus her wäre der Abschnitt dann eine Heilspredigt, die den Einladungsruf des Heilsbringers und Offenbarers zum Inhalt hat (so z. B. S. Schulz, Becker, Bultmann zur Stelle). Daraus folgt dann für die Predigt eine Zentrierung allein auf den christologischen Kern. Jesus ist dann der, der den jüdischen Kult (Laubhüttenfest) erfüllt, diesen letztlich überflüssig macht. Nach seinem Tod und seiner Auferstehung wird er selbst zu dem alleinigen Quell des Lebens. Ich kann diese exegetische Auffassung nicht ignorieren, sehe aber auch keinen Grund, die zweite Möglichkeit nicht zu bedenken. Nämlich: Wer im Glauben zu Jesus kommt, der wird *auch selbst* zum Spender des lebendigen Wasser. Natürlich bleibt auch hier der Ursprung des lebendigen Wassers bei Jesus dem Auferstandenen, aber durch den Geist Gottes, der in uns glaubenden Menschen wirkt, kann das lebendige Wasser weitergegeben werden.

Der Geist Gottes (Vers 39) folgt Jesus auf der Erde nach. Erst nachdem Jesus durch Leiden, Sterben und Auferstehen verherrlicht worden ist, bleibt seine Anwesenheit in unserer Welt ein Dauerzustand. Das können die Hörerinnen und Hörer nicht ohne weiteres wissen. Der Begriff der Verherrlichung sollte also erklärt werden. Die reformatorischen Erkenntnisse »allein durch Christus« und »allein durch Glauben« werden bestätigt. Gerade am Sonntag vor Pfingsten kann es sich anbieten, diese Hinführung zum Pfingstfest nachzuvollziehen. Für Johannes, genau wie für uns, ist die Verherrlichung Jesu Christi ja bereits geschehen. Der Geist Gottes ist als Folge des Heilshandels Jesu in unserer Welt.
Wie immer die exegetischen Entscheidungen der Predigerin/des Predigers ausfallen werden, die enorme Zusage an die Menschen im Glauben durch diese Verse darf nicht verstellt werden. Der Ausdruck »lebendiges Wasser« zum Löschen des eigenen »Lebensdurstes« bietet sich an. Auch die christliche Taufe (ursprünglich ja auch mit lebendigem Flußwasser) bietet einen Anknüpfungspunkt, wobei der Begriff in jedem Fall erklärt werden muß. Der andere Punkt zum Abholen der Hörerinnen und Hörer ist der Begriff »Durst«. Jeder/jede wird ihre/seine eigenen Assoziationen haben, über die man nicht hinweggehen sollte. Es wird aber darauf ankommen, für alle durch eigene Bespiele eine vergleichbare Basis zu schaffen, damit der Weg von den eigenen Assoziationen hin zu dem, was das Bild »Durst-Lebendiges Wasser« im Text aussagen soll, mitgegangen werden kann.
Als Stilmittel kann sich eine Dialogpredigt anbieten. Denn mit diesem Medium ist es a.) eher möglich, die uneinheitlichen Hörervorerfahrungen aufzunehmen und b.) Gottes Heilshandeln an uns in unabgeschlossenen, aber konkreten Facetten darzustellen. Ein Dialog kann eher auf allgemeingültige Sätze verzichten, als ein Monolog.

Vorschläge zur Liturgie

Liedvorschläge
Zunächst das Lied EG 107 Wir danken dir, Herr Jesus Christ … Als Antwort auf die gute Nachricht des Predigttextes kommen Danklieder in Frage, z. B. EG 334 Danke, für diesen … EG 331,1+7+9–11 Großer Gott, wir loben dich … den Kanon EG 335 Ich will den Herren loben … EG 181.6 Laudate omnes gentes aus Taizé. Ebenso Lieder, die als Grundaussage haben: Geh im Glauben durchs Leben, es ist gut für dich; wie z. B. das bekannte EG 361,1+2+4+8 Befiehl du deine Wege … oder EG 413,1+3+4 Ein wahrer Glaube Gott's Zorn stillt. Hinzu können Lieder kommen, die den Gedanken aufnehmen, daß das lebendige Wasser weiterwirkt und weitergegeben werden muß (Sendungscharakter) z. B. EG 225,1–3 Komm, sag es allen weiter … EG 603.1–3 Ins Wasser fällt ein Stein … (Liederanhang Niedersachsen/Bremen).

Als Liedvorschlag aus der Ökumene, nämlich aus Taizé schlage ich noch vor: Gloria, aus: Mein Liederbuch 2, tvd Verlag Nr. B 237

Gloria (Kanon)

Musik: Jacques Berthier, © Les Presses de Taizé, deutsche Rechte: Verlag Herder, Freiburg i. Br.

Eingangsvoten
Psalm 42,2–3a *oder* Jesaja 30,20 *oder* Johannes 21,6. Möglich ist auch Lukas 24,6.34.

Eingangsgebet
Gott unserer Hoffnung, Gott der Güte, wir haben heute vieles hierher mitgebracht. Unsere Dankbarkeit für Gutes in unserem Leben, aber auch unsere Bitten an dich, weil wir uns sehnen nach Veränderungen und Kraft für unseren Alltag. Öffne uns in diesem Gottesdienst die Herzen und Ohren, damit wir von dir hören können. Wir möchten unseren Glauben gestärkt haben mit deinen reichen Gaben. Dies bitten wir dich in dem Wissen, daß wir aus uns heraus wenig können, daß dein Sohn Jesus Christus aber für uns da sein will.

Psalmgebet
(in zwei Gruppen zu lesen)
Alle Stimmen im Himmel und auf Erden
sollen im Chor von Gottes Liebe singen.
    Ich will mich schmücken
    und Gott danken, daß ich getauft bin.
Gottes stimme dringt in alle Ecken und Winkel dieser Welt.
Wenn Gott redet, dann schweigt alles andere.
Wo der Schöpfer spricht, da sind wir Geschöpfe still.
    Gottes Wort ist wie ein loderndes Feuer,
    seine Stimme erreicht Wüsten und Wälder;

wenn Gott spricht, brennt das Herz
voll Begeisterung und Glück und auch Schreck.
Gottes Stimme erreicht auch tote Seelen,
leergebrannte Herzen und dumpfe Gemüter.
Gott wird seinen Menschen auf die Beine helfen,
und die Zeit kommt,
wo er der Welt seinen Segen verschenkt,
und Gottes Segen bedeutet Frieden
und gestillter Durst des Lebens.

(Aus: Peter Spangenberg, Höre meine Stimme. Alle Psalmen der Bibel übertragen in die Sprache unserer Zeit. © Agentur des Rauhen Hauses, Hamburg 1995)

Fürbittengebet

(gesprochen von mindestens zwei Personen)
A: Jesus Christus, Spender des lebendigen Wassers, wir sagen Dir danke für diesen Gottesdienst, den Dein Geist begleitet hat. Es ist gut, daß wir uns mit Dir versammeln können zum Feiern.
Auch heute aber brauchen wir Deine Hilfe, darum bitten wir Dich:
Sei bei all denen, die in unserem reichen Land die Hoffnung auf eine gute Zukunft verloren haben, für die, die durch das soziale Netz hindurchgefallen sind.
Gib uns Kraft und Mut Ihnen beizustehen und Gutes zu tun.
B: Wir sagen Dir danke für Deine Nähe zu uns, hier und jetzt und später, wenn uns der Alltag wieder hat. Danke für Deine Stärkung und Vergebung die Zukunft möglich macht.
Wir bitten Dich: Sei bei den leidenden Menschen in ... und anderswo auf dieser Welt. Hilf Du mit, daß uns die Ideen nicht ausgehen und uns der Mut nicht verläßt etwas für sie zu tun. Und die Verantwortlichen für das Leiden, die rüttle auf. Schenke ihnen ein Gewissen, damit sie ihr Tun ändern wollen.
C: Wir sagen Dir danke dafür, daß wir immer wieder auftanken können an Deiner Tankstelle für uns. In der Natur und in unserem Leben ist das spürbar, darum: Danke! Laß uns nicht lahm werden, unseren inneren Reservekanister immer wieder anderen zur Verfügung zu stellen, die wir auf unserem Lebensweg in Not antreffen. Wenn wir wegsehen wollen, dann laß uns neu Deinen Willen hören.
Alle: Amen

Segenswunsch

Gott ist da seit Anbeginn der Zeit, Gott segne Euch!
Jesus Christus, der bei uns ist an allen Tagen, er schenke Euch seinen Frieden! Gottes Geist, die Quelle des lebendigen Wassers möge Euch stärken und bewahren!

Vorschlag zur Predigt

(Die Predigt ist als Dialog konzipiert, ein Monolog sollte bei geringfügigen Änderungen aber auch möglich sein)

Möglicher Anfang

A: Liebe Gemeinde! Der Predigttext für unseren heutigen Gottesdienst steht bei Johannes 7,37–39 (es folgt die Textlesung).

B: Das ist aber ein schwerer Text. Was ist denn das für ein Fest, wo Jesus da auftritt? Und überhaupt: Hat Jesus denn so richtig gefeiert? Oder stand er solchen Dingen eher ablehnend gegenüber?

A: Das ist das Laubhüttenfest der Juden gewesen. Bei diesem Fest erinnern sich die Juden daran, daß Gott ihnen bei der Wanderung durch die Wüste immer wieder geholfen hat. Er hat ihnen etwas zu essen gegeben, und Wasser sprudelte frisch aus einem Felsen, wo vorher nur Stein und Staub war. Na ja, und ob Jesus da so richtig mitgefeiert hat? Gute Frage: Dabei war ja keiner von uns. Aber soweit wir wissen, hat Jesus an vielen Festen teilgenommen und ist fröhlich gewesen mit anderen Menschen. Es wird sogar berichtet, daß er auf einer Hochzeit mitfeiert und er auf seine Weise für mehr Wein sorgt.

B: Ja, Wasser, das ist mein Stichwort: Lebendiges Wasser, habe ich da richtig gehört? Was soll denn das sein? Ist das gefährlich?

A: Nein, nein! Erst einmal meint lebendiges Wasser ganz einfach sauberes Quellwasser, im Unterschied zu abgestandenem Brunnenwasser mit all den Keimen, die für Menschen damals lebensbedrohlich waren. Also etwa so, wie für uns gesundes Leitungswasser, was ja eigentlich auch nicht selbstverständlich ist.

B: Ich komme auf das lebendige Wasser noch einmal zurück, aber zunächst noch eine Rückfrage: Ich habe das nicht richtig verstanden. Jesus sei noch nicht in Gottes Herrlichkeit aufgenommen, oder so. Was fehlt denn da noch?

A: Ja, das ist auch kompliziert. Im Johannesevangelium steht der Text ja ziemlich weit vorne. Also in einem Abschnitt, als Jesus noch mit seinen Jüngern unterwegs war. Die ganze Geschichte von Karfreitag und Ostern, sein Tod und seine Auferweckung, genauso wie die Himmelfahrt sind da ja noch nicht passiert. Und auch Gottes heiliger Geist ist den Menschen ja erst am Pfingsttag gegeben worden und nicht, solange Jesus noch in menschlicher Gestalt auf der Welt war. Für uns heute ist das aber alles schon passiert. Jesus Christus ist bei Gott und Gottes Geist ist bei uns in unserem Alltag. Gott sei Dank!

B: Gut das alles noch einmal zu hören, aber gedanklich bin ich bei dem Durst und dem lebendigen Wasser hängengeblieben. Es heißt ja im Text: Wer durstig ist, soll zu Jesus kommen! Gehören wir dazu? Sind wir eingeladen? Welcher Durst ist gemeint?

Zum weiteren Verlauf
Hier sollte in einer Passage als Fortsetzung des Dialoges oder auch als Monolog (bewußter Wechsel der Sprachgattung kann hilfreich sein) die Befindlichkeit der Gottesdienstbesucher aufgenommen werden. Wo ist ihr Durst? Welche Assoziationen könnten sie haben? Wasser ist der Grundstoff des Lebens schlechthin. Wir machen uns das nur selten klar, denn richtig durstig zu sein, das ist für viele heute unbekannt.
Wer aber im Sport aktiv ist, dürfte das kennen. Und Menschen, die noch Feld- oder Gartenarbeit erleben, die dürften das Gefühl des Durstes kennen und sich an die Erfrischung und Belebung durch Wasser erinnern. Vielleicht kann man die Hörerinnen und Hörer auch einbeziehen und sie bitten, sich solche Momente vor das geistige Auge zu holen.
Wichtig ist es, danach den Schritt zu dem (Lebens-)Durst im übertragenen Sinn zu vollziehen. Welche Sehnsüchte können die Hörerinnen und Hörer haben? Die Erfüllung all dieser Arten von Lebensdurst wäre etwas, was mit dem Bild des Paradieses beschrieben werden kann. Und die große Zusage des Textes ist eben: Jesus vertröstet nicht auf den »St. Nimmerleinstag«, sondern er lädt durstige Menschen ein, die jetzt, hier und heute leben. Dieser Teil kann ausgiebig entfaltet werden, solange er konkret bleibt.
Jesus spendet uns, als der Gemeinschaft der Glaubenden, sein lebendiges Wasser. Ohne rechthaberisch auszugrenzen, sollte das reformatorische »sola fide« anklingen. Der Glaube/Vertrauen auf Gott ist die einzige Bedingung, was wir an die Quelle mitbringen müssen.

Schluß
B: Ich habe für das, was Jesus uns da anbietet, einen Vergleich gefunden. Jesus will für uns doch so etwas wie eine Tankstelle sein. Eine Tankstelle ist ein Ort, wo wir hinfahren können. Dort gibt es etwas, was wir brauchen, um fahrtüchtig zu bleiben. Es gibt nicht überall die Möglichkeit zu tanken. Man muß die Orte kennen, sonst bleibt man mit leerem Tank auf der Strecke. Tankstellen sind zwar immer da, aber wir müssen uns zu ihr aufmachen, um daraus Nutzen zu ziehen.
Aber, wenn wir irgendwo fremd sind, dann macht das auch nichts. Man kann ja einen Ortskundigen fragen. Oder man hat eine gute Straßenkarte, die einem verrät, wo die Tankstelle zu finden ist.
A: Wir Christen sollten ja ortskundig für unseren Gott sein. Und wenn einer den Weg nicht genau kennt, dann kann man ja bei uns nachfragen. Wer viele fragt, wird die Tankstelle schon finden. Und wenn das allein zu wenig ist: Unsere Straßenkarte, die Bibel, die hilft dabei natürlich auch. Doch wie beim Kartenlesen gilt: Das will geübt sein, sonst verfährt man sich schon manchmal. Übungen dazu gibt es wohl in jeder Kirchengemeinde, auch bei uns. Und wie das Sprichwort schon sagt: »Viele Wege führen nach Rom!« So ist das auch bei Christus. Es kommt vor, daß wir Umwege machen. Manchmal werden wir von scheinbar freundlichen Leu-

ten am Straßenrand auch in die falsche Richtung geschickt. Aber die Tankstelle bleibt da, sie ist zu finden, immer wieder.
B: Wenn unser Gott für uns so etwas wie eine Tankstelle sein will, dann sind wir die Autos. So tankt Gott uns auf mit echtem Leben. Da finde ich mich wieder. Ein Auto kann mit vollem Tank heute ganz schön weit fahren. Die Tankstelle ist über einen langen Zeitraum scheinbar nicht nötig. So ist das bei mir auch manchmal. So lange es mir gut geht, richte ich mein Leben nicht immer auf die Tankstelle, auf Gott aus. Und wir alle kennen Menschen, die das scheinbar gar nicht nötig haben. Sie brausen »gut getankt« durch die Gegend. Aber irgendwann ist die Tankstelle doch wieder nötig. Kein Auto läuft ewig ohne nachzutanken.
A: Gottes lebendiges Wasser, sein Treibstoff für uns, der ist zu erleben. Manches Mal sind es gerade die Momente in unserem Leben, wo wir scheitern, wo es uns schlecht geht. Dann denkt man wieder an Gott, betet vielleicht in der Not zu ihm, sucht den Weg zu ihm. Wenn Menschen im übertragenen Sinne schon auf Reserve fahren, dann räumen sie Gott mehr Platz ein und dann fragen sie vorsichtig nach der Tankstelle. Und manchmal, da ist es scheinbar zu spät. Sie bleiben liegen, weil der Tank leer ist. Was dann?
B: Dann nehme ich diesen hier (einen Reservekanister hochhalten, der vorher nicht zu sehen war). Ja, ein Reservekanister. Es ist doch so: Gott teilt sein lebendiges Wasser ja nicht zu knapp aus. Es hieß doch im Text: Wer zu Jesus kommt, aus dessen Innern werden Ströme lebendigen Wassers fließen. Also ist soviel da, daß man davon abgeben kann und soll. An der Tankstelle Gottes tanken wir auf, aber nicht nur für uns als Einzelgänger, sondern unser Reservekanister wird immer gleich mit gefüllt.
Wenn wir dann im Alltag auf jemanden stoßen, dessen Tank leer ist, dann haben wir den Auftrag, uns zu kümmern. Wegsehen bei einer Panne von anderen, das steht uns Christen schlecht an. Liebe deinen Nächsten wie dich selbst; also: Nutze das, was du an der Tankstelle Gottes empfängst, guten Gewissens für dich selbst, aber vergiß nicht, mit anderen zu teilen. Selbstverständlich ist das nicht. (An dieser Stelle können Beispiele aus dem Gemeindealltag oder der Tagespresse beschrieben werden, wo dies zu erleben ist/war).
A: Gut, daß Gott so mit uns umgeht. Wir können zu ihm kommen, und er gibt uns viel. So viel, daß wir anderen noch von unserer Lebenskraft abgeben können. Keiner von uns ist dauernd obenauf, manchmal spüren wir den Durst, als ob wir in der Wüste wären. Aber Gottes guter Geist ist da, und es sind Menschen in unserer Nähe, deren Reservekanister gut gefüllt ist. Wenn wir das nicht immer wieder vergessen, dann wird diese Welt lebenswert bleiben und vielleicht sogar immer mehr Ähnlichkeit mit dem Paradies aufweisen. Das lohnt sich für uns alle.

Pfingstsonntag

Annäherungen an den Predigttext Johannes 16,5–15

Thomas Westerhoff

Wer wir sind:
Wir sind ein Hauskreis der Auferstehungsgemeinde, Mainz, der sich wöchentlich trifft und aus 10 Erwachsenen im Alter zwischen 26 und 39 Jahren besteht. Seit etwa 9 Monaten besprechen wir den Predigttext des darauffolgenden Sonntags. Wir haben zwei Abende mit Joh 16,5–15 gestaltet. Beim zweiten Abend war der Pfarrer der Gemeinde dabei. Die Erfahrungen des ersten Abends können wir wie folgt zusammenfassen:

Keine direkte Ansprache aus dem Text ins Heute bei der ersten Begegnung; die Erwartungshaltung gegenüber dem Text wurde enttäuscht.

Muß mir denn alles etwas sagen? ...

Offene Fragen:
Was macht der Geist?
Welche Funktion hat er?

Als schwierig empfunden wurden die Verse 8–10, Schlüsselvers 7?

Methodisches Vorgehen am zweiten Abend:
Mit Hilfe der sehr gut lesbaren Übertragung von Walter Jens gingen wir den Fragen nach, wie der Geist in diesem Text beschrieben wird und was er tut.

Struktur des Textes:
Zwei mögliche Untergliederungen des Textes fielen uns auf:
1. Ansprache an die Jünger (Verse 5–7)
2. Das Reden über den Geist: Der Helfer kommt in die Welt! (Verse 8–11) Der Tröster wird auf die gleiche Art mit der ganzen Welt zusammensein, wie Jesus mit den Jüngern.
3. Der Helfer und die Jünger (Verse 12–15).
   Der Geist bevollmächtigt die armseligen Jünger: Sie erleben Jesu Gegenwart genauso intensiv, unverdünnt, wie vorher. Sie haben Jesus durch den Geist inwendig bei sich.

Oder dreiteilige Gliederung einer Gerichtsverhandlung:

1. Tatbestand: Mein persönliches Getrenntsein von Gott (Vers 8).
2. Maßstab: Die Gerechtigkeit der Welt unterscheidet sich von der Gottes (Verse 9,10) oder: die Gerechtigkeit ist das, was Gott für mich tut. Er selbst spricht mich gerecht (Röm 1,17: Der aus Glauben Gerechte wird leben.)
3. Urteil: Das Gericht ist gesprochen über Fürst dieser Welt (Vers 11). Damit bin auch in frei, der Fürst dieser Welt wird keine Macht mehr über mich haben.

Gedanken zum Heiligen Geist:

1. Der Geist der Wahrheit lehrt uns, die Welt mit Gottes Maßstäben zu beurteilen.
2. Der Heilige Geist bleibt letztlich ein Rätsel (Trinität).
3. Der Heilige Geist ist ein schöpferischer, lebensschaffender Geist. Er ist auch heute noch tätig (Hiob 33,4; Psalm 104,30).
4. Der einzige, der uns heute als Christen Glauben vermitteln kann, ist der Heilige Geist (Joh 15,26).
5. Durch den Heiligen Geist geschieht Verwandlung und Veränderung des einzelnen, bis zum gegenseitigen Verständnis der Völker (Pfingsterlebnis, Apge 2).

Aus der Assoziation, daß uns der Geist auf der Gefühlsebene anspricht, entstand die Diskussion, ob man heute statt »Heiliger Geist« nicht eher »heiliges Gefühl« sagen müßte. Der Begriff schien uns zu einschränkend. Der Heilige Geist verlangt einen aktiveren Menschen als das »heilige Gefühl« (eher passiv verstanden). Der Glaube verlangt den ganzen Menschen mit Leib, Geist und Seele. Der Heilige Geist füllt uns aus, nimmt uns mit, zieht uns, kommt auf uns zu ...
Einzelne berichteten über Glaubenserfahrungen, in denen sie das Wirken des Heiligen Geistes gespürt haben. Die Interpretation dieser Erlebnisse als konkrete Glaubenserfahrung ist jedoch subjektiv. Hier half uns folgendes Bild weiter:
Die Schönheit der Kirchenfenster erschließt sich nicht durch Betrachtung von außen. Erst der Perspektivwechsel des Eintretens läßt uns die bunte Vielfalt sehen.

Was soll eine Predigt über diesen Text für uns bringen?

- In welchem Zusammenhang steht der Text (Abschiedsreden)?
- Bedeutung des Heiligen Geistes in den Abschiedsreden?
- Konzentration auf die Verse 8–10,
- Klärung der Begriffe »Sünde«, »Gerechtigkeit«, »Gericht«,
- Gegenwartsbezug herstellen! Eigenes Erleben, eigene Erfahrungen einbringen.

Hilfsmittel:
Alternative Übersetzung: Am Anfang war das Wort - Das Johannes Evangelium -, Walter Jens, Radius Verlag 1993, Stuttgart

Als Zugang zum Nachdenken über den Heiligen Geist gefiel uns das alte Gebet von Stephen Langton (1150-1228):

Komm herab, o Heiliger Geist,
der die finstre Nacht zerreißt,
strahle Licht in diese Welt.
Komm, der alle Armen liebt,
komm, der gute Gaben gibt,
komm, der jedes Herz erhellt.

Höchster Tröster in der Zeit,
Gast, der Herz und Sinn erfreut,
köstlich Labsal in der Not,
in der Unrast schenktst Du Ruh,
hauchst in Hitze Kühlung zu,
spendest Trost in Leid und Tod.

Komm, o Du glückselig Licht,
fülle Herz und Angesicht,
dring bis auf der Seele Grund.
Ohne Dein lebendig Wehn
kann im Menschen nichts bestehn,
kann nichts heil sein noch gesund.

Was befleckt ist, wasche rein,
Dürrem gieße Leben ein,
heile Du, wo Krankheit quält.
Wärme Du, was kalt und hart,
löse, was in sich erstarrt,
lenke, was den Weg verfehlt.

Gib dem Volk, das Dir vertraut,
das auf Deine Hilfe baut,
Deine Gaben zum Geleit.
Laß es in der Zeit bestehn,
Deines Heils Vollendung sehn
und der Freuden Ewigkeit.
Amen. Halleluja.

Zum Gottesdienst

Bernd Giehl

Exegetisch-homiletische Skizze

Eigenartig. Karfreitag liegt doch, wenn dieser Text am Pfingstsonntag zu predigen ist, schon gut sieben Wochen zurück. Zwischenzeitlich ist immer wieder einmal von der Freude über die Auferstehung die Rede gewesen. Wie paßt ein Text, der vom Weggang Jesu und der Trauer der Jünger redet, in diese Stimmungslage? Oder sollte ich da etwas ganz und gar falsch verstanden haben?
Auch der zweite Blick auf diesen Text belehrt keines Besseren. Zumindestens im ersten Teil dieses Textes (VV. 5-11) hat man das Gefühl, daß der Abschied Jesu von seinen Jüngern eine wichtige Rolle spielt. Und

Abschied ist ja eine zwiespältige Sache; jedenfalls assoziieren die meisten Menschen damit Trennung und Trauer. Gewiß kann er auch Befreiendes an sich haben, aber das merkt man oft erst später.
Dieser zweite Aspekt ist es nun, der eine wichtige Rolle spielt. Jesus geht weg; sein Weg führt ihn ans Kreuz, aber auch das Kreuz ist in diesem Abschnitt nicht im Blick; allenfalls als »Erhöhung«, wie es auch sonst im Johannesevangelium gesehen wird. Im Blick ist vielmehr Jesu Gegenwart im »Geist«, als pfingstliches Ereignis. Ein gewaltiger Bogen wird hier gespannt, der von Karfreitag über Ostern bis Pfingsten reicht.
Werfen wir an dieser Stelle ruhig noch einmal einen Blick auf die Begründung des Abschieds. »Warum gehst du von uns?« - diese Frage der Jünger wird hier wie auch in den anderen Abschnitten der »Abschiedsreden« vorausgesetzt. In den synoptischen Evangelien würde Jesus antworten: »Es muß so geschehen.« Der Menschensohn muß sein Leben hingeben für die Vielen. Interessanterweise spielt der Gedanke des Sühnopfers oder der Versöhnung, wie Paulus den Kreuzestod Jesu interpretiert hat, hier jedoch keine Rolle. »Wenn ich nicht wegginge, würde der Paraklet, der Tröster nicht kommen«, antwortet Jesus. Auch dies ein Gedanke, der nicht unmittelbar einleuchtet. Das klingt fast so, als ob man ein Kind zuerst schlagen würde und ihm dann, wenn es fragt, warum es bestraft worden ist, sagen würde: »Damit du getröstet werden kannst.«
Womit dann auch klar sein dürfte, daß man das Johannesevangelium, wenn man es als (psychologisch angelegte) Erzählung liest, nur mißverstehen kann. Nur auf der Oberfläche spricht der zum Kreuz gehende Jesus zu den Jüngern von seinem Abschied. Unter dieser sehr dünnen Oberfläche ist aber eine ganz andere Intention erkennbar. Da läßt Johannes den Auferstandenen zur eigenen Zeit (wie auch zu späteren Zeiten) sprechen. Das zeigt sich nicht zuletzt daran, daß der Evangelist ohne Umschweife den »Parakleten« einführt, also den Heiligen Geist, der nach dem Bericht der Apostelgeschichte erst zu Pfingsten auf die Jünger gekommen ist, den sie also zu diesem frühen Zeitpunkt noch gar nicht kennen können. Wäre Johannes daran interessiert, die Fiktion des zu seinen Jüngern sprechenden Jesus auch nur halbwegs aufrechtzuerhalten, dann müßte Jesus seinen Jüngern zumindestens erklären, wer das ist. Gewiß ist der Paraklet auch schon früher eingeführt (zum ersten Mal wird er in Kapitel 14,16 verheißen) aber es ist mir sehr fraglich, ob hier der Bogen einer normalen Erzähldramaturgie nicht restlos überspannt ist.
Doch dies nur am Rande. Wichtiger ist die Frage, wer der Paraklet überhaupt ist. Als »Tröster« übersetzt Luther das griechische Wort, aber es ist fraglich, ob jemand der die »Welt« angesichts ihres Widerstands gegen den Gesandten Gottes überführen soll, eine solche Bezeichnung tragen kann. Siegfried Schulz (»Das Evangelium nach Johannes«, NTD 4, 1972) übersetzt das griechische Wort mit »Beistand« oder »Geist Helfer«. Rudolf Bultmann (»Das Evangelium des Johannes«, KEK 1957[15]) schreibt »Hel-

fer«. Keins dieser Worte beinhaltet alle Funktionen des Parakleten: nämlich zu lehren und in die Wahrheit einzuführen, Zeugnis von Jesus gegenüber der Welt abzulegen, die Welt der Sünde zu überführen und sie gleichzeitig dem Gericht zu überantworten und schließlich Jesus der Gemeinde gegenüber zu offenbaren. Zumindestens einer Frage wert ist, ob der Paraklet nicht noch umfassender verstanden werden muß als der Heilige Geist, denn nach Kapitel 14,16 ist er »eine Parallelgestalt zu Jesus selbst« (so Bultmann Seite 437). Seine Herkunft ist nach Bultmann in der Gnosis zu suchen, die nicht nur *einen* Offenbarer kennt. Andere suchen seinen Ursprung in der Gemeinde von Qumran oder im Umkreis der Menschensohn-Christologie. Rudolf Schnackenburg (»Das Johannes Evangelium«, III. Teil, HTHK, 1975) meint, der Parakletentitel für den Heiligen Geist habe schon in der frühen palästinischen Gemeinde eine Rolle gespielt, »die ihn als Trost für ihre verfolgten, vor Gericht gestellten Missionare verstanden hat - nicht anders als die spätere joh. Gemeinde in neuer, aber ähnlicher Situation.« (Seite 168)

Das alles zeigt nun, wie der Paraklet in unserem Predigttext, wie überhaupt im ganzen Johannesevangelium, zu verstehen ist. Er tritt nach dem Weggang Jesu an dessen Stelle. Pointiert - und vielleicht überspitzt - gesagt: Zumindestens für dieses Evangelium ist er sogar wichtiger als Jesus selbst. Der Paraklet ist es erst, der die Gemeinde »in alle Wahrheit« leiten wird. Auch das, was sie »jetzt« noch nicht verstehen kann, wird er ihr »dann« offenbaren. Damit wird klar, warum hier nur von der Trauer der Jünger die Rede ist, nicht aber von der Trauer Jesu, der ja immerhin ans Kreuz geht. Damit der Paraklet kommen kann, muß Jesus das Feld räumen. Und da der Paraklet seine Aufgabe, der Gemeinde Jesus zu offenbaren, genauso gut leisten kann wie Jesus selbst, ist da für Trauer kein Platz. Hier wird unübersehbar deutlich, was die Absicht des Evangeliums ist. Was Paulus in 2. Korinther 5,16 schreibt: »Und ob wir auch Christus früher nach fleischlicher Weise erkannt haben, so erkennen wir ihn doch jetzt so nicht mehr«, das ist auch hier intendiert. Der historische Jesus wird durch den Christus praesens ersetzt, den zu allen Zeiten und an allen Orten bei seiner Gemeinde seienden Herrn. Der Paraklet ist es, der bei der Gemeinde bleiben, der ihr die Offenbarung aufschließen und der den Prozeß Jesu gegen die, die im Unglauben verharren, führen wird.

Bleibt die Frage, ob man in einer Predigt den Bogen genausoweit spannen sollte, wie der Text es tut: vom Karfreitag über Ostern bis hin zu Pfingsten. Ernst Käsemann plädiert in einer Predigtmeditation über den ersten Abschnitt vom Parakleten (Johannes 14,23-31 in »Exegetische Versuche und Besinnungen«, 1970[6], Seite 257ff.) mit aller Entschiedenheit dafür. Der Paraklet, so könnte man in Anlehnung an Käsemanns Predigtmeditation sagen, wird nichts anderes tun, als die Gemeinde immer wieder an den gekreuzigten und erhöhten Herrn zu weisen und sie so im »Bleiben« halten. Gewiß steht auch dieser Text im Horizont des berühmten johanne-

ischen Dualismus, der scharfen Scheidung zwischen Christen und »Welt«, die Johannes - wahrscheinlich unter dem Eindruck der Ausstoßung der Christen durch die Synagoge - in die Zeit Jesu zurückprojizierte. Diesen Dualismus ungefiltert weiterzugeben, hielte ich für unverantwortlich (vgl. dazu auch die Schwierigkeiten, die die Teilnehmer der »Annäherungen« damit hatten). Aber genauso wie Ostern ohne den Karfreitag nicht verstanden werden kann, so kann man wohl auch Pfingsten nicht predigen ohne Rückbindung an diese beiden zentralen Feste. Ostern ist eben noch nicht das vollendete Reich Gottes. Ostern muß übersetzt werden, hineinvermittelt ins Leben. Vielleicht darf man ja sagen: dazu bedarf es des Pfingstereignisses.
Zum Schluß möchte ich noch einmal Ernst Käsemann zu Wort kommen lassen, der diese Sätze zwar zu Johannes 14,23-31 geschrieben hat; aber sie gelten genauso auch für unseren Predigttext: »Was immer sich mit seiner (sc. Jesu) Gemeinde zu und nach Pfingsten ereignen mag, sie wird auf jeden Fall Gemeinde des Gekreuzigten bleiben. Und damit wird ihr nicht nur eine Schmach, sondern auch eine Not auferlegt. Jesu Tod trennt ihn von uns, und zwar genau so radikal, wie Tod stets trennt. Der Auferstandene ist irdisch nicht mehr verfügbar.« (»Exegetische Versuche und Besinnungen«, Seite 258). Um dann aber doch versöhnlich zu enden: Das Wort aber, so sagt er, »wird der Gemeinde immer wieder neu geschenkt, weil Gott sich selbst getreu bleibt. Mehr noch, dieses Wort wird sich der Gemeinde immer neu als Parakletos, als Beistand und Tröster erweisen. Es wird sie all das lehren, wessen sie bedarf.« (Seite 262)
Darum geht es. Um das »Wort«, das immer wieder neu verkündigt werden muß. Um das »Wort«, das von einer Wirklichkeit redet, die zwar nicht sichtbar ist, die aber dennoch da ist. Um das »Wort«, das, wie stotternd und kläglich es auch immer gesagt werden mag, doch zum Wort und zur Kraft des Auferstandenen werden kann, ubi et quandum visum est deo.

Vorschläge zur Liturgie

Lieder
Die traditionellen Pfingstlieder dürfen natürlich nicht fehlen. Also beispielsweise EG 124 »Nun bitten wir den Heiligen Geist« oder EG 131 »O Heiliger Geist, o heiliger Gott«. Aber daneben würde ich - wenn es nicht auch sonst ganz selbstverständlich geschieht - neue Lieder anstimmen lassen. An Pfingsten gehören sie einfach dazu. Also z. B. EG 132 »Ihr werdet die Kraft des Heiligen Geistes empfangen«, ein Lied, das man gut als Kanon singen kann. Oder EG 268 »Strahlen brechen viele«.

Votum
Wir feiern diesen Gottesdienst als ein Fest des Geistes.
Gottes Geist begabt uns.

Jesus Christus begeistert uns.
Gottes Geist bewirkt Leben in uns.
(aus: Materialsammlung Dekadegottesdienst Pfingsten 1998, hrsg. von der Kirchenverwaltung der Ev. Kirche in Hessen und Nassau, Darmstadt)

Fürbittengebet
gott,
wir spüren dich
du bist nicht abwesend
wenn wir selbst nicht tot
und abwesend sind
wir sehen dich
auf den gesichtern derer
die mit uns hier sind
wir hören dich
in der sprache derer
die zu uns sprechen
wir spüren deinen geist
er liegt in der luft
er weht
dein geist
er stürmt
dein geist
er setzt in brand dein geist

gott
gib uns noch mehr zu spüren
von deinem geist
vom geist deines sohnes jesus christus
laß ihn unser geist werden
Wilhelm Willms in: aus der luft gegriffen, Verlag Butzon & Bercker, Kevelaer 1984^{4}, Seite 109 f.

Vorschlag zur Predigt

Möglicher Anfang
Wie war das heute morgen am Frühstückstisch? Nehmen wir doch einmal an, Sie haben gemütlich mit der Familie oder mit den Enkeln am Tisch gesessen und dann, so gegen viertel nach neun oder halb zehn haben Sie gesagt: »Langsam wird es Zeit, daß ich mich fertigmache. Ich will gleich zum Gottesdienst gehen.« »Ausgerechnet heute«, hat da einer der Enkel gemault, »wo ich doch extra zu euch gekommen bin. Laß doch heute einfach mal den Gottesdienst ausfallen.« »Aber Kind, das geht doch nicht«, haben Sie gesagt. »Heute ist doch Pfingsten. Da kann ich doch nicht ein-

fach zu Hause bleiben.« »Was, bitte, ist Pfingsten?«, hat ihr Enkel daraufhin gefragt, und Sie haben ihn erst einmal sprachlos angeschaut. Diese Jugend von heute. »Du gehst doch in den Konfirmandenunterricht«, haben Sie geantwortet. »Hat euer Pfarrer euch nicht erklärt, was an Pfingsten geschehen ist? Da ist doch der Heilige Geist auf die Jünger herabgekommen.« Und dann haben Sie angefangen, von den Jüngern zu erzählen, die nicht so recht weiterwußten, weil Jesus nun in den Himmel aufgenommen worden war, und wie dann der Geist wie kleine Feuerflammen auf die Jünger herabkam, sodaß sie vor Begeisterung anfingen, in fremden Sprachen zu reden. Spätestens als Sie von den Fremden erzählten, die da plötzlich auf der Straße stehenblieben, weil sie Einheimische in ihrer eigenen Sprache reden hörten und dann zusammenströmten, weil sie das Wunder aus nächster Nähe erleben wollten, waren Sie selbst von der Begeisterung der Jünger angesteckt. »Aber Oma«, sagt da plötzlich der jüngere Enkel, der bis jetzt nur still zugehört hat, »wie konnten die Fremden das hören, wenn die Jünger sich doch im Haus befanden?«
Nein, keine Sorge. Ich habe nicht gelauscht. Und erfunden ist die Geschichte natürlich auch. Obwohl Sie ja zugeben müssen, daß ein Stück Wahrheit in ihr steckt. Pfingsten, so erzählt die Geschichte vom Ursprung dieses Festes, Pfingsten löste den Jüngern die Zungen. Aber Pfingsten kann einem hin und wieder auch schon einmal die Sprache verschlagen, sei's, weil man plötzlich über die eine oder andere Ungereimtheit stolpert, weil man nach Erklärungen sucht, was das eigentlich ist: »Heiliger Geist«, oder weil man über einen Text zu predigen hat, der erst einmal so gar nicht pfingstlich anfängt, der vom Abschied Jesu redet und von der Trauer derer, die zurückbleiben. Was, um des Himmels willen, hat Karfreitag mit Pfingsten zu tun?
Aber vielleicht ist das ja gar nicht so schwer zu verstehen. Gewiß: In den Stunden vor Karfreitag nimmt Jesus Abschied von seinen Jüngerinnen und Jüngern. Und zunächst einmal ist dieser Abschied endgültig. Auch wenn wir natürlich alle wissen, daß auf Karfreitag Ostern folgt. Und dennoch: So, wie sie ihn gekannt haben, werden sie ihn nicht wiedersehen. Sie werden ihn nicht mehr vor Freude umarmen können. Sie werden ihm nicht mehr die Hand auf die Schulter oder den Arm um ihn legen und zu ihm sagen können: »Du, das habe ich noch nicht richtig verstanden. Erklär mir das doch noch einmal.« Insofern müssen sie tatsächlich Abschied nehmen, wie jeder Mensch, der einen anderen ins Sterben hinein begleitet.
Davon spricht dieser Text. Aber er spricht auch noch von etwas anderem. Davon nämlich, daß Jesus auch nach seinem Tod noch bei seinen Freunden und Freudinnen sein wird. Auch dann, wenn sie ihn nicht mehr sehen oder umarmen können. Und es werden nicht nur die Erinnerungen an ihn sein, die da eine Zeitlang noch lebendig sind. Sein Geist, Jesu Geist wird bei ihnen sein und sie begleiten. Er wird sie verstehen lassen, daß Jesu Tod am Kreuz nicht sinnlos war, daß er nicht das Ende der Verkündigung Jesu vom

gnädigen Gott bedeutete. Vieles werden sie erst im Nachhinein begreifen, und der Geist Jesu wird ihnen helfen, es zu verstehen. Aber er wird ihnen auch helfen, wenn es darum geht, von Jesus zu reden und seine Sache einer Welt vorzutragen, die meint, sie sei viel zu beschäftigt, als daß sie noch Zeit aufbringen könnte für solche seltsamen Geschichten.

Zum weiteren Verlauf

Der Heilige Geist als Gegenwart Jesu Christi bei seiner Gemeinde. Das scheint mir die wichtigste Aussage dieses Textes zu sein. Ich erinnere mich noch gut, was für Debatten es in meiner Kindheit im pietistisch geprägten Westerwald gab, ob der Heilige Geist schon bei der Bekehrung verliehen würde oder ob er nur besonders Auserwählten vorbehalten sei. Und das waren - selbstverständlich - die, die in der Bibelstunde am Sonntagabend die meisten Beiträge brachten und in der Gebetsstunde die längsten Gebete sprachen. Daß auch einfache Christen, die nicht so viel Aufhebens von sich machten, den Heiligen Geist haben könnten, das hätte wohl kaum einer vertreten.

Insofern ist dieser komplizierte Text am Ende doch eine Wohltat. Weil er nicht unterscheidet zwischen Christen erster und zweiter Klasse. Weil er ihnen allen - unterschiedslos allen - den Heiligen Geist verheißt. Denn der, der hier redet, der redet nicht nur zu den Freunden und Freundinnen von damals. Sondern er redet auch zu allen späteren Generationen von Christen. Zu denen, die schon gelebt haben, wie auch zu denen, die noch leben werden. Ihnen allen sagt er Jesu Gegenwart zu. Gewiß sagt er es in einer anderen Sprache, aber er meint das Gleiche wie der letzte Satz des Missionsbefehls: »Siehe, ich bin bei euch alle Tage, bis ans Ende der Welt.« Und darum brauchen die Späteren auch nicht neidisch auf die zu sein, die den irdischen Jesus noch erlebt haben. Vielleicht war es ja einfacher, sich vom irdischen Jesus begeistern zu lassen. Wie er geredet und gehandelt hat, wie in dem was er redete und tat, Gott zum Ausdruck kam, das muß schon begeisternd gewesen sein. Das alles können wir nur noch nachempfinden. Aber womöglich hat das Johannesevangelium ja recht, wenn es Jesus sagen läßt, daß die, die damals dabei waren, vieles noch nicht verstehen konnten. Vor allem den Weg Jesu zum Kreuz, den sie ja wahrscheinlich als tiefe Enttäuschung erlebten, als den größten Bruch in ihrem Leben. Die Geschichte von Ostern, die Erfahrung, daß es weitergeht, die zumindestens haben wir den Zeitgenossen Jesu voraus.

Andererseits: Das Leben mit einem, den man nicht sehen kann, dessen Worte uns nur überliefert sind, an den wir keine persönliche Erinnerung haben, ist immer ein Risiko. Jedenfalls dann, wenn der Anspruch heißt: Die Beziehung zu diesem Menschen bestimmt mein ganzes Leben. Gewiß sind es andere Enttäuschungen, die uns drohen, aber sie bleiben uns so wenig erspart, wie den ersten Adressaten des Johannesevangeliums. Damals war es die Feindseligkeit ihrer Umwelt, die der frühen Gemeinde zu schaffen machte. Uns enttäuscht wahrscheinlich eher die Gleichgültigkeit der Zeitgenossen. Und manchmal ist es ja wirklich nicht einfach, ihnen zu erklären, was man denn selbst an der Kirche so attraktiv findet, trotz aller Enttäuschungen, nicht zuletzt mit einigen ihrer allzumenschlichen Vertreter. Und vielleicht fragen wir uns hin und wieder ja selbst, wo wir die Gegenwart Jesu denn nun erleben, in unserem Leben oder in unserer Gemeinde. Vielleicht deshalb, weil auch unser Wahrnehmungsraster eher das Negative auffängt und das Gute allzu leicht vergißt. Oder weil das Gute eben nicht so spektakulär erscheint wie das Böse.

Möglicher Schluß
Soweit sind wir also gar nicht von den Jüngern entfernt. Öfters als uns lieb ist, haben auch wir das Gefühl, alleingelassen zu sein mit unseren Problemen. Und so brauchen auch wir, genauso wie die Jünger damals, einen Tröster. Auch wir brauchen den Geist Jesu, der zu uns sagt: »Fürchtet euch nicht.« Nichts wichtiger, als daß wir immer wieder die Gegenwart Jesu erfahren, mitten im Alltag. Und daß wir dann auch davon erzählen können. Es müssen ja nicht gleich so spektakuläre Geschichten sein, wie die vom ersten Pfingsten, damals in Jerusalem. Daß alles ganz neu und ganz anders wird, das werden wir wohl nicht erleben. Oder jedenfalls nicht allzu häufig. Aber daß jemand uns wieder Mut gemacht hat, das haben wir oft genug erlebt. Oder daß uns selbst wieder neue Kraft zugewachsen ist, nachdem wir eine Zeitlang den Eindruck hatten, es gehe nicht mehr weiter; auch das haben wir schon erfahren.
Und davon gilt es nun zu erzählen. Heute, an Pfingsten, aber auch an den anderen Tagen des Jahres. Denn auch die Freude des Erzählens kann andere anstecken. Das »Wort« - es muß vermittelt werden - in unsere eigenen Wörter hinein, hinein auch in unsere unterschiedlichen Lebensgeschichten. So bleibt Christus in uns lebendig, und so bleiben wir in ihm, wie das Johannesevangelium die Existenz der Christen immer wieder beschreibt.

Kontekte

Zur Frage, warum der Christus gehen muß, gibt Max Frisch in seinem »Tagebuch 1946–49« eine vielleicht überraschende Antwort. Im ursprünglichen Kontext geht es nicht um den Christus und die Beziehung zu ihm, sondern um die Liebe zu einem Menschen. Aber was Frisch hier über die Liebe zwischen zwei Menschen sagt, gilt genauso auch für die Beziehung zwischen Christus und den Christen: Unsere Meinung, daß wir das andere kennen, ist das Ende der Liebe, jedesmal, aber Ursache und Wirkung liegen vielleicht anders, als wir anzunehmen versucht sind – nicht weil wir das andere kennen, geht unsere Liebe zu Ende, sondern umgekehrt: Weil unsere Liebe zu Ende geht, weil ihre Kraft sich erschöpft hat, darum ist der Mensch fertig für uns. Er muß es sein. Wir können nicht mehr! Wir künden ihm die Bereit-

schaft, auf weitere Verwandlungen einzugehen. Wir verweigern ihm den Anspruch alles Lebendigen, das unfaßbar bleibt, und zugleich sind wir verwundert und enttäuscht, daß unser Verhältnis nicht mehr lebendig sei.
»Du bist nicht«, sagt der Enttäuschte oder die Enttäuschte, »wofür ich dich gehalten habe.«
Und wofür hat man sich denn gehalten?
Für ein Geheimnis, das der Mensch ja immerhin ist, ein erregendes Rätsel, das auszuhalten wir müde geworden sind. Man macht sich ein Bildnis. Das ist das Lieblose, der Verrat.
(aus: Max Frisch, Tagebuch 1946–49, © Suhrkamp Verlag Frankfurt am Main 1950, Seite 32)

In einer anderen, ebenso überraschenden Weise greift Rudolf Bohren das Bild des Abschieds auf. Bohren will ein neues »pneumatologisches Denken« einführen, das gleichberechtigt neben das christologische Denken treten soll. Bohrens Buch »Vom Heiligen Geist« ist selbst ein sehr anregender Kommentar zu unserem Predigttext; ich kann hier nur ein kleines Stück daraus zitieren:
Pneumatologisches Denken verhält sich zum christologischen nicht alternativ, sondern komplementär; es ergänzt das christologische Denken, fügt dem Stückwerk christologischen Denkens seinen Aspekt hinzu. Es denkt das Lob der Christologie, insofern diese mit Christus zusammenhängt, und bildet deren Krisis, insofern sie ein menschliches Denken ist, wohl wissend, daß es selbst des Lobes und der Kritik bedarf ...
Pneumatologisches Denken muß sich unterscheiden erst recht von dem gängigen wissenschaftlichen Denken, nicht zuletzt um der Wissenschaft selbst willen; es ist ein Denken nicht jenseits der Wissenschaft, sondern kritischer Durchdringung aller Wissenschaft. Der Säkularisationsprozeß im abendländischen Denken ist mittlerweile so weit fortgeschritten, daß unser Überleben in Frage steht; und damit wird alle Wissenschaftsgläubigkeit zutiefst suspekt und Selbstkritik wird zur vordringlichen Aufgabe der Wissenschaft.
(Rudolf Bohren, aus: Vom Heiligen Geist. © Chr. Kaiser/Gütersloher Verlagshaus, Gütersloh. S. 10f)

Pfingstmontag

Annäherungen an den Predigttext 1. Mose 11,1-9

Dagmar Maxin-Schnell

Der Text wurde einer Gruppe ehrenamtlicher Krankenhausseelsorgerinnen (7 Damen im Alter zwischen 38 und 72 Jahren) im Kreiskrankenhaus Uelzen vorgelesen mit der Vorgabe, vier Fragen spontan zu beantworten. Den Seelsorgerinnen war nicht bekannt, daß der Text zu Pfingsten gepredigt wird.

1. Was löst das erste Hören dieses Textes in mir aus?
Verwirrung: Warum wird solch eine Geschichte überliefert? Warum stiftet Gott selbst Verwirrung?
Ärger über das unnütze Handeln der Menschen.
Unverständnis über die Reaktion Gottes.
Ärger über das Zerstreuen der Menschen durch Gott.
Ärger über das Schema: Gott oben - Mensch unten.
Bedauern wegen des Verlustes der *einen* Sprache.
Trauer über den Verlust der Gabe, »mit einer Zunge zu sprechen«, sich verstehen zu können.
Ich denke an den Jahresspruch: »Wenn ich die ganze Welt gewönne ...«.
Man hat viele große Pläne und möchte sie verwirklichen. Die Frage: Aber wie?

2. Was sagt mir der Text persönlich?
Auch in der Familie stelle ich immer wieder fest, daß ich nicht verstanden werde, meine Kinder ganz andere Pläne zum »Bau ihres Lebens« haben. Es kommt zu wenig zur Aussprache und das führt dann zu Mißverständnissen.
Der Text ist mir unbequem und löst bei mir eine innere Spannung aus - wenn ich das schon höre: Planen, bauen, verändern - das Leben ist viel zu bunt, als daß man alles planen kann.
Wo Menschen sich zum Maßstab aller Dinge machen, kann nichts Positives gelingen.
Der Mensch denkt, Gott lenkt. Das letzte Wort meines Tuns habe nicht ich, sondern Gott.
Gott läßt die Träume nicht in den Himmel wachsen - leider?
Fazit: Nicht in den Himmel bauen, sondern auf die Erde schauen.

3. Wo entspricht der Text meiner Erfahrung, wo nicht?
Lebenserfahrung: Keiner versteht den anderen, deshalb hören lernen.
Soll ich immer daran erinnert werden, daß nicht alle »Blütenträume« reifen?
Das Planen und Bauen im Leben und die Konsequenzen, die sich daraus ergeben.
Meine Pläne für mein Leben werden immer wieder durchkreuzt, und ich muß einen anderen Weg gehen, der - im Nachhinein betrachtet - seinen Sinn hatte.
Wenn ich etwas tue nur um des persönlichen Erfolges willen, gelingt es mir nicht so ganz.

4. Was finde ich rätselhaft?
Die Verwirrung, die Gott stiftet, bleibt mir rätselhaft.
Warum tut Gott dies? Will er zeigen, daß er »allmächtig« ist? Wünscht sich Gott keine Einheit unter den Menschen?
Warum Verwirrung der Sprache? Kann der Turm nicht einfach zusammenfallen?
Entsteht durch die Verwirrung in der Welt Haß, Neid, Mißgunst? Wo hat Gott ein Einsehen und führt die Menschen wieder zusammen?

Zum Gottesdienst

Helmut Siegel

Exegetisch-homiletische Skizze

Die »Annäherungen an den Predigttext« machen meiner Meinung nach typische Reaktionen deutlich, die jede Predigerin bzw. jeder Prediger in Rechnung stellen sollte:
Ganz gegen die aufklärerische Tendenz der Exegese stellt der Text die Hörerinnen und Hörer nicht vor intellektuelle Probleme und läßt nach seiner Historizität fragen, sondern der Text löst heftige Gefühle aus, wobei »Ärger« über das Handeln Gottes vorherrscht. Es geht also an ihnen vorbei, die historisch-ätiologische Seite von Gen 11,1–9 zu behandeln und über die Stufentempel im früheren Babylon, die bis zu 90 m hoch wurden, zu erzählen. Zur Zeit des Jahwisten und vor ihm waren diese nur noch Ruinen, und die Erzählung dient zur Erklärung des riesigen Steinhaufens und der spöttischen Ätiologie des Namens »Babel« (erinnert an eine Form des hebr. »בלל« verwirren).
Die Reaktionen der Hörerinnen in Teil zeigen die zweite, m. E., wichtigere Seite von Gen 11: Eine ätiologische Geschichte wurde zu einem Teil der

Urgeschichte, und damit zur Vorgeschichte jedes Menschen überhaupt und zur immer wiederkehrenden Geschichte im Leben einer jeden und eines jeden. Indiz dafür sind auch die mühelosen Übertragungen der Hörerinnen ins Jetzt ihres eigenen Lebens.
Eine Fülle von Grundmotiven sind in Gen 11,1-9 zu finden:
- Die Ambivalenz aller menschlichen Erfindung und Kulturarbeit. Der Turmbau wird erst möglich durch die Erfindung des Ziegelbrennens und der Entdeckung des Asphaltes als Mörtel. Diese neuen Baustoffe machen nicht nur den Turmbau möglich, sondern auch das Siedeln in der vor Feinden schutzlosen Ebene: Man kann Städte mit Stadtmauern bauen.
- Das Streben des Menschen nach Größe und Dauer (sich einen Namen machen), der Turm ein Mittel gegen Vergänglichkeit und Zerstreuung.
- Der Versuch des Menschen, sich über andere zu stellen, mit Gott auf eine Ebene zu kommen, ja Gottes Wohnung zu stürmen.
- Die Sehnsucht nach Verstehen aller und die Trauer über das erlebte Unverständnis.

Nicht ganz eindeutig ist das Motiv für das strafende Handeln Gottes (der erst herabfahren muß, um den »himmelhohen« Turm zu sehen): In V. 6 c ist das uralte Motiv des Götterneides bewahrt, das zur Strafe führt. Nach dem Duktus der ganzen Erzählung aber und erst recht ihres jetzigen Kontextes geht es um die Bestrafung der Hybris der Menschen. Es ist der letzte »Sündenfall« in der Urgeschichte und es wird auch die letzte Gabe des Paradieses, die einheitliche Sprache, verloren.
An einem normalen Sonntag wird die Predigerin bzw. der Prediger aus diesen Motiven auswählen können, je nach Gemeindesituation und homiletischer Großwetterlage. Daß aber Gen 11,1-9 an Pfingstmontag Predigttext ist, gibt der Predigt eine ganz besondere Richtung. Die Pfingstgeschichte ist *Gegengeschichte* zu Gen 11,1-9. Bis in Einzelzüge hinein korrespondieren sie einander: Ist Grundlage von Babel eine menschliche Erfindung, so wird Pfingsten begründet durch Gottes Handeln. Geht es in Gen 11 um das Handeln des Menschen, so in Apg 2 um das Empfangen; will man in Gen 11 nach oben, so kommt in Apg 2 der Geist Gottes von oben herab, ist das Resultat des Turmbaus das Nichtverstehen und die Zerstreuung, so sammelt an Pfingsten Gottes Geist Menschen aus aller Welt und bringt sie zum Verstehen, wollen sich in Babel die Menschen einen Namen machen, so werden in Apg 2 die großen Taten Gottes gelobt. Apg 2 beschreibt, wie Gott Babel rückgängig macht. (N. B.: vielleicht sogar bis ins Wort »Babel« hinein; läßt das hebr. »בבל« das Wort »Verwirrung« anklingen, so ist Babel rückwärts gelesen: לבב, auf hebräisch »Herz«). So haben wir in der Predigt an Pfingstmontag 2 Vorgeschichten zu bedenken, von denen wir herkommen. Allerdings: Die Geschichte von Babel beschreibt viel genauer unsere Gegenwart als die Pfingstgeschichte. Meine These ist, daß gerade die babylonische Denk- und Lebensart auch in der Kirche die Wirkung

des Heiligen Geistes verhindert. Das Besinnen auf die allein lebendig machende Gabe des Geistes und das tätige Warten auf Hoffen und seine Wirkung kann dazu führen, daß die Pfingstgeschichte nicht nur Vorgeschichte bleibt, sondern unsere Zukunft beschreibt. *Meine Predigt* ist für den ökumenischen Gottesdienst konzipiert, den unsere Kirchengemeinde mit der katholischen Nachbargemeinde seit einigen Jahren gemeinsam an Pfingstmontag feiert.

Vorschläge zur Liturgie

Eingangswort
»Alles Gute kommt von oben«, so sagt der Volksmund.
Fragt sich bloß, wer oder was bei uns oben ist.
Denn je nachdem kann man sich ausrechnen, welcher Geist auf uns herabkommt: Ist das Geld oben, kommt der Geist des Geldes auf uns herab.
Ist die Wirtschaft oberstes Prinzip, kommt der Geist auch auf uns herab und über uns.
Ist Jesus für uns oben, dann kommt auch der Geist Jesu auf uns herab.

Eingangsgebet
Unser Gott, der du deinen Geist ausgießt,
wir bitten dich: Gib uns von deinem Geist Jesu,
laß ihn heimisch werden in unserer Gemeinde, in unserer Stadt,
in unserer Kirche.
Gib uns diesen Geist, der unsere Zunge glühend macht und glaubwürdig.
Komm im Sturm, denn das Säuseln sind wir satt,
komm im Feuer, damit unsere kalten Herzen brennen.
(1+2 nach Wilhelm Willms, der geerdete himmel, Verlag Butzon & Bercker, Kevelaer, 1986[7], 13.1 ff.)

Einleitung zum Kyrie
Gott, wir brennen nicht mehr,
die Feuerzungen des Geistes sind gelöscht,
unsere Liebe ist kalt. Darum rufen wir zu dir:
Kyrie eleison
Jesus Christus, die Begeisterung für dich ist bei uns erloschen,
wir reden mehr über dich als mit dir,
und trauen deiner Kraft wenig zu. Darum rufen wir zu dir:
Christe eleison
Gott, heiliger Geist, wir wirbeln nur abgestandene Luft auf, machen oft viel Wind, aber kein frischer Wind, kein Gotteshauch weht unsere Köpfe frei.
Darum rufen wir zu dir:
Kyrie eleison

Textlesung
Statt als Epistel 1. Kor 12,4–11 schlage ich vor, noch einmal Apg 2,1–8(–17) zu lesen.

Gebet vor dem Abendmahl
Anrufung des Geistes und Brotsegen

GEIST DES LEBENS, / wir rufen dich an. / Du bist der Grund von allem, was lebt. / Du trägst und bewahrst die Schöpfung. / In dir wurden wir geschaffen als Mann und Frau, / in dir sind wir alle eins, eine Menschenfamilie, / und Teil der guten Schöpfung Gottes.

GEIST DER VERSÖHNUNG, / wir rufen dich an. / Du überwindest das Böse in uns und in der Welt, / du heilst, was zerbrochen ist, / du führst zusammen, was getrennt und verfeindet ist, / in Einheit und Vielfalt zu neuer Gemeinschaft / durch Gottes heilsame Tat in Jesus Christus.

GEIST DER ERLÖSUNG, / wir rufen dich an. / Du schenkst Hoffnung den Entrechteten und Unterdrückten, / du tröstest die Trauernden und Leidenden, / du bereitest unter uns das Kommen des Reiches Gottes / in Gerechtigkeit, Friede und Freude.

HEILIGER GEIST!
Bewahre uns und deine ganze Schöpfung auf dieses Ziel hin. / Segne das Brot, das wir essen! / Segne den Kelch, aus dem wir trinken! / Zum Zeichen des Lebens, der Versöhnung und der Erlösung! / Uns allen zur Wachsamkeit, zur Ermutigung, zur Ungeduld und zur Ausdauer. / Komm, Schöpfer, Tröster, Helfer Geist! / Das Brot, das wir brechen, ist die Gemeinschaft / des Leibes Christi! / Der Kelch, den wir trinken, ist die Gemeinschaft / des Blutes Christi! / Schmeckt und seht, wie freundlich der Herr ist!
(Willy Beppler in ZGP 3/89, LT 8)

Als Fürbitten
Lasset uns beten
- für alle Menschen, die sich schwach fühlen und ohne Hoffnung sind: Gott, erbarme dich ihrer!
- für alle Menschen, die ohne Freude oder geistlos dahinleben: Gott, erbarme dich ihrer!
- für unsere Kirchen, daß sie wach werden und durch deinen Geist Trennungen überwinden: Gott, erbarme dich ihrer!
- für alle Menschen, die bedroht und unterdrückt werden: Gott, erbarme dich ihrer!
- für alle Menschen, die keinen Glauben haben: Gott, erbarme dich ihrer!
- für alle Völker dieser Erde: Gott, erbarme dich ihrer!

Ja, erbarme dich, Gott, ihrer und unser und führe uns alle zum wahren Leben durch die Speise vom Tisch deines Sohnes Jesus Christus, der gelobt sei in alle Ewigkeit.

Als Hymnus im Abendmahlsteil

in wahrheit ist es würdig und recht / dir gott zu danken / dir gott / der du sprichst / in vielerlei sprachen

der du zu uns sprichst / durch alles was du gemacht hast / durch wasser / feuer luft / durch wind und erde / wir lieben die erde

ja gott wir danken dir / der du zu uns sprichst / in vielerlei sprachen / in lauten und leisen sprachen / in neuen formeln / und tönen / in harmonien und disharmonien

du sprichst zu uns ganz einfach / und geheimnisvoll / und kompliziert / du sprichst zu uns / alt und vertraut / und erschreckend neu

ja gott wir danken dir / wegen der vielen instrumente / auf denen du spielst / und dich uns verständlich machst

am schönsten / am menschlichsten / am hoffnungsvollsten / hast du durch jesus christus / zu uns gesprochen / in ganz neuen zungen / in feuerzungen

so gesprochen hast du / durch ihn / daß die toten aufhorchten / und aufstanden / um dieser neuen sprache willen / die wir auch lernen möchten / und sprechen möchten / preisen wir dich mit allen engeln und heiligen / mit allen propheten / und rufen voll freude

(Wilhelm Willms, in: aus der luft gegriffen, Verlag Butzon & Bercker, Kevelaer, 1984[4], Seite 110)

Lieder

Ich halte alle Pfingstlieder (sicher in der einzelnen Gemeinde unterschiedlich bekannt) für geeignet. Will man auch in den Liedern besonders auf Gen 11,1–9 Bezug nehmen, bietet sich EG 125,1 »Komm, Heil'ger Geist, Herre Gott …«; EG 156 »Komm, Heiliger Geist, erfüll die Herzen deiner Gläubigen …«. EG 273,1–4 »Ach Gott, vom Himmel sieh darein …« ist als Predigtlied zu erwägen, die 3. Strophe wirkt wie eine Rede der »Leute von Babel«.

Vorschlag zur Predigt

Möglicher Anfang

Nach dieser Erzählung muß ich gar nicht suchen, was denn wohl evangelische und katholische Christen gemeinsam haben. Denn dies ist unsere gemeinsame Vorgeschichte. Mag der Turm zu Babel schon zur Zeit des ersten Erzählens zerfallen gewesen sein, mögen wir einen hohen oder einen besonderen, oder gar keinen Kirchturm haben - egal: Diese Geschichte erzählt: »So sind die Menschen.« Die Menschen bewegt eine eigentümliche Mischung von Gefühlen.

Da ist das Gefühl der Angst: »Wer fragt schon nach uns, nimmt von uns Notiz?«, das Streben nach Dauer: »Wir wollen bleiben, selbst des Tod überdauern.« Der Wunsch, anderen überlegen zu sein: »Wir wollen uns einen Namen machen!«, der Stolz: »Schaut her, was wir können!«

Diese, vielleicht noch andere Gefühle treiben die Menschen an, und sie beginnen einen Turm zu bauen, eine Expedition zu starten, zu anderen Planeten zu fliegen, genveränderte Lebewesen zu schaffen. Sie können das, weil menschlicher Erfindungsgeist ihnen die Mittel dazu in die Hand gibt: getrockete Ziegel sind zu weich, nur mit gebrannten Ziegeln kann man einen hohen Turm bauen. Erfindungen, auch das kann man seit Babel wissen, sind weder gut noch böse, es kommt auf ihre Verwendung an und warum man sie einsetzt.

Die Leute von Babel wollten nach oben, ja an die Spitze, bis an die Wohnung Gottes. Wollen sie nur prahlen können: »Wir sind die Größten?« Oder wollen sie den Himmel stürmen und Gott absetzen?

Egal: Gott setzt ihnen Grenzen. Er, der den ach so hohen Turm kaum wahrnehmen kann, sorgt dafür: »Mensch bleibt Mensch, ist weder Halbgott noch Gott!« Und damit sie es nicht vergessen, verwirrt er ihre Sprache. Sie verstehen einander nicht mehr und gehen deshalb auseinander.

Da kommen wir her, liebe Gemeinde, nicht nur weil wir Nachkommen der Menschen von Babel sind, die sich in alle Winde zerstreut haben. Da kommen wir deswegen her, weil wir eine solche Geschichte oder Teile davon immer wieder erleben: Großprojekte scheitern, weil ihre Konstrukteure sich nicht verstehen, sondern miteinander konkurrieren, Familien zerbrechen, weil einer nicht zufrieden ist, sondern sich einen Namen machen will, und alle anderen dafür einspannt. Ja, selbst die Kirche spaltete sich, und die Christen liefen auseinander, weil die Leute damals zu Luthers Zeiten an der Spitze nicht nur weiter an der Spitze bleiben wollten, sondern gar nicht verstanden, um was es diesem kleinen Mönch aus Sachsen ging. Und gibt es in unseren Gemeinden nicht genügend Babelsymptome? Herrscht da keine Konkurrenz zwischen unterschiedlichen Gemeindegruppen, gibt es dort keine Menschen, die sich einen Namen machen wollen, keine, die von sich sagen: »Wir sind Spitze! Aber die anderen ...«, kein Unverständnis und keinen Streit?

Skizze zum weiteren Verlauf

Wir können unsere Herkunft aus Babel nicht verleugnen. Da kommen wir her, ob evangelisch oder katholisch. Und es bringt uns allen nicht viel, weiter nach Indizien in unserem Leben, unserer Kirche, unserer Welt zu suchen, die zeigen: »Typisch Babel!« Viel wichtiger ist eine Antwort auf die

Frage zu finden: »Wie kommen wir da raus? Wie kann das anders werden und anders enden als damals in Babel?«
Lesefrucht: Jemand hat einmal der Pfingstgeschichte die Überschrift gegeben: »Babel rückgängig machen!«
Ein Slogan von »wahrhaft babylonischer« Gesinnung, denn: die Verwirrung, das Unverständnis, das Streben an die Spitze rückgängig machen – das ist eine Aufgabe, größer als einen Turm bis an den Himmel zu bauen. Babel rückgängig machen – das kann kein Mensch.
Eben, kein Mensch. Aber Gott, Gott selbst.
Und davon erzählt ja die Pfingstgeschichte, Gottes Geist, der über die Jünger kommt, macht Babel rückgängig, obwohl sie verschiedene Sprachen sprechen, verstehen alle die Botschaft des Evangeliums.
Und so wie die Geschichte des gescheiterten Turmbaus von Babel unsere Vorgeschichte als Menschen ist, so ist die Pfingstgeschichte ja unsere Vorgeschichte als Christen. Damals entstand die Kirche. Und wenn Babel bis heute wirkt, wieso sollte dann nicht die Pfingstgeschichte bis heute wirken? Woran liegt es, daß die uralte Geschichte von Babel uns so sehr bestimmt und die alte Geschichte von Pfingsten so wenig?
Vermutung: Das liegt daran, daß es uns schwerfällt, die versteckten Anweisungen der Pfingstgeschichte zu befolgen: Denn um Babel rückgängig zu machen, können wir gar nichts tun, sondern wir können nur warten, wie die Jünger damals nichts anderes tun konnten, als auf den Geist Gottes warten. Der Geist Gottes kommt nicht in mit Plänen und Vorhaben volle Köpfe, sondern in untätige und zum Empfang bereite Menschen. Und er kommt zu Menschen, die nicht nach oben, an die Spitze wollen, sondern alles von oben erwarten. Und die da auf einmal alles verstehen, verstehen die, die Gottes große Taten loben.

Möglicher Schluß

Was fällt uns das schwer, liebe Gemeinde! Uns, die wir planen und organisieren, meinen, nun würde es aber Zeit, mehr Gemeinschaft untereinander zu schaffen und es müßte doch mit dem Teufel zugehen, wenn wir nicht durch Diskussionen, Papiere und Resolutionen endlich einander verständen, und wir weisen vor, was wir alles schon gemeinsam tun, denken und glauben, und meinen, die erreichten Ergebnisse müßten nun doch alle verstehen – alles eher eine Verlängerung von Babel.
Stattdessen warten, auf Gottes Geist hoffen, von ihm begeistert werden und vor allem Gottes große Taten loben – was fällt uns das schwer! Da muß ja unser Denken anders werden – und unser Gefühl. Da bräuchten wir ja ein neues Herz. Eben, ganz wörtlich, wirklich wortwörtlich: Denn »Babel«, das hat den hebräischen Wortstamm von »Verwirrung«, und Babel rückgängig gemacht, von rückwärts gelesen, heißt »Lebab«, und das bedeutet auf hebräisch »Herz«! Ein neues Herz, das kann uns nur Gott geben. Was sollen wir also tun?

Ich weiß nur 2 Dinge, und die hören sich nur einfach und leicht an: Einmal nie vergessen, bei dem was wir tun oder andere tun: Die Geschichte von Babel ist unsere Vorgeschichte. Das kann uns eine große Nüchternheit und ein gesundes Mißtrauen gegenüber allen großen Plänen und Projekten geben und läßt uns realistisch über uns und unsere Mitmenschen denken.
Und zweitens: Warten und hoffen, daß die Pfingstgeschichte nicht nur ein vergangenes Geschehen erzählt, sondern unsere Zukunft beschreibt, daß Gott uns unser Herz verändert und seinen Geist schenkt. Dafür bereit sein, wirklich bereit sein.

Kontexte

anweisungen für christen zu pfingsten / dem fest der neuen sprache

bringen sie die sprache / nicht in verwirrung durch lügen / durch unangebrachtes schweigen / durch unangebrachtes reden

kontrollieren sie gängige redensarten / auf ihre richtigkeit / und reden sie nicht über dinge / von denen sie nichts kennen / berichten sie nicht unbesehen weiter / was sie nicht selbst / gesehen haben - solches ist klatsch

gebrauchen sie nicht / uneingeschränkt sprichwörter zb »mit den wölfen muß man heulen - / die fahne nach dem wind drehn - / wessen brot ich eß / dessen lied ich sing / das ist gebabele

lesen sie die tageszeitung und auch / die schreiben ihrer behörde rückwärts / um ihr vokabular zu prüfen / wie man am lachen den narren erkennt / so erkennt man am vokabular den lügner / ohne rücksicht auf den inhalt / des geschriebenen

sprechen sie / wie ihnen der schnabel gewachsen ist / sprechen sie nicht / wie ihnen der schnabel gewachsen ist /

fangen sie neu an zu sprechen / fangen sie neu an zu sprechen mit denen / die sie bisher stumm rechts oder / links überholten

brauchen sie nie so tödliche worte / »die linken - die rechten - die gesunden - die kranken - die normalen - die unnormalen / wer gibt ihnen das recht / menschen so abzustempeln? / wer gibt ihnen den maßstab? / jesus sicher nicht / auf den sie sich ja / als christ berufen müßten

ihre zunge muß glühen / sonst halten sie den mund zu / ihre zunge muß feuer entfachen / in der stadt - / feuerzunge muß feuerzungen entfachen

ihre sprache muß für heute sein / wie das manna in der wüste / legen sie es nicht darauf an / schon für morgen und übermorgen / zu formulieren / brandneu muß ihre sprache sein

sprechen sie die SPRACHE der LIEBE / die über alle sprachgrenzen hinweg / verstanden wird

(Wilhelm Willms, der geerdete himmel, Verlag Butzon & Bercker, Kevelaer, 1986[7], 13.14)

»Ich wünsche, daß wir es schaffen werden, eine gemeinsame Sprache zu finden. Menschen sollen sich nicht danach unterscheiden, welche Sprache sie sprechen

oder welche Hautfarbe sie haben oder welcher Religion sie sind - nein, Menschen können sich nur danach unterscheiden, ob sie imstande sind, sich als Menschen zu verhalten oder nicht.«
Alexander Dubcek (†)
Präsident des tschechischen Parlamentes

Souveränität

»Der Geist
Weht,
Wo er
Will.
Meistens
Will er
Nicht.«

»Pfingstliches« von Bernhard Katsch, in: Frankfurter Rundschau vom 6.06.92, Seite M 9

»Ich las einmal die Geschichte von Menschen, die in einem unbekannten, sehr hohen Turm immer höher stiegen. Die ersten Generationen drangen bis zum fünften Stock vor, die zweiten bis zum siebenten, die dritten bis zum zehnten. Im Laufe der Zeit gelangten die Nachkommen in das hundertste Stockwerk.
Dann brach das Treppenhaus ein. Die Menschen richteten sich im hundertsten Stockwerk ein. Sie vergaßen im Laufe der Zeit, daß ihre Ahnen je auf unteren Stockwerken gelebt hatten und wie sie auf das hundertste Stockwerk heraufgelangt waren. Sie sahen die Welt und sich selbst aus der Perspektive des hundertsten Stockwerks, ohne zu wissen, wie Menschen dahin gelangt waren. Ja, sie hielten sogar die Vorstellungen, die sie sich aus der Perspektive ihres Stockwerkes machten, für allgemein menschliche Vorstellungen.«
Norbert Elias aus: Über die Zeit. © Suhrkamp Verlag Frankfurt am Main 1985, Seite 115 f.

Trinitatis

Annäherungen an den Predigttext Jesaja 6,1–13

Ute Zöllner

Mein Gesprächspartner ist freier Rundfunkjournalist, der häufig auch Berichte und Features zu kirchlichen und theologischen Themen erarbeitet. Er ist für die mediale Wirksamkeit von Texten besonders aufgeschlossen.

Überraschend ist in unserem Gespräch, daß an diesem bildreichen Text zunächst nicht die Tempelszene Aufmerksamkeit erregt. Das erste Interesse gilt dem Verkündigungsauftrag, den Jesaja bekommt. Was meinen Gesprächspartner geradezu aufbringt, ist die Widersprüchlichkeit, die in diesem Auftrag liegt: Wie kann eine Verkündigung dem Nichtverstehen dienen? Wie kann eine Verheißung das Unheil weitergeben wollen? »Soll denn die Erde zu tausend Tschernobyls werden? Kann das Gottes Wille sein?« Dagegen wendet mein Gesprächspartner mit großer innerer Beteiligung heftigen Einspruch ein: »Der Herr, der das will, ist nicht mein Herr.« Seine Erwartungen an die Verheißung ist ganz anders eingestellt. Gott soll doch die Kraft verleihen, daß man solchen, als äußerst bedrohlich empfundenen Katastrophen, besser widerstehen kann. Gerade den Kampf gegen die Verwüstung sieht er als Gottes Sache an. Der Gerichtsgedanke besitzt also in dieser ersten Phase des Gespräches eine große Anstößigkeit. Damit wird in der Tat eine Spitze in der Aussage der Berufungserzählung des Jesaja wahrgenommen.

Nach diesen Überlegungen über die Wirkung der angedrohten Verwüstung beschäftigt sich mein Gesprächspartner vor allem mit den Schlußworten der Perikope. Vor allem die beiden Bilder von »Stumpf« und »Same« lösen weitere Assoziationen aus und werden sodann gedeutet: »Vermutlich müssen sie doch in einem übertragenen Sinn als Metaphern verstanden werden.« Schließlich werden die beiden Bilder direkt mit der vorangehenden Gerichtsbotschaft in Verbindung gebracht. Eine Spannung zwischen den Schlußworten und die vorangehenden Gerichtsbotschaft wurde dabei nicht bemerkt – literarisch handelt es sich ja zweifellos um eine spätere Ergänzung. Wie dieser Zusammenhang nun wirklich zu verstehen ist, beschäftigt mein Gegenüber sehr und fordert zu etlichen Überlegungen heraus. So versucht er, die Androhung der Verwüstung selbst als Bild zu deuten: »Soll

denn die Androhung der Verwüstung die Krise bedeuten, aus der schließlich etwas Neues erwächst?« So ganz schlüssig und zufriedenstellend wirkt dieser Deutungsversuch nicht. Es stellt sich eine gewisse Ratlosigkeit ein. Nun erst wendet sich die Aufmerksamkeit den Versen 1-7 zu. Hier wirken insbesondere die Figuren der Engel, die die Phantasie in Gang setzen und das Interesse auf sich ziehen. Dabei bleibt das Verstehen zunächst für längere Zeit an der einnehmenden, bildhaften Schilderung der Engel hängen. »Wie ist das mit den sechs Flügeln gemeint? Wie kann man sich das vorstellen?« Ich erläutere, daß das Wort »Füsse« einen Euphemismus für das Geschlecht darstellt. Der Gedanke, daß sie auf diese Weise ihre Eigenständigkeit vor dem im Tempel anwesenden Gott verbergen, hilft etwas weiter. Nun schließen sich Fragen nach der Botenfunktion der Engel an. »Was ist die Funktion der Engel im Alten Testament?« Das möchte mein Gesprächspartner wissen. Dagegen bleibt die Gottesgestalt in unserem Gespräch unthematisiert; sie ist so peripher und dabei unausgesprochen präsent wie im Text selbst. Auch die Frage der Entsühnung wird nicht aufgenommen. Schließlich gibt mir mein Gesprächspartner einen wichtigen Hinweis aus seiner Radioerfahrung heraus: Der Text, meint er, muß in besonderer Weise vorgelesen werden, damit sich seine Wirkung gut entfalten kann. Die Verse müssen, als gelesener Text, wirken wie ein Bild, ein Gemälde. Deshalb gehören Rhythmen und Absätze für den Vortrag geradezu eingeübt; ein Argument, das mich rundweg überzeugt hat.
Das eher statische Bild, das der Text bietet, erscheint als Auftakt für eine anstößige Verkündigung, auf der das Hauptaugenmerk bei der Beschäftigung mit der Berufungserzählung liegt: Das ist die Pointe unseres Gespräches. Es zeigt sich darin, daß die Assoziation des Trishagion mit Trinitatis, die für die Auswahl dieses Textes an diesem Sonntag gesorgt hat, für das gegenwärtige Verstehen nicht trägt; und sicher ist darin das aktuelle Verständnis im Einklang mit dem Text selbst. Die Hauptaufgabe und Schwierigkeit liegt wohl darin, mit dieser Dissonanz von Text und Kasus bei der Gestaltung von Gottesdiensten und Predigt sorgfältig umzugehen.

Zum Gottesdienst

Wolfgang Herrmann

Exegetisch-homiletische Skizze

Dieser Text gehört zu den wahrhaft »großen« der Bibel, und er hat eine entsprechend steile Karriere gemacht, bis ins »Sanctus« der christlichen Liturgie! Dabei ist nie zu vergessen, daß alle Texte der jüdischen Bibel immer den Charakter der Leihgabe tragen sollten und nicht umstandslos christlich angeeignet werden dürfen. Aneignung trennt das alte vom neuen Gottesvolk; dankbare, kritische Mit-Lektüre aber kann Christen und Juden einander näherbringen.

Der Text hält eine überreiche Fülle an Themen, Motiven und Anspielungen bereit; – genug für viele Gespräche, zuviel für eine Predigt. Aber auch: wie schön, für eine Predigt so aus der Fülle schöpfen zu können! Einer Versuchung möchte ich deshalb nicht nachgeben: mit 6,8 zu enden und das mühsame Thema der »Verstockung« 6,9 ff. auszublenden, – »einen der theologisch schwierigsten Texte der Bibel« (sic!) (Antoon Schoors, Die Königreiche Israel und Juda im 8. und 7. Jahrhundert v. Chr., Biblische Enzyklopädie Bd. 5, 1998, Seite 202). Gewiß, *das liturgische Datum »Trinitatis«* hat es ohnehin schon in sich. Und dann auch noch die Konfrontation mit dem dunklen Rätsel der Verblendung ... Könnte es sein, daß die Auswahl dieses Textes für gerade diesen Sonntag ein viel tieferes Recht hat als nur die zunächst eher oberflächliche Beziehung des Trishagion (und der drei Flügelpaare der Seraphim) zur göttlichen Dreieinigkeit?

Jesaja lebte und wirkte in *Jerusalem*. Seine Theologie ist städtisch, und das bedeutet: der altorientalisch-kanaanäische Hintergrund ist deutlich spürbar – sakrales Stadtkönigtum, polytheistischer Götterhimmel, priesterliche Tempelliturgien. Seine Hörer und die frühe Leserschaft haben den untergründigen Reichtum der Anspielungen und Assoziationen verstanden; wir müssen dieses Wurzelgeflecht erst rekonstruieren.

Einen guten Schlüssel zum Text bietet die in der Regel überlesene Datierung: »In dem Jahr, als der König Usija starb ...« Der König ist tot! Das bedeutet allemal Krise und Erschütterung, eine Unterbrechung im Gang der Dinge. Was der Prophet im Innenraum des Bewußtseins visionär erlebt (der »Rauch«, das »Beben der Türschwellen«, die »unreinen Lippen« des Volkes), ist die Antwort auf die Krise im äußeren, politischen Raum.

König Usija, auch Asarja genannt, gehört zu den »guten« Königen der biblischen Geschichtsschreibung. Er regierte 52 Jahre, von 792 bis etwa 740 (die genaue Datierung ist unklar). In dieser Zeit erweiterte er den Staat Juda und stärkte ihn mit Befestigungen nach außen und der Entwicklung der Landwirtschaft nach innen. Sein Schicksal erhielt einen tragischen Zug durch folgenden Vorfall (2. Chr 26,16–21): Er maßte sich an, *das Weihrauchopfer* im Tempel höchstselbst zu vollziehen, eine Handlung, die streng den Priestern vorbehalten war. Denn die jüdischen Könige waren nun gerade keine sakralen Priesterkönige wie es z. B. der jebusitische Urahn im königlichen Amt, Melchisedek, gewesen war! Zur Strafe für diesen Übergriff sei er mit Aussatz geschlagen worden. Das hatte zur Folge, daß sein Sohn Jotam und nach dessen Tod sein Enkel Ahas als Thronverweser und Mitregenten fungierten. Unmerklich aber verkam das geistige Fundament des Staates. Bei aller Prosperität und einer einigermaßen geschickten Außenpolitik angesichts der sich anbahnenden assyrischen Bedrohung verkam

das religiöse Grundgesetz - der Gottesbund, die unbedingte Treue zu dem Einen Gott - und wurde brüchig und morsch. War die anmaßende Tat des Königs ein erstes, aber offenbar allgemein übersehenes Warnzeichen für den Weg in den Abgrund?
Die Augen verklebt, die Ohren verstopft, die Herzen verfettet (6,10) wächst die Verblendung, die Gottesblindheit. Trägt aber das Fundament, die täglich und mit Lust (Ps 1,2 vgl. Jes 7,9) praktizierte Bundestreue, nicht mehr, werden Untergang des Volkes und Verwüstung des Landes unausweichlich sein. Nun ist der König tot - und ein *anderer* Rauch erfüllt den Tempel. Dieser Rauch verhüllt nicht nur symbolisch die unmittelbare politische Zukunft. Ist er nicht auch eine bedeutende Erinnerung an die Rauchsäule, mit der Er Sein Volk durch die Wüstenzeit geleitet hatte? Der Herr des Gottesbundes, der Gott vom Sinai, ist im *Tempel* (6,1) gegenwärtig! Ist es aber der Tempel Salomos, den der Prophet schaut? Das akkadische Fremdwort »hekal« bezeichnet sowohl den königlichen Palast als auch den Tempel, darüber hinaus aber auch die himmlische Wohnstatt der Gottheit. So gerät der Prophet an die Schwelle des *himmlischen Hofstaates,* hier durch die Seraphim repäsentiert, in deren Vielheit das alte Götterpantheon noch mitschwingt. »Und die Erkenntnis, daß der eine Gott sozusagen eine polytheistische Vorgeschichte hatte, sollte uns auf den Reichtum eines Gottes, der unter anderem auch die Qualitäten eines Baal und einer Aschera in sich vereinigt, aufmerksam machen. Auch die christliche Lehre der Trinität ist eine Form des Versuches, den inneren Reichtum Gottes in den Blick zu bekommen.« (A. Schoors a. a. O., Seite 219).
Seraphim, das waren einmal unheimliche Feuerdämonen der Wüste, doch nun, in himmlischer Erhabenheit, sind sie gewissermaßen zur feurigen Aura des Einen Gottes geläutert. Diese Aura offenbart sich - schwer mit einem Wort übersetzbar - als kabod (6,3): »Ehre«, »Gewicht«, »Herrlichkeit«. Poetisch schön besingt ein Choral (EG 450) das Licht aus der Höhe, die strahlende Klarheit der göttlichen Wahrheit und Gerechtigkeit als »Morgenglanz der Ewigkeit«. Allerdings wird damit noch nicht *der archaische Schrecken,* die innerste Erschütterung spürbar, die auch sonst Engelserscheinungen begleitet und deshalb mit dem »Fürchte dich nicht!« verbunden ist. - 1917 schrieb Rudolf Otto sein berühmtes Buch über »Das Heilige«, in dem die Erschütterungen des Weltkrieges ihr Echo in der Wiederentdeckung des »tremendum et fascinosum« fanden: Es gibt keinen nur »lieben Gott«!
Geläutert werden nicht nur Wüstendämonen, sondern auch der Prophet, der als Teil des Volkes dessen Abweg, die Sünde, teilt. Damit aber wird er - auf andere Weise wie der aussätzige König - ausgesondert und steht diesem Volk nun gegenüber: als Botschafter kommenden Unheils, geschlagen mit der Bürde der Kassandra - und gerade so aber eindeutiges Zeichen der einzig angemessenen Haltung und Form des Glaubens, nämlich unverbrüchlicher Treue. Der Prophet selbst wird zum »heiligen Samen« (6,13). - Hier läßt sich eine Parallele ziehen zur Bestimmung Noahs oder zum Schicksal

Lots, ebenfalls Menschen, die die Treue bewahrten und deshalb als Überlebende der Katastrophe zum »heiligen Samen« wurden.
Die *homiletische Beziehung zu dieser prophetischen Erfahrung* ist delikat. Eine vorschnelle Identifikation, die die täglichen Frustrationen der Praxis als Auswirkung göttlicher Verstockung des Volkes (der Gemeinde) verstehen möchte, sollte sich anständigerweise verbieten. Die Zeichen der Zeit zu lesen, Widerständen nicht auszuweichen, den Bruch der Glaubenstreue nicht zu verharmlosen, - das jedoch ist bleibender Auftrag. Doch die unbedingte, archaisch-eindeutige Deutlichkeit Jesajas wird nur ausnahmsweise erreicht werden.

Vorschläge zur Liturgie

Kyrie
Ich glaube, Herr, hilf meinem Unglauben. Ich habe von Jugend an viele Gebete gelernt, habe aber noch nicht gelernt, wie ich dich in Wahrheit kennen und nennen soll. Herr, lehre mich durch deinen Geist, damit ich in die wahre Gemeinschaft mit dem Vater und dem Sohne komme und aus dieser Gemeinschaft zeugen und reden könne.
(Aus: Walter Nigg (Hrsg.), Gebete der Christenheit, © Agentur des Rauhen Hauses Hamburg, 1960, Seite 71.)

Gloria
Ihr werdet die Kraft des Heiligen Geistes empfangen, der auf euch kommen wird, und werdet meine Zeugen sein. (Apg 1,8)

Gebet
Jesus, unser Frieden, durch den Heiligen Geist kommst du immer zu uns. Und zutiefst in unserer Seele rührt sich Staunen über eine Gegenwart. Unser Gebet kann ganz arm sein, aber du betest in uns.
(Taizé, Gemeinsame Gebete für das ganze Jahr, Verlag Herder, Freiburg 1997, Seite 41)

Credo
Gott, / lebendige, formende Kraft, / du rufst uns ins Leben / jeden Tag / neu / von Anbeginn an - / an dich glauben wir.
Jesus, / im Abseits geborenes Kind, / du kennst unser Leben. / Sohn einer Verachteten, / Bruder aller Schwachen / bis zum letzten - / auf dich schauen wir.
Geist, / pulsierender, verwegener Herzschlag, / du drängst uns zum Leben. / Ohnmächtige stehen auf, / alle Tage neu - / auf dich warten wir.
Gemeinschaft, / vielfältiger, bewegter Raum, / du beschenkst unser Leben / mit Liebe und Vergebung, / mit Aufgaben und Erfüllung / heute und morgen - / in dir leben wir.

Geist, / befreiender, tiefer Atem, / du erhältst unser Leben/durch beflügelte Schritte, / durch erwachende Sinne, / alle Tage neu - / auf dich hoffen wir.
Jesus, / gottbegabter Mensch, du teilst unser Leben / in Freude und Lachen, / in Fragen und Angst/bis zum letzten - / durch dich vertrauen wir.
Gott, / nährende, erhaltende Macht, / du trägst unser Leben / jeden Tag/ neu, / jetzt und immerfort - / an dich glauben wir.
(Vera Sabine Winkler in: Heidi Rosenstock und Hanne Köhler (Hrsg.), Du Gott, Freundin der Menschen, Kreuz Verlag, Stuttgart 1991, Seite 94 f.)

Fürbitten
Gott, unser Schöpfer und Retter, Quelle des Friedens für die ganze Erde, erfülle uns heute mit deinem Leben, wir rufen zu dir.
Christus, du legst uns nahe, unseren Besitz mit den andren zu teilen, vereine uns in deiner Liebe.
Christus, unser Hirte, du suchst und rettest, was verloren ist, stärke unsere Hoffnung.
Tröster Geist, du weckst in uns Freude und Vertrauen, erfülle uns mit deiner Liebe.
Tröster Geist, du entfachst in uns die Liebe, die verzeiht, komm und wohne in uns.
(Taizé, Gemeinsame Gebete für das ganze Jahr, Verlag Herder, Freiburg 2. Auflage 1998, Seite 47)

Vorschläge für die Predigt

Möglicher Predigtanfang
Zu den uralten Menschheitssymbolen gehört die Schwelle. Sie trennt drinnen und draußen, scheidet den heiligen Raum von der alltäglichen Welt und schließlich: Diesseits und Jenseits. Der Schritt über die Schwelle ist etwas Besonders: wenn der Bräutigam die Braut hinüberträgt. Wenn sich die Gefängnistür hinter den Gefangenen schließt. Wenn die Genesenden endlich das Krankenhaus verlassen dürfen. Wenn wir mit der Geburt ins Leben treten und mit unserem Sterben die Schwelle zur Ewigkeit erreichen.
Die Schwelle zum Heiligtum oder zum Königspalast wurde von Türhütern bewacht; nicht alle erhielten Einlaß. Ja, in den alten Zeiten wurden die Toten unter der Schwelle des Hauses bestattet, um sie zu bewachen und das Haus aus der Tiefe zu segnen. An der Schwelle von Geburt und Tod aber wachen die Engel.
Mit dem letzten Jahr des alten Jahrtausends erreichen wir - in christlicher, wenn auch ungenauer Zählung - ebenfalls eine Schwelle. Der Schritt ins dritte Jahrtausend steht an. Auch wenn es viele schon nicht mehr hören mögen, - die Aufregung wächst. Rückblicke auf die Vergangenheit haben Konjunktur; ebenso die Vorblicke in jenen weiten Raum, der sich als »Das dritte Jahrtausend« vor uns zu öffnen scheint. Es ist, als

sei die Menschheit von einem urgewaltigen Beben erfaßt. Die bisherigen Krisen und Katastrophen, die Aufschwünge und Neuerungen geraten in eine neue Beleuchtung.
Woher kommen wir? Wohin gehen wir? Worin liegt unsere Bestimmung? Was trägt?
Wer sich diesen grundlegenden Fragen stellt, gerät in Zweifel. Unbestreitbar befinden wir uns in einer weltweiten Epoche des Wandels. In rasendem Tempo setzen sich technische Neuerungen durch, von denen die Älteren als Kinder nicht einmal träumen konnten. Vor allem die Mikroelektronik verändert Zivilisation und Kultur. Das Internet umspannt die Welt. Das Leben auf den Bildschirmen tritt in Konkurrenz mit dem Leben vor der Haustür. Gentechnik setzt unsere bisherigen Vorstellungen über die Biologie außer Kraft. Staunenswerte Technologien erschließen den Weltraum und das innerste Geheimnis der Materie.
Macht und Gewinn großer Konzerne scheinen grenzenlos, während das Elend von abermillionen Mitgliedern der bedrohlich angewachsenen Menschheitsfamilie zum Himmel schreit. Ganze Völker verlassen die Heimat, irren durch die Kontinente, Ausgestoßene eines unbarmherzigen Systems, das »Globalisierung« heißt und den Verlust von Arbeit und Heimat, die Zerstörung der Lebensgrundlagen meint. Zugleich aber kennt die Sucht nach Vergnügen und Zerstreuung kaum eine Grenze und durchdringt alle Lebensbereiche. Und immer wieder unfaßbare Ausbrüche hemmungsloser Gemeinheit und Gewalt, die Menschen ihrem Mitmenschen und den Mitgeschöpfen antun.
Mehr und mehr müssen die Menschen ihr Leben selbst entwerfen und verantworten. Gemeinschaften zerbrechen; alte Gewißheiten und Gewohnheiten tragen nicht mehr.
Wohin geraten wir? Was gilt?
Hat es Sinn, in diesen Umwälzungen und Erschütterungen an der Schwelle des neuen Jahrtausends nach einem Glauben zu fragen, der Klarheit und Gewißheit verleiht? Der sinnvolle Maßstäbe kennt, eindeutige Grenzen für Tun und Lassen setzt und zugleich kühne Visionen bereithält, die die Hoffnung beflügelt? Oder ist unser Glaube selbst alt geworden, müde und kraftlos und hat den Wettstreit mit den Götzen der Zeit längst verloren?

Zum weiteren Verlauf
Ich schlage eine Homilie des Predigttextes im Sinn der oben ausgeführten exegetisch-homiletischen Skizze vor.

Möglicher Schluß
Können wir den Aussichten standhalten, die Jesaja bei seiner Berufung erhielt? Ich weiß nicht, ob unsere geschichtliche Situation ebenso unausweichlich dem Untergang zusteuert wie damals der jüdäische Kleinstaat. Manchmal sieht alles danach aus, daß es für uns oder unsere Kinder und

Enkel kaum ein Entrinnen geben wird, - angesichts ökologischer Zerstörungen unserer Lebensgrundlagen, angesichts atomarer und anderer Techniken, die nicht wirklich beherrschbar sind, vor allem wenn man menschliche Fehlbarkeit und menschlichen Größenwahn berücksichtigt.
Immer wieder trägt mich aber auch eine Welle von Hoffnung und Gewißheit, daß sich lichte Horizonte vor uns auftun. Aber sind es auch Horizonte Gottes? Ist es der auferstandene Christus, der der Christenheit voranschreitet in das neue, das unbekannte Jahrtausend? Sind wir auf dem Wege oder auf dem Abweg?
Welcher Jesaja kann uns das sagen? Und - würden wir denn hören, mit unseren Ohren, die mit Parolen und Werbung verstopft sind? Sehen wir den Weg mit unseren Augen, die von den Bildern der Bildschirme verklebt sind? Können unsere fett gewordenen Herzen Wohnung eines Gottes sein, der ganz anders ist, als wir ihn gern hätten?
Fragen über Fragen. Und vielleicht - am Ende - ein grüner Zweig der Hoffnung.
(Vielleicht ergibt sich die Möglichkeit zu einem Predigtgespräch.)

Kontexte

»Was Tempel - d. h. Kult, Religion, Theologie - zu fassen vermögen, ist allemal nicht Gott selbst, sind höchstens seine Säume. Priester, Theologen: Saumpfleger Gottes.«
(Kurt Marti, Zärtlichkeit und Schmerz, 1979, Seite 112)

»O daß sie nicht zu leben verstehn. Daß dies das wirkliche Unglück, die eigentlich tödliche Gefahr ist - nur ganz allmählich hab ich es verstanden. Ich Seherin! Priamostochter. Wie lange blind gegen das Naheliegende: daß ich zu wählen hatte zwischen meiner Herkunft und dem Amt. Wie lange voll Furcht vor dem Schauder, den ich, wenn ich unbedingt war, bei meinen Leuten wachrufen mußte.«
(Christa Wolf, Kassandra, Erzählung 1983, Seite 13)

»Wissend, daß Wissende niemals etwas gegen den drohenden Untergang ihrer Kultur/Zivilisation haben ausrichten können; wissend, daß wir Europäer in den letzten Jahrzehnten mehrmals Kriegen auf anderen Erdteilen zugesehen haben, die für die betroffenen Völker Vernichtungsdrohungen waren; wissend, daß nun also die anderen Erdteile ›die Welt‹ ausmachen werden, die uns zusieht. Daß dies denkbar und möglich ist.«
(Christa Wolf, Voraussetzung einer Erzählung: Kassandra, Frankfurter Poetik-Vorlesungen 1983, Seite 106)

»Die Leute traktieren den göttlichen Namen, als wäre das unbegreifliche gar nicht auszudenkende höchste Wesen nicht viel mehr als ihresgleichen. Sie würden sonst nicht sagen: der Herrgott, der liebe Gott, der gute Gott. Wären sie durchdrungen von seiner Größe, sie würden verstummen und ihn vor Verehrung nicht nennen mögen.«
(Goethe zu Eckermann am 31. 12. 1823, in: Rudolf Otto, Das Heilige, Ausgabe 1979, Seite 39)

1. Sonntag nach Trinitatis

Annäherungen an den Predigttext Johannes 5,39–47

Klaus Reblin

Die erste Reaktion meiner »Montagsrunde« – eine Gruppe von zumeist akademisch gebildeten Frauen mittleren Alters, vervollkommnet durch einen Studienrat, alle aus Hamburg – auf den vorher zugeschickten Predigttext ist einhellig:
»Davor kann man nur kapitulieren.« Oder: »Ich habe mir das eine Woche lang angesehen, aber je länger ich darüber nachdachte, desto mehr verschloß es sich mir.« Oder: »Ich habe keinen Zugang gefunden – und schon gar nicht Trost, und das sollte doch der Sinn eines Bibeltextes für eine Predigt sein.« Oder: »Das hat in mir nichts zum Klingen gebracht, überhaupt nichts.« Und schließlich: »Gibt es für den Sonntag keinen anderen Text?«
Aber dann, nachdem ich zumindest kleine Verständnishilfen gegeben habe, vor allem bestehend aus Hinweisen auf den Kontext, fängt das Gespräch in der Gruppe doch an:
»Mich würde das Verhältnis von Juden und Christen interessieren. Das sind doch beides Schriftreligionen, und für beide ist das Alte Testament ›Heilige Schrift‹. Was trennt eigentlich die beiden, außer Christus? Lesen sie das Alte Testament anders?« – »Ich habe an den Juden immer ihre unmittelbare Beziehung zum Alten Testament bewundert, egal, ob sie fromm oder säkularisiert waren. Die kennen das Alte Testament jedenfalls besser als wir das Neue. Und wenn sie's auch nur als Quelle ihrer Nationalgeschichte nehmen.«
Eine zweite Runde wendet sich dann mehr dem Text direkt zu: »Ich finde, Jesus tut den Juden Unrecht. Vielleicht waren die Pharisäer ja ein bißchen verbohrt und fanatisch, aber sie nahmen ihren Glauben wenigstens ernst. Und wenn ich bedenke, wie die Juden ihre Psalmen sangen, als sie in die Gaskammern transportiert wurden, dann kann ihr Verhältnis zur Bibel doch nicht nur negativ gewesen sein.« Und dann der Studienrat: »Ja, ich finde auch, daß Jesus sehr intolerant ist, vielleicht sogar überheblich. Dieser Ausschließlichkeitsanspruch! Ich glaube in der Tat, daß es verschiedene Wege zu Gott gibt. Gut, für mich ist Jesus der Weg, aber andere Menschen gehen andere Wege und kommen auch ans Ziel. Im übrigen, so unreflektiert, wie es in Vers 43 steht, haben die Juden doch nie geglaubt. Als wären

sie jedem Scharlatan nachgelaufen! Soviel ich weiß, hatten die Juden immer einen durch die Schrift kontrollierten Glauben. Und das müssen wir Christen ihnen erst einmal nachmachen. Bei uns glaubt doch jeder, was sein Schuster auch glaubt.«
Frage einer Informatikerin, katholisch: »Wie ist das eigentlich mit dem Ausschließlichkeitsanspruch des Christentums, zum Beispiel gegenüber dem Islam? Ich habe mich schon immer mit meinem Papst schwer getan. Ist Jesus vielleicht päpstlicher als der Papst?«
Das relativ kurze Gespräch - wir hatten hinterher schließlich unser »Programm« - endet mit Hinweisen auf Eli Wiesels und Manes Sperbers Bücher über jüdische Frömmigkeit. Zwei Frauen erzählen noch ein bißchen davon. Leider aber haben wir die Texte nicht zur Hand. Immerhin finde ich zwei Tage später einen fotokopierten Text in meiner Post. Die Informatikerin hat ihn mir geschickt:
»Alles, was aus der Bibel kommt, ist für uns (Juden) dermaßen in das Leben, das tägliche Leben verwoben, daß man nicht ohne weiteres - jedenfalls nicht als Kind oder als völlig Ungebildeter - erkennen könnte, was direkt der Bibel entstammt. Aber man weiß, daß die Bibel immer da ist. Und das ist nicht nur ein Wort. Die Präsenz der Bibel, des Biblischen ist im jüdischen Leben etwas, dergleichen ich eigentlich nirgends und niemals angetroffen habe ... Man kann sich eine Menschheit denken, die vieles nicht könnte, was sie kann, was sie heute kann und Jahrtausende nicht gekonnt hat, - das alles ist denkbar. Aber Menschen, die nicht im Wort sowohl das Seiende wie das Sein-Sollende, das Drohende und das Hoffnungsvolle aussprechen und somit dem anderen vermitteln können, sind keine Menschen: ›Menschlich‹ heißt ›einander vermitteln können‹; die Meditation, die fortgesetzte Meditation zwischen Mensch und Mensch, Mensch und Wirklichkeit. Und in diesem Sinne ist das Buch der Bücher, ist die Bibel, ist das ›Alte Testament‹ der Stab gewesen, auf den sich das wandernde Volk stützte; es ist der Reichtum gewesen, das Heiligtum; es ist die Quelle gewesen.« (Manes Sperber, in: H. J. Schultz, Sie werden lachen - die Bibel, Stuttgart 1976, Seiten 135 und 142)

Zum Gottesdienst

Jörg Rothermundt

Exegetisch-homiletische Skizze

Nur zu gut verstehe ich die Reaktion der Hamburger Montagsrunde auf diesen Text. Auch auf mich wirkt der Text steil, abstrakt, apodiktisch und aggressiv. Nur das Stichwort »Ehre voneinander annehmen« interessiert mich, da mir sofort eine Menge Erfahrungen einfallen. Aber worin besteht die »Ehre von Gott«, die dazu im Gegensatz steht? Und wie hängt das Motiv von der Ehre mit dem des Zeugnisses der Schrift zusammen?

Die Struktur der Argumentation wird sichtbar, wenn man den ganzen Abschnitt 5,30–47 betrachtet. Hier legt der johanneische Jesus dar, welche Zeugen er zur Legitimation seines Vollmachtsanspruchs aufzubieten hat, den die Juden nicht akzeptieren wollen. Die Redeform ist die einer Verteidigungsrede in einem Rechtsstreit, wie sie sich als Gottesrede vor allem bei Deuterojesaja findet (vgl. Ulrich Wilckens, Das Evangelium nach Johannes, NTD 4, 1998, Seite 122 ff.).

Die Grundthese heißt: »Ich bin von Gott gesandt und habe daher die ganze Autorität dessen, der mich gesandt hat.« (V. 30) So will es das alte jüdische Botenrecht. »Weil aber im juristischen Sinn niemand für sich selbst Zeugnis ablegen kann, braucht es andere Autoritäten« (V. 31). Diese sind Johannes der Täufer (V. 32–35), die Wunder wie z. B. die im gleichen Kapitel erzählte Krankenheilung (V. 36), die Schrift als das Wort des Vaters (V. 37–40) und die Stimme Moses (V. 45–47).

In die Verteidigungsrede verflochten ist eine Anklagerede. Diese beginnt schon im V. 35 und zieht sich bis V. 47 durch. Die angeredeten Juden haben das Zeugnis des Johannes nicht angenommen, sondern wollten nur in seinem Licht fröhlich sein (V. 35). Sie haben niemals Gottes Stimme gehört und sein Wort wohnt nicht bei ihnen (V. 38). Sie wollen nicht zu Jeus kommen (V. 40). Sie haben Gottes Liebe nicht in sich (V. 42). Selbsternannte Boten erkennen sie an, aber nicht den Boten Gottes (V. 43). Voneinander nehmen sie Ehre an, aber nicht die Ehre, die Gott gibt (V. 44).

Die Mischung von Verteidigung und Angriff, von Enttäuschung und Vorwurf wird verständlich, wenn man die historische Situation bedenkt, in der das Johannesevangelium verfaßt wurde. Nach der Zerstörung Jerusalems und der Synode von Jamnia wurden die Judenchristen aus den Synagogengemeinden ausgeschlossen und von den Juden angefeindet (vgl. Joh 16, 1 f. und andere Stellen). Die Hoffnung, daß ganz Israel Jesus als Gesandten Gottes annehmen würde, war bitter enttäuscht worden. Die Rede Jesu in Joh 5 spiegelt die Auseinandersetzung zwischen der judenchristlichen Gemeinde in Syrien oder Palästina und der Synagogengemeinde wider (vgl. Ekkehard und Wolfgang Stegemann, Urchristliche Sozialgeschichte, Stuttgart 1995, Seite 205–216).

Auf diesem Hintergrund kann die Predigt den Ausschließlichkeitsanspruch Jesu und das Verhältnis des Christentums zu Judentum und Islam thematisieren, wie das die Hamburger Montagsrunde getan hat. In der Gemeinde, in der ich lebe, möchte ich das nicht tun. Denn hier sind die Auffassungen in diesen Fragen so kontrovers und die Verständigung so schwierig, daß diese Fragen in einer Predigt nicht angemessen verhandelt werden können. Wir haben in unserer gemeindlichen Erwachsenenbildung zwei Vortragsreihen mit ausführlichen Diskussionen dazu veranstaltet. Das brachte

wichtige Informationen, einige Klärungen und besseres gegenseitiges Verständnis, wenn auch keine Auflösung der Fronten. Wer in seiner Gemeinde eine günstigere Situation vorfindet, mag die Hamburger Spur verfolgen (vgl. Kontexte).
Ich für mein Teil möchte den Predigttext auf V. 41–44 beschränken und mich ganz auf das Motiv vom Ehre Annehmen konzentrieren. Dabei geht es um einen elementaren anthropologischen und sozialen Tatbestand, dessen Ambivalenz alle Hörer spüren. Niemand kann ohne Anerkennung und Bestätigung leben. Neben der Bezahlung ist die Beachtung, Achtung und Ehrerweisung die wichtigste Weise, wie eine Person Anerkennung erfährt. Das beginnt beim Kleinkind, das der Mutter den Turm zeigt, den es gebaut hat und endet beim Nobelpreis. So wichtig diese Anerkennung für das Selbstwertgefühl und die menschliche Würde ist, so sehr macht sie abhängig von den Mitmenschen, ihrem Wohlwollen und ihrer Gerechtigkeit, und so sehr verleitet sie dazu, das eigene Handeln so anzulegen, daß möglichst viel Anerkennung und Ehre herauskommt.
Demgegenüber ist Jesus in der Tat von einer erstaunlichen Unabhängigkeit, Freiheit und Unbekümmertheit. Was in unserem Text als steile Behauptung erscheint, läßt sich mit Hilfe synoptischen Materials mit Anschauung füllen. Das Geheimnis von Jesu äußerer und innerer Unabhängigkeit ist sein Bewußtsein, von Gott geliebt zu sein (V. 42 vgl. V. 20). Das ist die Anerkennung, aus der er lebt, »die Ehre, die von dem alleinigen Gott ist« (V. 44). Deshalb braucht sich Jesus nicht in die Legitimationssysteme seiner Zeit und Welt einzuordnen. Das macht ihn einzigartig und anziehend zugleich.
Die Predigt darf nun nicht dazu auffordern, es Jesus in dieser Hinsicht gleichzutun. Sonst wäre der Unterschied zwischen ihm und uns aufgehoben und das Evangelium in Gesetz verkehrt. Aber sie darf das verlockende Versprechen geben, daß wir in Jesu Gesellschaft etwas von seiner inneren Unabhängigkeit abbekommen. Echte Liebe schenkt Anerkennung ohne Abhängigkeit und ohne die Erwartung, ebensoviel zurückzubekommen.
Mit diesem Predigtansatz nehme ich die theologischen Aussagen der V. 41–44 aus ihrem ursprünglichen Kontext, transferiere sie in den meinigen und nehme ihnen dabei den Ton der Enttäuschung und des Vorwurfs. Ich denke, das ist legitim.

Vorschläge zur Liturgie

Eingangsgebet

Ich lobe dich, Gott, errettet durch deine Barmherzigkeit. Ich lobe dich, Gott, beschirmt durch deine Gewalt. Ich lobe ich, Gott, geheiligt durch deine Gnade. Ich lobe dich, Gott, erleuchtet durch dein inneres Licht. Ich lobe dich, Gott, erhöht durch deine Güte.

(Aus: Walter Nigg, Hrsg., Gebete der Christenheit, Agentur des Rauhen Hauses Hamburg, 1960, Seite 56, geringfügig geändert)

Schlußgebet
Furchtlos, / Gott, / bitte ich, / laß mich meinen Weg / gehen, / meinen kleinen Weg, / meine Nebenstraße, / und laß mich / furchtlos / ein Mensch sein, / der seine Ziele / nicht unbedingt erreichen / muß, / dem es nicht / darauf ankommt, / unserer perfekten / Welt noch ein weiteres / Stück kalte Perfektion / hinzuzufügen. / Aber laß mich / ein Mensch sein, / der für andere ein / Stück lebendige Liebe / ist, / ein Zeichen neuen / Lebens, / laß mich der Anlaß / sein, daß Hoffnung / sich wieder aufraffen, / kann, / daß in enttäuschte Gesichter / wieder Freundlichkeit kommt, / in müde Füße / wieder Kraft, / laß mich ein Stück / deiner grenzenlosen / Liebe sein für andere / Menschen in dieser Welt / und hilf mir, / daß ich dabei auf niemanden / anderen sehe / als auf Jesus, deinen Sohn, / der deine grenzenlose Liebe / menschlich gemacht hat / mitten in dieser Welt / und für alle Zeit.
(Klaus Bannach, Gebete der Stille, Radius-Verlag Stuttgart 1979, Seite 46, geringfügig geändert)

Lied
Ist Gott für mich, so trete gleich alles wider mich (EG 351)

Vorschlag zur Predigt

Möglicher Anfang
Haben Sie schon einmal Ehrenkarten bekommen zu einem Jubiläum, einem Festakt, einem Konzert oder für den Zirkus? Das ist eine feine Sache, denn die entsprechenden Plätze sind immer ganz vorn. Oft geht es auch recht feierlich zu. Die Ehrengäste werden zu ihren Sitzen geleitet und zu Beginn der Veranstaltung öffentlich beim Namen genannt und begrüßt. Das stärkt ihr Selbstbewußtsein und ihr Gefühl, etwas wert zu sein. Aber auch alle, die noch nie das Glück hatten, Ehrenkarten zu bekommen, brauchen Anerkennung und das Gefühl, etwas wert zu sein. Ohne dieses Gefühl können wir gar nicht leben. Wer das Gefühl hat, von allen geschnitten und wie Luft behandelt zu werden, wem nicht einmal die Ehre erwiesen wird, daß man ihn oder sie grüßt und den Namen kennt, ist kurz davor, das Leben wegzuwerfen.
Unser ganzes Leben ist durchgezogen von einem Geflecht der Anerkennung, Bestätigung und Ehrerweisung, das uns wie ein Netz trägt. Es beginnt schon bei den kleinen Kindern. Wenn ein Mädchen zur Mutter kommt und sagt: »Guck, was für einen schönen Turm ich gebaut habe!«, dann ist es wichtig, daß die Mutter den Turm anschaut, das Mädchen lobt und sich mit ihm freut. Wenn sie das Kind nicht beachtet, dann weint es oder wird aggressiv, weil es merkt, daß es bei der Mutter nichts gilt. Später geht das weiter. Das ganze Schulsystem ist so angelegt, daß die Leistungen der Schülerinnen und Schüler anerkannt und honoriert werden. In der

beruflichen Aus- und Weiterbildung wird jede Etappe mit einem Zertifikat abgeschlossen, in dem die neue Qualifikation bestätigt wird. Nicht umsonst hängen bis heute Meisterbriefe gerahmt in bestimmten Werkstätten des Handwerks. Es gibt den Nobelpreis und andere große Ehrungen für wissenschaftliche, technische und künstlerische Leistungen. Und was wäre die Olympiade ohne die Sieger-Ehrungen? Jeder Sportverein bewahrt in seinem Vereinslokal die Urkunden und Pokale auf, die er errungen hat. Es gibt Ehrungen für langjährige Betriebs- und Vereinszugehörigkeit. Auch die ehrenamtliche Mitarbeit in unseren Kirchengemeinden, ohne die sie gar nicht existieren könnten, will angemessen beachtet und anerkannt sein, sonst hört sie schnell auf.
Neben der Bezahlung mit Gold ist die Ehr-Erweisung die zweite große Form, in der Anerkennung und Bestätigung erfolgt. Und ohne solche Achtung und Beachtung gibt es kein Selbstwertgefühl und kein menschenwürdiges Leben.

Zum weiteren Verlauf
Jetzt muß die negative Seite dieses Systems gezeigt werden: Es macht uns abhängig von der Ehre, die uns Menschen erweisen, abhängig vom Beifall, vom Wohlwollen, vom Erfolg. Diese sind am besten zu sichern, indem man allen denen besondere Ehre erweist, auf die man angewiesen ist. Am besten versucht man, die anderen ebenfalls abhängig zu machen, indem man sich einen wichtigen Auftrag, eine Stellung oder Legitimation verschafft. Wir »nehmen Ehre voneinander« (V. 44). Wer drin ist im System, bekommt auch Ehrenkarten oder wird vorgeschlagen für's Bundesverdienstkreuz. Aber er oder sie muß immer aufpassen, daß ihnen andere nicht den Rang ablaufen. Keine Zeit - ein wichtiger Repräsentationstermin! Wer nicht mitfahren kann im Karussell der öffentlichen Ehrungen, muß sehen, wie er seine Anerkennung in kleinerer Münze bekommt, bei den Kumpeln von der Arbeit, bei Nachbarn, Freunden und Verwandten. Nur keinen Menschen vergraulen, sonst schneidet er mich!
Demgegenüber ist Jesus von einer bemerkenswerten Unabhängigkeit und Unbekümmertheit. Er bewegt sich auf allen möglichen Gebieten, aber paßt nirgends so recht ins System. Er wird zurecht Rabbi genannt, denn er weiß die Schrift auszulegen; aber er beruft sich nicht auf Auslegungsautoritäten, sondern setzt sein »Ich aber sage euch« selbst der Schrift entgegen. Er heilt Kranke, und diese Wunder sind ein starkes Argument für seinen besonderen Auftrag, aber wenn ein Wunder zur Legitimation verlangt wird, lehnt er es ab, und wenn kein Glaube da ist, kann er keines tun. Er sagt die Gottesherrschaft an und setzt sich damit für damalige Ohren in Gegensatz zur römischen Besatzungsmacht; aber er schließt sich den Zeloten nicht an und lehnt Gewalt ab. Er wird als Messiasprätendent hingerichtet, aber er ist ein König ohne Reich, ein Revolutionär ohne Umsturzversuch. Bis heute haben die Historiker große Schwierigkeiten, ihn einzuordnen.

Woher kommt diese eindrucksvolle, rätselhafte und zugleich anziehende Freiheit Jesu? Wenn er von Gott spricht, sagt er nicht nur »unser Vater«, sondern auch betont »mein Vater«. Er weiß sich unmittelbar eins mit Gott, von ihm bestätigt, angenommen, anerkannt, beauftragt, geliebt. Er hat »Gottes Liebe in sich« (V. 42), er bekommt seine »Ehre von Gott« (V. 44). Dadurch hat er den Rücken frei und wird ungeheuer beweglich. Er freut sich über Anerkennung, Beifall und Zulauf, aber er ist nicht darauf angewiesen. Wenn sie ausbleiben, läßt er sich nicht beirren.
Hin und wieder treten auch bei uns Leute auf, die auf den ersten Blick eine ähnliche Souveränität ausstrahlen und ein ähnlich großes Selbstwertgefühl haben. Sie sprechen unmittelbar im Namen Gottes und wissen sich in besonderer Weise von ihm beauftragt. Aber bei ihnen ist Vorsicht geboten. Meist mißbrauchen sie die Autorität Gottes für ihre eigene. Sie beeindrukken stark, aber machen die Menschen von sich abhängig und nutzen sie finanziell und seelisch aus. Bei ihnen fehlt das, was Jesus charakterisiert: Er ist nicht nur von Gott geliebt, sondern diese Liebe prägt auch sein Verhältnis zu den Menschen. Und wer liebt, der kann nicht knechten und mißbrauchen, sondern setzt die andern frei und respektiert sie.
Die Liebe Jesu gibt das, was wir so nötig brauchen: Beachtung, Anerkennung, Achtung, Bestätigung. Aber sie gibt es ohne Hintergedanken, ohne die Verpflichtung zur Gegenleistung. Sie umarmt ohne festzuhalten.

Möglicher Schluß
Können wir auch so werden wie Jesus? Dieselbe Unabhängigkeit und Freiheit können wir nicht erlangen. Das ist auch gar nicht nötig. Denn er hatte einen besonderen Auftrag, den er ein für alle Mal erledigt hat. Aber er nimmt uns mit hinein in die Macht der Liebe Gottes, die ihn trug. Gott sagt ja zu uns trotz allem, was dagegen spricht. Damit bekommen wir eine Würde, die uns niemand nehmen kann. In dem Maß, in dem wir uns darauf verlassen, wächst unsere Unabhängigkeit von andern Instanzen, die uns achten oder verachten. Wir können ruhig in unseren sozialen Bezügen bleiben. Wir gewinnen Spielraum und Bewegungsfreiheit. Es lohnt sich, »die Ehre zu suchen, die von dem alleinigen Gott ist« (V. 44).

Kontexte

Als Alternative zu meinem Vorschlag könnte ich mir vorstellen, in einer andern, in dieser Hinsicht ruhigeren Gemeindesituation den Faden der »Annäherungen« aufzunehmen und die Frage nach dem Verhältnis von Juden und Christen zu thematisieren.
Einsteigen würde ich dann mit der Beobachtung, daß der Text gespickt ist mit harten Vorwürfen, die wir von Jesus sonst nicht kennen. Wie er hier mit seinen Zuhörern umgeht, behandelt er sie sonst nicht. Verständlich wird es jedoch, wenn wir sehen, daß dahinter die Erfahrung des Ausschlusses aus den Synagogen steht (s. o. exege-

tisch-homiletische Skizze). Hinter dem aggressiven Text steht die große Enttäuschung der Judenchristen, die ihre Volksgenossen nicht gewinnen konnten. Es ist verschmähte Liebe und auch ein Stückchen Unsicherheit, die zu einer solchen Redeweise führt. Denn die Judenchristen hatten in unendlichen Gesprächen mit den andern gemerkt, daß es gar nicht so leicht ist, die besondere Autorität Jesu zu begründen. Deshalb sind in 7,30–47 Verteidigung und Anklage in eigenartiger Weise ineinander verschlungen. Einerseits versuchen die Christen noch immer, ihren Glauben zu begründen und die anderen zu gewinnen. Andererseits schlägt die verschmähte Liebe um in harte Vorwürfe.
Die Christen sind die schwächeren Partner in diesem Konflikt. Die Synagogengemeinden stellen nicht nur die Mehrheit dar, sondern genießen auch als erlaubte Religion (religio licita) im römischen Reich offiziellen Schutz. Das ändert sich freilich in dem Augenblick gründlich, als das Christentum zuerst ebenfalls erlaubte Religion und bald darauf Staatsreligion wird. Das Verhältnis von Stärke und Schwäche dreht sich um. Die Juden müssen bald um ihr Existenzrecht bangen. Auf diesem Hintergrund werden nun die Worte des Johannesevangeliums zu einem Mittel der Judenverfolgung, lange ehe physische Verfolgungen und Ausweisungen beginnen. In Deutschland hat der rassische Antisemitismus und die Judenvernichtung diese Entwicklung auf den schlimmsten denkbaren Höhepunkt gebracht. Deshalb ist es sehr verständlich, daß die Juden in Deutschland besonders allergisch gegen jeden Versuch der Judenmission sind. Sie bezeichnen sie als »geistliche Endlösung«, weil sie den Juden ihre religiöse Existenzberechtigung abspricht. Vor der Wende mag das Ganze noch eine recht theoretische Frage gewesen sein. Seit sich immer mehr russische Juden in Deutschland niederlassen, die kaum religiös sozialisiert sind, ist die Frage brennend aktuell.
Eine solche Predigt setzt allerdings voraus, daß die Hörer Interesse für historische Zusammenhänge haben und in die historisch-kritische Auslegung von Predigttexten eingeführt sind. Dies vorausgesetzt, könnte es aber eine lohnende Aufgabe sein.

2. Sonntag nach Trinitatis

Annäherungen an den Predigttext Matthäus 22,1-14

Jürgen Rogler

Ausgangssituation: Das Gespräch fand mit Mitarbeiterinnen und Mitarbeitern aus verschiedenen Bereichen der Emmausgemeinde Nürnberg statt.

1. Erste Eindrücke:
Der Text macht ärgerlich; frustiert; es wird einem Angst dabei; »ich fühle mich eingeengt; ratlos; unsicher«.
Auf den zweiten Blick versetzen sich einige in die Situation, die der Text beschreibt:
- Anfangs habe ich mich geärgert, dann aber ist mein Ärger verflogen. Die Leute kommen nicht zum Fest, obwohl sie eingeladen sind. Dann geht die Einladung an andere. Das ist eigentlich in Ordnung. Aber gestört hat mich nach wie vor die Sache mit dem Feierkleid.
- Wir haben neulich eine Hochzeit in der Familie gefeiert. Wenn da alle abgesagt hätten, »wär' ich auch stinkert worden«.
- Was ist das für eine Einladung? Erst trifft der König eine Auslese. Dann wirkt die Einladung eher wie eine Aufforderung. Und dann nimmt der König die »zweite Garnitur?«
- Der Himmel wirkt in dieser Geschichte so unattraktiv, weil alle was anderes, vielleicht besseres, vorhaben.

2. Die Gruppe versucht, einige Themen des Textes zu deuten und stößt dabei auf tiefer gehende Fragen.
a) Einladung an das Volk Israel.
Erkannt wird, daß das Gleichnis die Einladung Gottes an das Volk Israel beschreibt.
Nachdem Israel ablehnt, geht die Einladung an die Heiden über. Aber: Das Gleichnis hat einen drohenden Unterton: »Wenn ihr nicht kommt, geht es euch genauso.« Der Verdacht von Zwangsmission kommt auf: »Wenn der Text in die falschen Hände gerät, wird es gefährlich!« Luthers Verhalten gegenüber den Juden war ähnlich. Zuerst hoffte er, daß die Juden sich ihm zuwenden würden. Als sie es nicht taten, wurde er sehr zornig auf sie. Was wäre eigentlich aus uns geworden, wenn die zuerst Eingeladenen alle gekommen wären?

Vom Alten Testament her gesehen ist das Bild von Gott als König, der sehr menschliche Züge hat und auch zornig wird, sehr normal. Auch die Stelle, an der der König seine Soldaten ausschickt und die Stadt niederbrennen läßt, wird als normal für das alttestamentliche Gottesbild empfunden. Das Verhältnis zwischen Gott und seinem Volk war immer sehr drastisch. Aber wie paßt dieses Gottesbild zu Jesus? Vor allem mit dem Druck, der durch die Geschichte mit dem Festkleid entsteht? Es paßt nicht zu Jesus, daß er droht.

b) Der Hinauswurf des Festteilnehmers ohne Feierkleid.

Zunächst erscheint der Hinauswurf als Widerspruch zur Einladung. Die spontan Eingeladenen hatten eigentlich keine Zeit, sich umzuziehen. Was ist gemeint mit dem Bild, kein Feierkleid anzuhaben? Eine eigene Form der Frömmigkeit? Dann werden Erklärungen gefunden. Es geht eben nicht, nur Zuschauer bleiben zu wollen. Entweder mitmachen oder nicht mitmachen. Der Mann ist auf Gott nicht vorbereitet. Das Bild erinnert an die klugen und törichten Jungfrauen und bedeutet, daß man wachsam sein soll und nicht nachlässig. Man kann dem Evangelium gegenüber nicht lau sein. Ich kann nicht überall ein bißchen mitschwimmen, heute Christ sein, morgen Moslem. Irgendwann muß ich mich einmal entscheiden. Konsequenz ist gefordert.

Auf der Ebene unserer Erfahrungswelt gibt es ähnliche Beispiele: Als Lehrer muß ich so mit meinen Schülern reden, daß ich ihnen die negativen Möglichkeiten vor Augen halte, wenn sie sich nicht anstrengen. Oder: Wie oft rede ich mit meinen Kindern so, daß ich ihnen Strafen androhe. Ob ich sie dann auch verhänge, ist allerdings eine andere Frage.

Aber: Angst machen zieht nicht bei den Schülern. Mit Druck kann ich Gott nicht interessant machen. Wo bleibt eigentlich die Gnade? Kann man mit so einem Druck predigen? Dann würden doch kaum noch Leute kommen.

An dieser Stelle gibt es im Gespräch keine Einigung: Einerseits soll die Predigt nichts beschönigen, da Konsequenz gefordert ist, andererseits wird der Hinauswurf als gnadenlos und nicht zu Jesus passend empfunden.

c) Berufen und nicht auserwählt?

Der Vers 14 verursachte die größten Probleme für das Verständnis. Er wird als angehängt empfunden und erkannt. Es ergibt sich ein Widerspruch zu der Einladung Gottes. Wie kann man eingeladen sein, der Einladung folgen und dann doch nicht auserwählt sein? Die innere Logik wird vermißt. Geht es darum, daß viele zwar den Weg kennen, aber nicht in der Lage sind, ihn zu gehen? Der letzte Satz setzt dem Gleichnis einen harten Stempel auf.

3. Was erwarten sich die Gesprächsteilnehmer/innen von der Predigt?

- Wichtig ist mir, daß die Angst, die anfänglich empfunden wird, nicht bleibt. Es muß deutlich werden, daß ich mich als Kind Gottes fühlen kann.
- Ich möchte als Glaubende zu den Auserwählten zählen dürfen.
- Es darf nicht geschehen, daß wir uns und andere einstufen nach dem Motto: die einen sind auserwählt, die anderen nicht.

- Sind auch die jüdischen Menschen von Gott noch eingeladen?
- Ich wünsche mir mehr Informationen über die Vorgeschichte des Textes.
- Die Attraktivität des Himmelreichs sollte deutlich werden. Was hat der König zu bieten?
- Der Text ist aber auch eine Anfrage an uns: Wieso empfinden wir Gottesdienst oft als lästige Pflicht, wie eine Hochzeit, auf die ich nicht gehen will? Ist uns das Fest Gottes so wenig wert?
- Andererseits wünsche ich mir Gottesdienste, die auch »Highlights« haben.
- Deutlich werden sollte auch die Bedeutung des Gleichnisses für meine Alltagswelt. Wie diene ich Gott in meinem Leben? Es geht auch um meinen Umgang mit den Mitmenschen.
- Es darf nicht bei der Predigt herauskommen, daß das Himmelreich erst nach dem Tod kommt.

Zum Gottesdienst

Anke Zimmermann

Exegetisch-homiletische Skizze

Das Gleichnis von der königlichen Hochzeit findet bei den Synoptikern eine Parallele in dem Gleichnis vom großen Abendmahl: Lukas 14,16–24. Folgende vergleichbare Handlungsfolge läßt sich aufzeigen:
1. Ein Mensch richtet ein Festmahl aus.
2. Ein Bote soll die Geladenen zum Mahl bitten.
3. Die Geladenen lehnen ab, weil anderes wichtiger für sie ist.
4. Der Gastgeber wird zornig.
5. Andere Gäste werden eingeladen, sodaß das Fest gefeiert werden kann.

Die Verse 11–14 in der Matthäusversion wirken als Anhang zu dieser Handlungsfolge. Nimmt man beide Gleichnisse in den Blick, so fällt neben dem parallelen Aufbau des Geschehens zugleich das Besondere der Matthäusfassung ins Auge. Die einzelnen Darsteller und ihre Handlungsweisen werden verstärkt. Dadurch wird der Konflikt um die ausgeschlagene Einladung zugespitzt. So ist der Gastgeber bei Matthäus ein König, der für seinen Sohn eine Hochzeit ausrichtet. Bei Lukas hingegen ist es einfach ein Mensch, der ein großes Abendmahl ausrichtet. Bei Matthäus sind Anlaß und Person gesteigert. Gleiches gilt auch im Hinblick auf die Boten. Bei Matthäus schickt der König mehrere Boten zweimal aus. Bei Lukas ist es ein Bote, der einmal geht.
Ebenso wird die Ablehnung der Gäste bei Matthäus gesteigert. Einige gehen ungeniert zur Tagesordnung über. Andere vergreifen sich sogar an

den Knechten und töten sie. Bei Lukas führen die Geladenen Gründe auf, warum sie nicht kommen werden. Und der Knecht bleibt unbehelligt. »Das Stilmoment der Steigerung beherrscht also nicht nur die Schilderung der Werbung, sondern auch die der Weigerung.« (Harnisch, Gleichniserzählungen, Seite 323).
Ebenso verstärkt wird die Reaktion des Gastgebers bei Matthäus: Er schickt seine Heere aus, bringt die Mörder seiner Knechte um und läßt die Stadt anzünden. Der Konflikt wird dadurch bei Matthäus zugespitzt. Fast scheint es zu einer Verkehrung der eigentlichen Feststimmung zu kommen. Doch das Fest soll nicht ausfallen. Also schickt der König seine Knechte auf die Straßen. Neue Gäste werden eingeladen und mitgenommen, Gute und Böse, »und die Tische wurden alle voll« (Vers 22).
An dieser Stelle schließt das Gleichnis mit einem happy end, welches aber ein »kleines Nachspiel« mit sich bringt. Der König findet im Festsaal einen Gast ohne Hochzeitsgewand vor. Dieser wird zurechtgewiesen und von den Dienern aus dem Festsaal verwiesen, hinaus in die Finsternis.
»Bei Matthäus ist diese bei Lukas ganz im natürlichen Vorstellungsrahmen eines Gleichnisses bleibende Erzählung durch grelle Züge verstärkt.« (Bornkamm, Jesus, Seite 15)
Gerade diese »grellen Züge« erschweren eine unmittelbare Texterschließung. In Gesprächen mit Gemeindegliedern über diesen Text wird als erstes Ärger, Unverständnis und Ratlosigkeit geäußert: »Wie können die Gäste nur absagen?« »Wie kann der König nur so brutal reagieren?« Ihr Verhalten wirkt unangemessen und realitätsfern. Diese ersten Eindrücke und Anfragen werden in der Predigtgestaltung zu berücksichtigen sein. Wolfgang Harnisch vertritt die These, daß gerade dieser Eindruck der Realitätsverzerrung im Gleichnis gewollt ist. »Der Leser soll die bizarre Zuspitzung des Konflikts zum Anlaß nehmen, das Erzählte auf eine externe Sachebene zu transportieren.« (Harnisch, Seite 233)
So wird es möglich, hinter der Figur des Königs Gott und hinter der Figur des Sohnes Jesus zu entdecken. Das königliche Hochzeitsmahl kann als eschatologisches Freudenmahl verstanden werden. In der Haltung der Erstgeladenen kann das Volk Israel entdeckt werden. Die Abweisung der Knechte deutet auf die Abweisung der Propheten hin. Die Gäste von der Straße können als die zum Heil berufenen Heiden gedeutet werden. Die Zerstörung der Stadt durch das Feuer kann in diesem Zusammenhang ein Hinweis auf die Zerstörung Jerusalems im Jahr 70 n. Chr. sein. Eine solche allegorische Auslegung im Hinblick auf die Historie ist möglich. Sie erhellt unverständliche Teile dieses Gleichnisses und wird so zu einem historischen Rückblick mit Interpretation. Der Übergang von der Juden- zur Heidenmission wird dadurch nachgezeichnet.
Für die Predigt wäre eine allegorische Auslegung des Gleichnisses möglich. Dabei ergibt sich die Schwierigkeit, was das mit der heutigen Situation des Predigthörers/der Hörerin zu tun hat. So werde ich mich für einen

anderen Weg entscheiden. Ich möchte den Hörer/die Hörerin beteiligen, denn gerade das soll durch die »grellen Züge« dieses Gleichnisses erreicht werden.
Den eschatologischen Horizont des Hochzeitsmahles möchte ich bewußt ausblenden. Es soll nicht über Zukünftiges spekuliert werden, sondern über Gegenwärtiges nachgedacht werden. So kann ich die Einladung als Einladung zum Fest des Lebens verstehen. Gott will das Fest des Lebens mit uns heute feiern. Dazu sind wir alle eingeladen. Was wir aus dieser Einladung machen, wird unterschiedlich sein. Ablehnung und Zusage sollten aber nicht auf zwei verschiedene Volksgruppen bezogen werden. Es könnten auch zwei Seiten in uns selbst sein. Darüber will ich nachdenken.
Die Frage nach dem angemessenen Festkleid wird zu erörtern sein. Es müßte dabei deutlich werden, daß alte Kleider bzw. alte Zöpfe bei dem Fest fehl am Platz sind, weil in der Gegenwart Gottes neues Leben geschenkt wird, ein neues Herz und ein neuer Geist.

Verwendete Literatur: Günther Bornkamm: Jesus von Nazareth, Stuttgart 1988[14]
Wolfgang Harnisch: Die Gleichniserzählungen Jesu, Göttingen 1985

Vorschläge zur Liturgie

Votum
Im Namen Gottes.
Er hat uns allen das Leben geschenkt.
Im Namen Jesu.
Er hat uns gezeigt, wie Leben gut sein kann.
Im Namen des Heiligen Geistes.
Er schenkt uns Kraft und Zuversicht für unser Leben.
So feiern wir diesen Gottesdienst am zweiten Sonntag nach dem Trinitatisfest im Namen unseres dreieinigen Gottes. Amen

Kyrie
Gott lädt uns ein, das Fest des Lebens zu feiern.
Wir hören die Einladung, aber oft überhören wir sie.
Dann ist uns anderes wichtiger:
die Familie, die Arbeit, die Freizeit.
Wir sind eingebunden und eingespannt.
Wir schlagen Gottes Einladung in den Wind.
Wir verschieben sie auf später.
So kommen wir zu Gott mit unserer Klage.
Wir bringen unsere Schuld vor Gott.
Wir bitten Gott um Erbarmen:
Ruf: Kyrie, eleison (EG 178.9)

Gloria
Gott lädt uns ein, das Fest des Lebens zu feiern.
Wir hören die Einladung und nehmen sie an.
Der Tisch ist gedeckt.
Das Fest kann beginnen.
Gott lädt uns ein, Gott sorgt für uns.
Gott freut sich über alle Gäste und schenkt voll ein.
So kommen wir zu Gott mit unserer Freude.
Wir bringen unseren Dank vor Gott
und singen Gott zur Ehre:

Ruf: Laudate omnes gentes (EG 181.6)

Eingangsgebet
Gott des Lebens,
an diesem Morgen hast du uns eingeladen,
in deiner Gegenwart zur Ruhe zu kommen.
Du hast uns eingeladen, dein Wort zu hören,
mit anderen zu singen und zu beten.
Wir danken dir dafür.
Gott, segne unser Zusammensein in Jesus Christus,
der mit dir in der Einheit des Heiligen Geistes lebt
und der Leben schenkt gestern, heute und morgen,
von Ewigkeit zu Ewigkeit. Amen

Lieder
EG 168 »Du hast uns, Herr gerufen« Vers 1-3 zum Eingang,
Vers 4-6 zum Ausgang
EG 250,1+2+5 »Ich lobe dich von ganzer Seelen«
EG 555 »Unser Leben sei ein Fest«

Fürbitten
Gott,
du lädst uns ein, das Fest des Lebens mit dir zu feiern.
Du lädst uns ein als Menschen, die angenommen sind,
die eine Hoffnung und ein Ziel haben.
Gott, schenke uns offene Herzen, deiner Einladung zu folgen.
Laß uns immer wieder spüren, wie deine Gegenwart unseren Alltag verändert.
Laß uns aus deiner Nähe neu leben.
Wir rufen zu dir: »Gott, höre uns.«

Gott, du lädst uns ein, in der Gemeinschaft mir dir und mit anderen Menschen zu leben.

Du lädst uns ein als Menschen, die angenommen sind,
die sich geborgen und geliebt wissen.
Gott, segne unser Miteinander in den Familien und Ehen, in den Freundschaften und Nachbarschaften. Zeige uns einen guten Platz, damit unser Zusammenleben gelingen kann.
Schenke uns Aufmerksamkeit für den, der an unserer Seite ist.
Schenke uns Freundlichkeit für die, die uns gegenüber steht.
Laß uns in deiner Nähe neu leben.
Wir rufen zu dir: »Gott, höre uns.«

Gott, du lädst uns ein, das Fest des Lebens mit dir zu feiern.
Du lädst uns ein als Menschen, die angenommen sind,
die gefunden und mitgenommen werden.
Gott, dein Ruf erreicht uns auf den Wegen und Straßen, die wir heute gehen.
Er erreicht uns auch an den Hecken und Zäunen, in den Sackgassen und Einbahnstraßen.
Schenke uns offene Ohren, deinen Ruf nicht im Vielerlei unserer Tage zu überhören.
Zeige uns, wie wir das Fest des Lebens mit dir feiern können.
Laß uns in deiner Nähe neu leben.
Wir rufen zu dir: »Gott, höre uns.«

Gott, du lädst uns ein, in der Gemeinschaft mit dir und mit anderen Menschen zu leben. Du lädst uns ein als Menschen, die angenommen sind, die würdig sind und von dir geliebt werden.
Gott, wo unser Leben ein neues Gewand braucht, da laß es uns finden.
Wandle und erneuere du uns. Hilf uns abzulegen, was uns am Leben mit dir hindert. Schenke uns einen guten Blick für das, was jetzt nötig ist.
Laß uns in deiner Nähe neu leben.
Wir rufen zu dir: »Gott, höre uns.«

In der Stille bringen wir vor Gott, was uns bewegt.
Wir können miteinander und füreinander beten:
Stille
Gemeinsam beten wir mit Jesu Worten weiter:
Vater unser im Himmel ...

(Anregungen für dieses Gebet habe ich entnommen aus Herbert Vinçon »Du verstehst meine Gedanken von Ferne« Gebete für den Gottesdienst, Betulius Verlag, Stuttgart 1994)

Lied

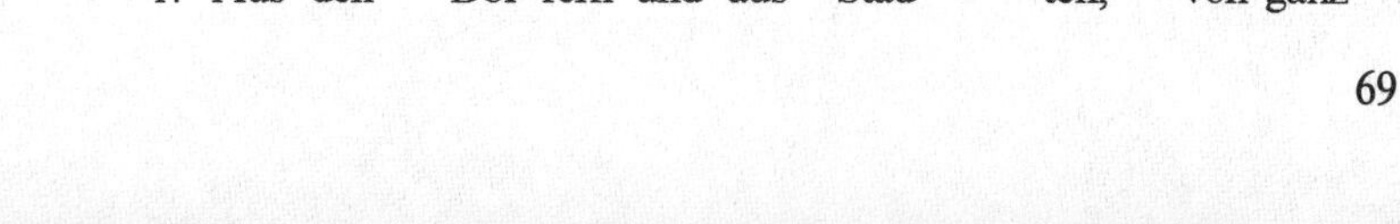

2. Und so kamen sie in Scharen, brachten ihre Kinder mit, ihre Kranken, auch die Alten, selbst die Lahmen hielten Schritt. Von der Straße, aus der Gosse kamen Menschen ohne Zahl, und sie hungerten nach Liebe und nach Gottes Freudenmahl: Ref.

3. Und dort lernten sie zu teilen, Brot und Wein und Geld und Zeit; und dort lernten sie zu heilen, Kranke, Wunden, Schmerz und Leid; und dort lernten sie zu beten, daß dein Wille, Gott, geschehe; und sie lernten, so zu leben, daß das Leben nicht vergehe: Ref.

4. Aus den Dörfern und aus Städten, von ganz nah und auch von fern, mal gespannt, mal eher skeptisch, manche zögernd, viele gern, folgen wir den Spuren Jesu, folgen wir dem, der uns rief, und wir werden selbst zu Boten, daß der Ruf noch gilt, der lief: Ref.

Text: Eugen Eckert, Musik: Alejandro Veciana, aus CD/MC »Blatt um Blatt«; 1991,

Vorschlag zur Predigt

Möglicher Anfang

Das Fest ist vorbereitet. Die Einladungen sind ausgesprochen. Der Raum ist schön geschmückt. Das Essen ist gekocht. Die Musik ist bestellt. Das Fest kann beginnen. Diese Reihenfolge sind wir gewohnt. Das ist der übliche Vorlauf eines Festes, einer Geburtstagsfeier oder einer Hochzeit. Dagegen wirkt das Hochzeitsfest, von dem wir als Predigttext gehört haben, äußerst merkwürdig.

Immerhin richtet da ein König für seinen Sohn ein Hochzeitsfest aus. Doch als die Diener seine Einladung weitergeben wollen, erhalten sie Absagen. Auch der zweite Einladungsversuch schlägt fehl. Selbst der Hinweis auf das zu erwartende üppige Festmenue kann die Geladenen nicht umstimmen. Sie gehen einfach wieder zu ihrer gewohnten Tagesordnung zurück. Fragen stellen sich: Ist das Fest so merkwürdig? Ist der König vielleicht nicht besonders beliebt? Sind die Gäste schlecht gelaunte Zeitgenossen oder gleichgültige Banausen?

Ja, das Verhalten der im Gleichnis agierenden Personen wirkt sehr befremdend. Es erscheint unangemessen und realitätsfern. Das Töten der Diener und die Zerstörung der Stadt im Gegenzug erscheinen überzogen und fern jeder Normalität.

Es ist ein ärgerliches Gleichnis. Ein Gleichnis, das Befremden und Ratlosigkeit auslöst. So schnell werden wir damit nicht fertig. Und genau das ist gewollt. Wir sollen nicht so schnell mit diesem Gleichnis Jesu fertig werden. Es fordert uns heraus. Und zugleich hat es uns etwas zu sagen.

Zum weiteren Verlauf

- Das Gleichnis verfremdet das Normale, das Gewöhnliche, um uns als Hörerinnen und Hörer zu beteiligen. Ein schnelles wohlwollendes Kopfnicken dazu ist kaum möglich. Weitere Schwierigkeiten bzw. Hindernisse der Texterschließung können benannt werden.
- Auslegungsmöglichkeit: Gott lädt ein.
  Gott lädt uns Menschen ein, das Fest des Lebens mit ihm zu feiern, unser persönliches Leben mit ihm zu teilen, Alltage und Festtage mit ihm zu gestalten.
- Wir hören Gottes Einladung. Was machen wir daraus?
  Unterschiedliche Reaktionen benennen: ablehnen, verschieben, überhören. Gründe für diese Verhaltensweisen anführen. Dabei müssen Schwierigkeiten offen benannt werden: Wie kann die Einladung überhört werden? Woran kann es liegen, daß Menschen sich nicht eingeladen wissen? Warum gerät die Einladung in den Hintergrund bzw. wird von Alltäglichkeiten verdeckt?
- Gott lädt uns ein, jede und jeden, Gute und Böse. Seine Einladung erreicht uns an den Hecken und Zäunen, in den Sackgassen und Ein-

bahnstraßen unseres Lebens. Da können wir neu mit Gott anfangen und seine Einladung zum Fest des Lebens annehmen.

Möglicher Schluß
In der Gegenwart Gottes wird so neues Leben für uns möglich. Gott fragt nicht nach dem, was vorher gewesen ist. Er freut sich, wenn wir seine Einladung annehmen. Alte Zöpfe können abgeschnitten werden. Gott will uns wandeln und erneuern. Die alten Kleider bleiben vor der Tür. Ein neuer Geist weht im Festsaal. Ein neuer Sinn wird uns geschenkt. In der Nähe Gottes kann jede und jeder von uns einen guten Platz finden, so daß Leben hier auf Erden gelingen kann und Gemeinschaft geschenkt wird.

Kontexte

»Gott hat euch zu seinen Heiligen und Geliebten erwählt.
Nun soll euer Leben ein Fest sein.«
Kolosser 3.12 nach Jörg Zink

»Und vergessen Sie nie: Das Leben ist eine Herrlichkeit.«
Rainer Maria Rilke

Das Gewand
Jesus erzählte viele Geschichten vom Reich Gottes, und er fand immer neue Vergleiche, um es zu beschreiben:
»Wenn ihr die kommende Herrschaft Gottes verstehen wollt, dann stellt euch einen König vor. Der bereitete eines Tages für seinen Sohn eine Hochzeit, und er schickte seine Diener aus, um die Gäste einzuladen. Alles ist bereit, sollten sie sagen, kommt nun zur Hochzeit! Doch die, die er eingeladen hatte, kümmerten sich nicht darum, sondern gingen ihre Wege. Der eine auf sein Landgut, der andere in seinen Laden, und alle hatten sie Wichtigeres zu tun. Ja, es kam vor, daß sie ärgerlich wurden und die Diener des Königs mit wüsten Beschimpfungen davonjagten. Als der König das hörte, wurde er zornig, und er befahl seinen Dienern, sie sollten an die Straßenkreuzungen gehen und alle, die sie da fanden, zur Hochzeit bitten. So kamen sie denn, Gute und Böse, und der Saal füllte sich mit Gästen. Da trat der König herein, und traute seinen Augen nicht, als er einen Mann sah, der kein festliches Gewand angezogen hatte. ›Freund‹, sagte der König zu ihm, ›wie konntest du in einer so schäbigen Kleidung hier erscheinen? Weißt du überhaupt, wo du dich befindest?‹ Der so Angesprochene senkte den Kopf und schwieg beschämt. Schließlich sagte er: ›Herr, ich weiß ... Aber als ich auf dem Weg hierher war, sah ich am Straßenrand einen Bettler, der nur Lumpen am Leib trug. Er tat mir leid, und so gab ich ihm mein Gewand und nahm ihn mit hierher. Und ich zog seine Lumpen an, bei mir kommt es ja nicht so darauf an, dachte ich, weil ich ja eingeladen war.‹ – Und in diesem Augenblick trat der Bettler vor, in einem festlichen Gewand, und verneigte sich tief. Da gebot der König: ›Setz dich zu meiner Rechten, du Mann in Lumpen. Denn was du einem der Geringsten in meinem Land getan hast, das hast du auch für mich, den König dieses Landes, getan.‹ – Den Bettler aber ließ er auf der anderen Seite neben sich Platz nehmen.«
(Lothar Zenetti: »Die wunderbare Zeitvermehrung«, Verlag J. Pfeiffer, München. 4. Aufl. 1994, Seite 153 f.)

3. Sonntag nach Trinitatis

Annäherungen an den Predigttext Lukas 15,1–3.11 b–32

Günter Gottschämmer

Das Gespräch wurde geführt in der Arbeitsgruppe Kindergottesdienst der Evangelischen Johannesgemeinde Darmstadt (Günter Gottschämmer, Anneliese Handel, Karin Krämer, Andreas Seeger, Thomas Seeger).

1. Spontane Einfälle
»Das ist eine von den Geschichten, die man im Kindergottesdienst fehlerfrei erzählen kann, wenn man gerade geweckt worden ist.« – »Ja, die ist sehr, sehr bekannt ...!« – »Ob es da auch noch 'was Neues zu entdecken gibt?« – »Ja, mich spricht dieses Mal besonders die Rahmenhandlung an; ich habe das so bisher nicht gesehen, daß es da noch einen Vorspann gibt ...«

2. Einzelne Gesichtspunkte
2.1. Textsplitter
V. 13: »und nicht lange danach«: »Der jüngere Sohn nimmt sich gar keine Zeit, um tiefer nachzudenken. Er stürzt sofort los. Er sucht nicht die Tiefe. Er sucht die Vielfalt. Er setzt sich nicht einer bestimmten Erfahrung richtig aus, er kostet alles aus.«
V. 15: »und hängte sich an«: »Das kann ich mir richtig bildlich vorstellen. In seiner ganzen Hilflosigkeit ist er wie ein Kind, das sich an das Hosenbein des Vaters klammert. Er weiß keine Rettung mehr und greift nach jedem Strohhalm.«
V. 17: »ging er in sich«: »Erst als alles zu spät ist, denkt er nach. Er überlegt nicht planend, sondern stürzt sich ins Abenteuer.
2.2. Wie ist das Verhältnis von Vorspann (Rahmenhandlung) und Gleichniserzählung?
»Parallel gesetzt werden: Die Zöllner (Sünder) und der verlorene Sohn auf der einen Seite und die Schriftgelehrten und der ältere Sohn auf der anderen Seite. Dabei habe ich den Eindruck, daß die Zöllner offener sind: Sie kommen, Jesus zu hören; sie sind hörbereit, gewillt, sich ihm auszusetzen. Die Schriftgelehrten wirken auf mich abwehrend, abweisend, verschlossen. – Sie murren, geradeso wie der ältere Sohn. Das Murren zeigt noch einmal die Parallele an zwischen den beiden Gruppen: älterer Sohn und Schriftgelehrte einerseits, jüngerer Sohn und Zöllner andererseits.«

2.3. Mit wem in dieser Geschichte kann ich mich identifizieren?
»Zunächst einmal sieht es so aus, als sei der jüngere Sohn der, den man ablehnen muß: Er hurt, bringt das Geld des Vaters durch, verlottert und verkommt. Und der ältere steht da als der gute Sohn: Er arbeitet immer für den Vater, sicher steht er morgens früh auf und schafft von früh bis spät.«
»Aber der jüngere Sohn hat auch seine guten Seiten! Der kommt zurück. Der ist nicht so halsstarrig. Der kann einen Fehler einsehen und sich entschuldigen. Der Ältere ist so streng; der Jüngere ist nicht so eng und deshalb sympathischer.«
»Ich kann mich mit dem Älteren leichter identifizieren als mit dem Jüngeren. Der jüngere Sohn ist voreilig, ein Bruder Leichtfuß. Und dann nimmt ihn der Vater auch noch auf! Ich kann das gut verstehen, wenn der Ältere sich dann ungerecht behandelt fühlt.«
»Der Ältere ist ein typischer älterer Bruder: Der strotzt vor Pflichtbewußtsein; der macht keinen Fehler; der ist perfekt. Der gibt sich viel Mühe. Und deshalb kann ich es auch gut verstehen, daß es ihn ärgert, wenn der jüngere so locker flockig daherkommt und ihm dann auch noch ein Fest vom Vater ausgerichtet wird.«
»Ich finde die Frage, mit wem ich mich identifizieren kann, schwierig. Denn die Geschichte ist hinterlistig! Identifiziere ich mich mit dem Jüngeren, dann sehe ich mich im Schweinekoben. Identifiziere ich mich mit dem Älteren, dann erlebe ich mich pflichtbewußt, eng und streng. Mit wem ich auch immer identifiziere, das gibt keine Lösung.«

2.4. Wie ist die Person des Vaters zu verstehen?
»Ganz schnell fällt mir ein: Damit ist Gott gemeint!«
»Ja sicher. Mir fällt dann aber auf, wie sehr der sich freut. Er fällt dem jüngeren Sohn um den Hals und achtet gar nicht darauf, wie der aussieht! Der lag doch unter Schweinen; das muß doch stinken und kleben. Und er fällt ihm um den Hals. Wie groß muß seine Liebe sein! Und dann stattet er ihn auch noch mit Gewand und Ring aus, schlachtet das Kalb für ihn: Was ist das für eine unheimliche Liebe.«
»Du hast eben gesagt: ›Er achtet nicht darauf, wie er aussieht.‹ Das gilt nicht nur für den Sohn, das gilt auch für den Vater. Der achtet auch nicht darauf, wie das aussieht: einem Landstreicher um den Hals zu fallen. Was könnten die Leute von ihm, dem angesehenen Großgrundbesitzer denken! Er tut es einfach - so groß ist seine Liebe!«

2.5. Können wir uns die Geschichte auch ganz anders vorstellen?
»Was wäre gewesen, wenn der jüngere Sohn sich sein Geld vom Vater hätte auszahlen lassen, sich ein kleines Äckerchen gekauft hätte und ein Häuschen – und dort mit Frau und Kindern gelebt?« – »Dann hätte es diese Geschichte nicht gegeben! Dann wäre sie vielleicht mit dem Tenor der ›anvertrauten Pfunde‹ erzählt worden.«

»Was wäre gewesen, wenn Jesus nicht nur mit den Zöllern, sondern auch mit den Schriftgelehrten gegessen hätte?« – »Dann hätten die Schriftgelehrten nichts mehr zu murren gehabt; dann hätten sie sich nicht abgrenzen können von den angeblich Schlechteren, dann hätte ihnen die Geschäftsgrundlage gefehlt!«
»Was wäre gewesen, wenn der Jüngere einfach nicht nach Hause gekommen wäre?« – »Dann wäre er dem selbstverständlichsten Impuls gefolgt, den man sich in einer solchen Situation vorstellen kann. Denn leicht ist es ihm sicher nicht gefallen, nach Hause zu kommen!«

2.6. Mit welchen Schwerpunkten können wir die Geschichte lesen?
»Wir können sie (negativ) lesen als Geschichte des Ausgrenzens und der Überheblichkeit: Die Pharisäer und Schriftgelehrten wollen sich mit den Verachteten nicht an einen Tisch setzen.« – »Und wir können sie (positiv) lesen als Aufforderung, sich der Gruppenbildung zu widersetzen und sich gemeinsaman einen Tisch zu setzen.«
»Wir können sie lesen als Werbungsgeschichte: Jesus wirbt um Verständnis; bei den Schriftgelehrten wirbt er um Verständnis für die Zöllner; bei dem Älteren wirbt er um Verständnis für den Jüngeren.«
»Wir können sie lesen als Geschichte einer Zusage: Egal, in welchem Dreck du steckst, bei Gott gibt es kein ›Zuspät‹.«
»Wir können sie lesen als Geschichte einer freundlichen Warnung: An den Älteren: Es wäre doch ein Jammer, wenn dein Leben nur aus Pflicht bestünde; das bleibt doch alles nur kalt. An den Jüngeren: Es wäre doch ein Jammer, wenn du nur die Vielzahl der Möglichkeiten suchst – Geld, Genuß, Anerkennung durch Freunde, die keine sind – und dabei die Tiefe verlierst. (›Was hülfe es dem Menschen, wenn er die ganze Welt gewönne ...‹).«

3. Die Zuspitzung
»›Identifiziere ich mich mit dem Jüngeren, dann sehe ich mich im Schweinekoben. Identifiziere ich mit mit dem Älteren, dann erlebe ich mich pflichtbewußt, eng und streng. Mit wem ich mich auch immer identifiziere, das gibt keine Lösung‹, hast Du vorhin gesagt. Vielleicht ist das so gewollt in der Geschichte. Sie zeigt uns auf, daß es mit unseren Wegen keine Lösung gibt. Sie macht klar, daß wir auf alle Fälle von der Liebe des Vaters abhängig sind. – Aber halt! Das ist mir eine zu glatte Lösung, zu protestantisch glatt!«
»Das mit der Liebe des Vaters scheint mir schon zu stimmen. Das scheint mir auch das grundlegende Thema des Abschnitts zu sein. Aber was mich dabei erschreckt, ist: Die beiden Söhne merken es nicht. Der ältere merkt es gar nicht; und der jüngere merkt es erst, als es (schon fast) zu spät ist: als er zurückkommt. Die einfache Wahrheit ist schwer zu erkennen: Gott ist ein Liebender.«
»Wir haben eine Lösung und doch keine Lösung. Und vielleicht ist das die Lösung: daß es kein Patentrezept gibt; daß die Geschichte einen offenen Schluß hat; sie ist ja auch ein Gleichnis ...«

Zum Gottesdienst

Gisela Arp-Kaschel

Exegetisch-homiletische Skizze

Lukas 15 mit seinen drei Gleichnissen macht den Eindruck sorgfältiger und gekonnter Komposition, hervorgerufen durch den Vorspann und die prägnanten Wiederholungen sowie durch seine reflektierte Theologie bzw. Soteriologie. Jesus hat die Gleichnisse erzählt, Lukas hat sie zusammengestellt und Akzente gesetzt: Jesus ist nicht zu den Frommen, Gerechten, Gesunden gekommen, sondern er bringt Heil den Zöllnern und Sündern. Er kommt, die Verlorenen zu suchen und zu finden. Tertium comparationis der drei Gleichnisse ist die Freude - die Freude im Himmel, vor den Engeln Gottes, die Freude des Vaters - im ausführlichsten und wichtigsten dritten Gleichnis die Freude über einen Sünder, der Buße tut; über den Toten, der lebendig geworden ist; über den Verlorenen, der gefunden wurde bzw. sich gefunden hat. Natürlich ist das ein »lukanischer Jesus«, dem wir hier begegnen, so wie auch wir unsere geprägten Jesus- und Gottesbilder haben - geprägt nicht zuletzt durch das Gleichnis vom verlorenen Sohn und seine Auslegungen.
»Das ist eine von den Geschichten, die man im Kindergottesdienst fehlerfrei erzählen kann, wenn man gerade geweckt worden ist«, heißt es in den »Annäherungen«. Viele haben diese Geschichte so oft gehört, daß sie wie ein Ohrwurm ist - ein Ohrwurm mit einer bestimmten moralischen Melodie, deren Refrain sich auf Sünde und Buße reimt. Der Akzent vieler früherer Ausleger liegt, anders als bei Lukas, schwer auf der Schuld. Beide Söhne, wir alle, sind schuldig. Der Akzent liegt weniger oft auf der Freude, die den drei Gleichnissen eine große tänzerische Leichtigkeit gibt, auch eine gewisse humoristische Beschwingtheit.
Gern wurde das dritte Gleichnis vor jungen Menschen ausgelegt, wegen des »In-sich-Gehens«. Es ging dann um die Weisung des richtigen Weges und um die Warnung vor dem falschen Weg. »Unsere Jugend«, hieß und heißt es dann - das Possessivpronomen steht eindeutig an der falschen Stelle! Jesus hat das Gleichnis nicht vor Jugendlichen erzählt. Gut, »daß es da noch einen Vorspann gibt«, heißt es in den »Annäherungen«, meist übersieht man ihn und läuft gleich in der vertrauten Spur der bekannten Geschichte. Wem erzählte Jesus warum diese Geschichte? Der Vorspann sagt etwas dazu, zumindest aus Lukas' Sicht. Die ›Falle‹ der Identifikation mit einer der Hauptfiguren des Gleichnisses wird in den »Annäherungen« deutlich beschrieben, sie ist in Lk 15 angelegt. Jesus war listig gegenüber denen, die murrten und für die sein Verhältnis mit den Zöllnern und Sündern eine Provokation war. Und er liebte diese schlichten, aber effektvollen Gegenüberstellungen: älterer und jüngerer Sohn, Pharisäer und

Zöllner, reicher Mann und armer Lazarus. Vorspann und offenes Ende des Gleichnisses bewahren uns davor, zu schnell mit ›Moral‹ bei der Hand zu sein und die Botschaft mit unseren geprägten Erwartungen zuzudecken, so daß wir die Freude ersticken.

Als mögliche Predigtüberschriften fallen mir ein: Freude, schöner Gottesfunken. Einer geht in sich, einer gerät außer sich. Distanz und Nähe. Ein gemästetes Kalb für das schwarze Schaf. Vielleicht hilft ein solcher ›Themenfaden‹, aus den allzu bekannten Hör-, Lese- und Predigtgewohnheiten von Lk 15 herauszuspringen.

Ideen zu den einzelnen Versabschnitten:

V. 1-3: Die, die öfters und öffentlich um Jesus sind, wenn auch mit Distanz, murren. Er gehört ihnen nicht ›ganz‹. Die anderen, ›Unwerten‹, ›Unreinen‹ wollen auch was von ihm, sie suchen seine Nähe.

V. 11f.: Zwei Söhne, das ist schon ein Erbe zuviel! Der Erstgeborene hat den ersten und größeren Anspruch auf das Erbe (5 Mos 21,17). Töchter werden (mit Mitgift) verheiratet, oder sie bekommen eine Ausbildungsversicherung angelegt. Wenn der Hof nicht durch Teilung kleiner werden soll, kann ihn nur einer erben - der Älteste, der auch noch Lust und Fähigkeit dazu haben muß. Was bleibt heute auf dem Lande für den Jüngeren, wenn er Lust zum selben Beruf hat? Kommentar eines Berufschullehrers: »Nach seiner Lehre ist er jetzt bei einem Landwirt angestellt, er ist eben zweiter Sohn.« Gerade im ländlichen Raum hat die Konstellation im Gleichnis nichts an Aktualität eingebüßt. Eine Freundin erzählt: »Ich habe eine ältere Schwester und einen jüngeren Bruder. Unser Bruder war immer das Ein und Alles für unsere Mutter. Er war der Kronprinz. Er erbte den Hof, das war keine Frage. Meine Schwester und ich ergriffen soziale Berufe. Unser Bruder ließ den Hof verkommen, heute ist das Land verkauft. Wenn unser Vater das gewußt hätte ...« Mit dem Erben geht es manchmal anders als gehofft, im Gleichnis allerdings hat der Älteste die Rolle des Arbeitsamen und Braven. Aber auch das Erbe ist nicht immer das, wonach es aussieht, es schlägt Kapriolen und ist unberechenbar: »Ein Müller hatte drei Söhne ... Als der Müller starb, teilten sich die drei Söhne die Erbschaft. Der älteste bekam die Mühle, der zweite den Esel, der dritte den Kater, weiter blieb nichts für ihn übrig.« (Der gestiefelte Kater)

V. 13-16: Was treibt den Jüngeren, was zieht ihn? Er tut nichts, sondern vertut sein Erbe - spätestens jetzt wird programmgemäß mit dem Kopf geschüttelt. Wo soll das enden? Er »lebt von seinem Geld«, allerdings vom Kapital, nicht von den Zinsen. Hätte er mit seinen geerbten Pfunden nicht wuchern können? Heute lebt es sich bei uns besser vom Kapital als von Arbeit - wer arbeitet, verarmt langsam; wer sein Kapital arbeiten läßt, wird schnell reicher. Das Arbeitsamt hätte seine Freude an diesem Sohn: Er nimmt wirklich jede Arbeit an! Wenn es in einem Land wirtschaftlich bergab geht, bekommen das Ausländer wie er zuerst und am stärksten zu spüren. Als Hilfskraft ist er offenbar noch nicht einmal in Kost und Logis.

Der hungrige Sauhirte schielt nach den Schweineschoten – die drastischen Bilder, in denen Jesus erzählt, sind zu bewundern.
V. 17–19: »Für heute hast du Stubenarrest«, sagten die Mütter der 50er Jahre, »ab in dein Zimmer, da hast du Zeit, in dich zu gehen.« Auch dieses Kind geht in sich. Und offenbar ist es in ihm, in seiner Seele und in seinem Herzen, nicht leer, sondern voller Erinnerungen, Bilder und Sehnsüchte – von früher, von zuhause. Anlaß ist der Hunger, der Bauch, der Körper – Ziel ist das Essen, das Brot, die Arbeit. Wohl auch das Brot der Zuwendung, der Liebe, der Achtung, der Würde. Nach der Einsicht folgt nicht die Depression, sondern der Entschluß zur Tat: »Ich will mich aufmachen!« Er öffnet sich: seinen Gefühlen und Hoffnungen, auch den Vorwürfen, dem Risiko und der Reue. Er geht das Risiko ein, zuhause endgültig hinausgewiesen zu werden. Seine Lage ist jetzt objektiv schlechter als damals. Der Mut zu einer solchen Rückkehr ist größer als der zum Aufbruch. »Ich bin hinfort nicht mehr wert« – das ist starker Tobak, sich freiwillig zu ent-werten. Oder soll das rechtlich verstanden werden: Verzicht auf den früheren Status und auf abgegoltene Ansprüche? Distanz eines Tagelöhners anstelle der Nähe des Sohnes? Das Thema ›Distanz und Nähe‹ durchzieht das Gleichnis. Nach vielen Jahren des engen Zusammenlebens kommen die Trennung und die Distanz, äußerlich wie innerlich, der verschiedenen Leben. Dann folgt das Wiederherstellen großer Nähe, der Sohn wird umarmt und geküßt; von der Abschiedszeremonie wird nichts berichtet. Am Ende stehen die Distanz des älteren Bruders und der Vater, der die Nähe wiederherzustellen versucht.
V. 20–24: Die Tat folgt der Einsicht auf dem Fuße. Es ist keine Rede von Zögern, Skrupeln, Scham oder Angst. Ein solch promptes Sich-Aufmachen ist eine Spezialität der Bibel (vgl. Abraham). Auch Jesus sagt: Steht auf, laßt uns gehen ... Meine Zeit ist gekommen ... Die Verse 20–24 sind das Zentrum des Gleichnisses, ihre Aussage ist unweigerlich mit Bildern aus Kinderbibeln und Kindergottesdienst-Blättchen, mit Darstellungen auf Altären und aus der Bildenden Kunst verknüpft. Der Sohn kniet mit gesenktem Kopf oder umfaßt die Füße des Vaters, der Vater faßt seine Hand und zieht ihn an seine Brust oder legt ihm die Hand auf den Kopf. Offenbar wird diese Szene als Gleichnis, als Bild für uns Menschen empfunden: Jeder von uns ein verlorener Sohn, eine verlorene Tochter, bisweilen jedenfalls. Aber wichtiger ist: jeder und jede von uns ein von Gott in Liebe und Freude wieder aufgenommenes Kind!
Das Handeln und die Anweisungen des Vaters schneiden dem Sohn das Wort ab. Er soll sich nicht so erniedrigen, war er nicht schon niedrig genug? Ihm gebürt anderes: das beste Gewand, Ring und Schuhe. Das Ritual gleicht einer Re-Inthronisation. Theologisch ohne Netz gefragt: Ist Jesus auch so zurückgekommen zu Gott, nach irdischem Leben und Kreuzigung? ›Du warst verloren in die Welt hinein, hast dich erniedrigen lassen bis ans Kreuz, mein Kind, jetzt komm in meine Arme und setze dich neben mich?‹

Auferstanden von den Toten, aufgefahren in den Himmel, sitzend zur Rechten Gottes!
Rückkehr und Heimkehr des Verlorenen sind von großer Körperlichkeit: Den Sohn bringt der Hunger zur Einsicht, der Vater umarmt und küßt ihn, bekleidet und schmückt ihn, es wird geschlachtet, gegessen und getrunken, gesungen und getanzt. Das sind viele Zeichen körperlich ausgedrückter Freude. Ein gemästetes Kalb für das schwarze Schaf der Familie! Gefeiert wird das Wiederauffinden des Verlorenen - beim Menschen nicht anders als beim Groschen und beim Schaf. Wer geht wie und wodurch heute als Mensch verloren? Was geht uns Menschen heute verloren?
Vers 24 könnte der Schlußvers des Gleichnisses sein. Keiner würde nach dem Bruder fragen. Der Ältere wird zu Beginn erwähnt (»zwei Söhne«), aber nicht als Handelnder, und wird dann erst wichtig im letzten Drittel. Der Vater und der Jüngere fragen nicht nach ihm. Eine etwas andere Predigtidee (narrativ?) wäre, wie das Gleichnis sich entwickeln würde, träfe der Jüngere statt auf den Vater zuerst auf seinen Bruder! Nach Vers 24 würde sich eine Wiederholung von Vers 10 oder auch von Vers 7 nahtlos anschließen; das wäre auch in bezug auf die Zuhörergruppe Jesu in Vers 1-3 nicht ohne Effekt. Im Mittelpunkt stehen der jüngere Sohn und der Vater, nicht der ältere Bruder - bisher.
V. 25-32: Der eine ist in sich gegangen, doch der andere gerät außer sich! Zum zweiten Mal kommt mit einem »aber« (V. 22.25) die überraschende Wende, jetzt jedoch in eine andere Richtung. Drohend-bedrohlich taucht plötzlich der ältere Sohn auf, von dem wir bisher außer seiner Existenz und seinem Zuhausebleiben nichts wissen. Wie eine dunkle Gewitterwolke über die weißen Schäfchenwolken am blauen Himmel schiebt er sich vom Feld her über die Freude und das Fest im Haus. Noch weiß er nicht, was los ist. Er geht nicht selbst aus der Nähe schauen, sondern ruft einen der Knechte und läßt sich berichten - er bleibt auf Distanz. Der Ältere, der nicht von zuhause weg war, entfaltet in seinem Verhalten eine mindestens ebenso große Turbulenz wie sein zurückgekehrter Bruder. Sie ist unheimlicher, weil sie bewegungslos ist! Er geht nicht hinein, umarmt und küßt seinen Bruder nicht. Haben die beiden sich früher gemocht? Er bleibt draußen vor der Tür. Sein Unverständnis, sein Zorn schließen ihn aus. Was fürchtet er? Der bisher so Integrierte ist plötzlich Außenseiter. So empfinden die Pharisäer und Schriftgelehrten, wenn Jesus mit Zöllnern, Huren und Sündern zusammen ist bzw. ißt.
Der Vater kommt dem Älteren ebenso entgegen wie dem Jüngeren. Er läuft nicht nur dem »Reumütigen« entgegen, sondern geht auch zum »Verstockten«. Der Jüngere hat sich in Bewegung gesetzt (kommt, kniet, liegt), der Ältere erstarrt (wird steif wie ein Stock, innen wie außen). In Vers 29 rückt er mit dem Grund seines Zorns heraus: Ich diente dir, nie übertrat ich dein Gebot (wir haben die Pharisäer und Schriftgelehrten aus Vers 2 vor Augen!), aber nie hast du mir etwas gegeben. Wir hören, daß er Freunde

hat und auch gern gefeiert hätte. Was ist von seinen bitteren Vorwürfen zu halten? Auch er hat ja sein Erbe erhalten, eigentlich hat er selbst Böcke zum Schlachten. Ihm geht es besser als einem heutigen Sohn, der den Hof vom Vater seit 20 Jahren gepachtet hat und nicht überschrieben bekommt, der arbeitet und schuftet und nicht »bekommt« - im Gegenteil: Feste sind der sparsamen alten Generation ein Luxus, alles Geld wird in den Betrieb gesteckt. Vielleicht können wir die Kritik des Älteren so hören: Muß man denn erst abhauen und über die Stränge schlagen, um von dir mit Liebe und Aufmerksamkeit bedacht zu werden? Was muß ich tun, daß du mir deine Freude über mich und meine Arbeit zeigst? Das kenne ich: Über einen (wieder-)eingetretenen Menschen freue ich mich aktuell mehr als über alle langjährigen Gemeindeglieder zusammen! Der eine mit seinem Entschluß wiegt dann mehr als die 99 schon längst Entschlossenen. So wachsen einem auch Sorgenkinder (etwa unter den Jugendlichen) mehr ans Herz als die auf den ersten Blick Problemlosen.
Der Vater im Gleichnis läßt nicht locker und macht den Älteren auf die große Nähe zwischen ihnen aufmerksam (Vers 31). Das Ende bleibt offen. Jeder wird hoffen, daß der Sohn einschlägt in die ausgestreckte Hand des Vaters. Die Gleichnisse vom verlorenen Schaf und vom verlorenen Groschen haben nichts, was das Happy End stört. Da tauchen kein schwarzes Schaf auf und kein Hundertmarkschein. Nur das dritte Gleichnis hat einen ›Störenfried‹ - vielleicht als Kunstgriff, als Folie, als Kontrast. Er hat die Rolle, nochmals Sand ins Getriebe des Festes zu streuen. Ein Zugeständnis an die Realität? Die Figur des Älteren macht deutlich: Es geht hier um Freude, nicht um Gerechtigkeit; hier wird gefeiert, nicht aufgerechnet.
Die Gottesdienst-Gemeinde am 3. Sonntag nach Trinitatis wird bestimmt von Sommer, Urlaub und baldigen Ferien. Urlauber sind dabei und Familien mit Kindern. Daher liegt mein Akzent auf Freude, Leichtigkeit und vertrauten Familiensituationen. Für einen möglichen Familiengottesdienst eignen sich vergrößerte, als Plakate aufgezogene Bilder von Kees de Kort zur Geschichte oder viele weiße und einige schwarze Schafe aus Pappe.

Vorschläge zur Liturgie

Sündenbekenntnis
Ps 51,3-5.12-14

Gnadenzusage
Du, mein Kind, warst tot -
ich habe dich wieder lebendig gemacht.
Du warst verloren -
ich habe dich gefunden.
Freue dich, und sei fröhlich!

Eingangsgebet
Ps 103,1-4.8-13 (mit Du-Anrede)

Lesungen
Statt Ez 18 lieber Lk 15,4-10; Epistel 1 Tim 1,12-17; Evangelium gleich Predigttext Lk 15,1-3.11-32
Leseidee für den Predigttext: In zwei Sprecherrollen lesen lassen (J = jüngerer Sohn, Ä = älterer Sohn), Vers 11 zuerst von J, dann noch einmal von Ä, danach V. 12-24 von J und V. 25-32 von Ä.

Lieder
EG 353 (Jesus nimmt die Sünder an); EG 232 (Allein zu dir, Herr Jesu Christ); EG 355 (Mir ist Erbarmung widerfahren); EG 392 (Gott rufet noch); EG 354 (Ich habe nun den Grund gefunden); EG 341,1-2.4-5 (Nun freut euch, liebe Christen g'mein); EG 400 (Ich will dich lieben, meine Stärke); EG 274 (Der Herr ist mein getreuer Hirt); EG 440 (All Morgen ist ganz frisch und neu); EG 398 (In dir ist Freude); Kirchentagsliederheft Hamburg 1981 Nr. 13 (Unser Leben sei ein Fest).

Fürbittgebet
Gott des Lebens!
Deine Liebe ist groß.
Noch größer ist Deine Freude
über jeden Menschen,
der den Weg zu Dir geht.
Du stehst am Anfang unseres Lebens,
liebevoll umfängst Du uns.
Du stehst in der Mitte unseres Lebens,
wir suchen und finden Dich.
Du stehst am Ende unseres Weges,
wenn wir heimkehren.
Du bist für uns da.
In Deine Arme nimmst Du uns auf.
Wer den Weg zu Dir geht, wird nicht abgewiesen.
Menschen können uns abweisen,
unser Leben kann bitter werden und kalt.
Doch bei Dir sind Liebe und Wärme.
Mag sich niemand über unsere Geburt gefreut haben,
Du sättigst uns mit Deiner Freude.
Du wartest geduldig,
bist voller Liebe und Hoffnung:
Der Weg zu Dir steht uns immer offen.
Du läufst uns entgegen –
was für ein Wunder!

Vorschlag zur Predigt

Möglicher Anfang
Sie kennen bestimmt alle das Kinderlied vom kleinen Hänschen: »Hänschen klein ging allein in die weite Welt hinein, Stock und Hut steht ihm gut, ist gar wohlgemut. Doch sein Mutter weinet sehr, hat ja nun kein Hänschen mehr. Da besinnt sich das Kind, läuft nach Haus geschwind«.
In diesem Lied geht es um einen kleinen Jungen, Hänschen und um seine Mutter. In einem Gleichnis, das Jesus erzählt, geht es um einen erwachsenen Sohn, er könnte Hans heißen, und um seinen Vater.
Lk 15,1-3.11-32 lesen
Dieses Gleichnis Jesu ist eine Art Familiengeschichte, ja sogar ein Familiendrama. Familiendramen kennt jeder von uns - aus der eigenen Familie oder von Verwandten und Bekannten und Nachbarn. »Das kommt in den besten Familien vor«, sagen wir, »schwarze Schafe gibt es überall.«
Da hat eine Familie zwei Kinder. Die Tochter schließt die Schule ab, macht eine Lehre, aus ihr wird etwas, sie hat Erfolg im Beruf. Der Sohn findet keine Lehrstelle, hält es nirgendwo lange aus, zieht mit Skinheads durch die Straßen, trinkt und grölt. Wegen Totschlags landet er im Knast.
Eine andere Familie hat zwei Söhne, erzählt aber immer nur von dem einen Sohn. Auf ihn ist sie stolz und freut sich, wenn er zu Besuch kommt. Der andere Sohn wird totgeschwiegen. Wer trotzdem nach ihm fragt, dem wird gesagt: »Der ist weg. Mit dem haben wir nichts mehr zu tun.«
Da ist die Enkelin, die darunter leidet, daß ihre Familie so zerstritten ist. »Die Goldene Hochzeit der Großeltern kommt immer näher, aber wie sollen wir feiern, wenn einer nicht mit dem anderen spricht?«
Da sind die Betreuer eines Behinderten, die die inzwischen getrennt lebenden Eltern zum 18. Geburtstag ihres Sohnes einladen. Auf den ausdrücklichen Wunsch des jungen Mannes hin, und obwohl kein Kontakt mehr bestand. Es ist so etwas wie ein letzter Versuch. Die Mutter sagt am Telefon: »Mein Sohn ist tot.« Der Vater reagierte schriftlich: »Ich verbitte mir diese Belästigungen.«
Familiendramen - wir kennen sie, wenn auch nicht immer so kraß und so unversöhnlich. Es ist leicht zu, daß einer zum schwarzen Schaf wird. Weil er sich einerseits im Dreck wälzt und andererseits von den anderen angeschwärzt wird. Dabei sind sich Schafe zum Verwechseln ähnlich, nur eben die Farbe unterscheidet sie. Weiß: das bedeutet unschuldig, sauber und rein; vielleicht auch nur die Hände in Unschuld gewaschen. Schwarz: das bedeutet böse, dreckig, sündig, zornig, ausgestoßen.

Zum weiteren Verlauf
Auf dem Plakat des Münchener Kirchentages (1993) waren als Motiv ein schwarzes und ein weißes Schaf abgebildet. Und die Kirchentags-

losung hieß: »Nehmet einander an«. Aber erst einmal stehen die beiden einander gegenüber, die Köpfe gesenkt wie zum Kampf – Hörner sind allerdings nicht daran. Manchmal trifft man einen Menschen, der lachend sagt: »Ich bin das schwarze Schaf der Familie!« Dabei geht es ihm gut – er ist weder kriminell noch süchtig, er ist weder Skin noch Terrorist. Er lebt nur anders als seine Familie. Und er steht dazu. Er steht drüber. Oft jedoch ist der Abstieg, der Weg nach unten für sogenannte schwarze Schafe vorgezeichnet. In unserer Leistungs- und Aufstiegsgesellschaft, auch wenn ihr massenhaft die Arbeit ausgeht oder miserabel bezahlt wird, sind das die Gescheiterten. »Jeder ist seines Glückes Schmied«, und der ihr Leben nicht glücken will, die ist eben selber schuld. Da könnte ja jeder kommen und an die Tür des Vaterhauses pochen und wieder aufgenommen werden wollen! Wo kämen wir da hin!!

Ja, da kann jeder kommen, das unschuldige Hänschen wie der gescheiterte Hans. Und hin kommen wir zum liebevollen, sich freuenden Vater (der die Mutter mit vertreten muß), der uns entgegenläuft und uns umarmt, noch ehe wir ein Wort sagen können! Das muß schön sein!! Als Tochter, als Ehefrau und als Mutter kenne ich meist nur das harte Brot der kleinen Alltagsversöhnung, an dem jeder zu kauen hat. Vielleicht ist es das, was dieses Gleichnis so bekannt gemacht hat: dieses bedingungslose Aufgenommenwerden, diese große Liebe und Freude. Diese Umarmung, dieser Kuß – deswegen berührt uns das so sehr, was Jesus da erzählt hat. Eine Ursehnsucht steckt tief in uns drin: aufgenommen zu werden, in den Arm genommen zu werden, getröstet zu werden; das Gefühl zu haben: Alles ist gut, es ist alles wieder in Ordnung. Das wünschen wir uns von Menschen, das wünschen wir uns von Gott! Wie gut, daß auch Jesus einen solchen Gott kennt.

(Des weiteren würde ich die einzelnen Verse des Gleichnisses noch einmal etwas genauer betrachten. Oder gemeinsam eine biblische Darstellung der Geschichte anschauen – falls vorhanden, in der Kirche, sonst als Kopie, oder auch als inneres Bild ausmalen. Das kann die Heimkehrszene sein, aber auch die Szenerie der Zuhörer Jesu (V. 1–3) und das Abschlußbild des Gleichnisses: die Hand des Vaters auf der Schulter des älteren Sohnes, sein bittendes Gesicht, das Gesicht des Sohnes, seine Körperhaltung – wie wird ihr Gespräch ausgehen??)

Möglicher Schluß

Erinnern wir uns an die Familienbeispiele des Anfangs. Wie endet das Drama? Der junge Behinderte sagt: »Ich bin jetzt 18. Ich lebe hier gut im Heim. Ich brauche keine Eltern mehr.« Die Goldene Hochzeit der Großeltern wird getrennt gefeiert, aber die Enkelin geht zu beiden Festen. Der totgeschwiegene Sohn wird ausdrücklich zur Beerdigung des Vaters einge-

laden. Und der aus dem Knast entlassene Bruder findet seine Schwester, die zu ihm hält. Das ist schon viel.
Besser können wir es oft nicht. Wir sind kleinmütig. Gott ist großmütig. Er muß keine ›Rolle‹ spielen. Er muß nicht konsequent sein. Er ist frei! Frei, sich zu freuen und uns zu lieben.

Eine interessante, alternative Predigtidee nach Eduard Schweizer (NTD Bd. 3, 1982): »Von Gott geliebte jüngere Brüder sind auch Abel, Isaak, Jakob, Josef, Benjamin, David, Gideon, Judas Maccabäus« (Seite 165).

Kontexte

»Freude

O, ich habe es wiedergefunden!
Wie freue ich mich!
Was habe ich aber auch gesucht.
Ich war wie verrückt.
Alles habe ich durchgestöbert,
jede Ecke, jeden Winkel.
Das ganze Haus habe ich auf den Kopf gestellt.
Und jetzt, jetzt habe ich es wiedergefunden.
Gott sei Dank.
Ihr solltet euch mitfreuen.
Das wäre schlimm gewesen,
wenn ich das für immer verloren hätte!

So sagt ein Mensch.

Das wäre schlimm gewesen,
wenn ich diesen Menschen für immer verloren hätte.

So sagt Gott.«

(Dietrich Steinwede, Was ich gesehen habe, 2. Aufl. Göttingen und München 1980, Seite 102)

»Leben im Handumdrehen.
Aufführung ohne Probe.
Körper ohne Bewährung.
Schädel ohne Bedacht.
Ich kenne die Rolle, die ich spiele, nicht.
Ich weiß nur, sie ist unauswechselbar, mein.
Was das Stück soll,
werde ich erst auf der Bühne erraten.
...
Nicht zurücknehmbar sind die Worte und Gesten,
die Sterne nicht zählbar,
und der Charakter, wie ein Mantel, im Laufen zu Ende geknöpft –
das sind die kläglichen Folgen der Eile.
...

Kein Zweifel, es ist Premiere.
Und was ich auch tue,
verwandelt sich ein für alle Male in das, was ich tat.«
(Gedicht »Leben im Handumdrehen« von Wislawa Szymborska, in: dies., Hundert Freuden. Gedichte. © Suhrkamp Verlag Frankfurt 1996, Seite 64 f.)

»In einem der Bücher, die ihm die Entführer gebracht hatten, war er auf folgenden Satz des Augustinus gestoßen: ›Noli foras ire, in te ipsum redi; in interiore homine habitat veritas; et si tuam naturam mutabilem inveneris, transcende et te ipsum.‹ (Gehe nicht nach draußen, gehe in dich; im Inneren des Menschen wohnt die Wahrheit; und wenn du deine Natur in ihrer Unbeständigkeit erkannt hast, überschreite auch dich selbst.)«
(Jan Philipp Reemtsma, Im Keller, 2. Aufl., Hamburg 1997, Seite 196)

»Ein alter Berliner Witz geht so: Sagt der Kalle zum Orje: ›Mensch, jeh in dir!‹ – Antwortet der Orje dem Kalle: ›War ick schon, iss ooch nischt los!‹«
(in: Wort zum Sonntag, Deutsches Allgemeines Sonntagsblatt, Juni 1993, zum Predigtsonntag am 27. 6. 93)

»Die Russen kamen in der zweiten Hälfte der Nacht. Der Sohn lag betrunken auf dem Dachboden, während die Bäuerin, von Panik erfaßt, seine SS-Uniform zu verbrennen versuchte ... Die Russen zogen am Morgen ab, die Rote Armee setzte ihren Vormarsch fort. Der Sohn, übernächtigt, verlangte von neuem Branntwein und äußerte die feste Absicht, sich zu den rückflutenden deutschen Heeresteilen durchzuschlagen, um weiterzukämpfen. Die Bäuerin versuchte nicht, ihm klarzumachen, daß Weiterkämpfen nun sicheren Untergang bedeutete. Verzweifelt warf sie sich ihm in den Weg und versuchte, ihn körperlich zurückzuhalten. Er schleuderte sie auf das Stroh zurück. Sich wieder aufrichtend, fühlte sie ein Deichselscheit in der Hand, und weit ausholend schlug sie den Rasenden nieder. Am selben Vormittag fuhr mit einem Leiterwagen eine Bäuerin in den nächstgelegenen Marktflecken bei der russischen Kommandantur vor und lieferte, mit Ochsenstricken gebunden, ihren Sohn als Kriegsgefangenen ab, damit er, wie sie einem Dolmetscher klarzumachen suchte, sein Leben behalte.«
(Bertolt Brecht, Die zwei Söhne, in: ders., Kalendergeschichten, © Weiss Verlag, Dreieich, Seite 28)

4. Sonntag nach Trinitatis

Annäherungen an den Predigttext 1. Mose 50,15–21

Frank Niemann

In zwei Gruppen – Frauenkreis der Gemeinde und Jugendliche im Kirchenkreis – sollten zunächst fünf Reiz-Wörter angegeben werden. Danach haben wir nach einmaligem Hören über den Text gesprochen.
Gefragt nach den wichtigsten Wörtern des Textes wurden genannt: Vergeben/Vergebung (19), fürchten/nicht fürchten (18), Gott (13), weinen/trösten (je 12), gut (11), freundlich – böse/gut meinen (je 10), Angst – unrecht – Leben erhalten (je 9), vergelten (8). (Nebenbemerkung: Von den Reiz-Wörtern her ist der Abschnitt bestens geeignet als Exposé für eine Fernsehserie: Das pure Leben mit starken Gefühlen. Der Stoff ist ja schon zum Musical verarbeitet.)
Im weiteren Gespräch standen dann die Verhaltensweisen Josefs, seiner Brüder und des verstorbenen Vaters im Mittelpunkt und – ganz wichtig – die Frage der Vergebung.
Der ersten Gruppe war der Inhalt der Josefsgeschichte weitgehend vertraut. Sehr detailliert konnten Einzelheiten erzählt werden (Josefs Mantel, die Träume, der Ärger der Brüder, der Verkauf und die Täuschung des Vaters, der Aufstieg in Ägypten, der Fall, die Traumdeutungen im Gefängnis).
Äußerungen zum Vater:
»Er ist die Garantie für Josefs Wohlwollen, auch noch als er schon tot ist. Die Brüder reisen mit ihrer gesamten Habe. Ein ziemliches Wagnis.«
»Der Vater ist noch eine Autorität. Heute würde sich keiner mehr drum kümmern, wenn er tot wäre.« »Oft ist es so, daß die Geschwister sich um das Erbe zanken, kaum daß einer tot ist.« »Hat Josef seinen Brüdern schon zu Lebzeiten des Vaters verziehen?«
»Ich finde das Verhalten des Vaters in der Vorgeschichte ganz schwierig. Es ist ungerecht, daß er einen Sohn vorzieht. Daraus entsteht alles andere.«
»So war es doch oft mit Jungen und Mädchen in der Familie. Davon kann sich keiner ausnehmen.«
»Meine Tochter hat mir gesagt: ›Der war doch immer dein Liebling!‹ Das hat sich ihr tief eingeprägt. Mich hat ihre Reaktion ganz betroffen gemacht. Ich wußte gar nicht, was ich sagen sollte.«

»Der Vater hat den ganzen Konflikt provoziert. Er gibt das Kleid dem Jüngsten – würde es nicht eigentlich dem Ältesten zustehen? Dazu ist der Jüngste noch das Kind seiner Lieblingsfrau.« »Heute werden ja oft die jüngsten Kinder in der Familie bevorzugt.«

Zu Josef:

Zunächst fällt auf, daß Josef Gottes Willen in den Vordergrund stellt und die Strafe Gott überläßt. Ein Ausschnitt: »Josef ist mit Verständnis begabt. Vielleicht kann er so handeln, weil der Tod des Vaters so nahe ist.« »Ich glaube, Josef ist mehr ein Ideal-Bild. Im realen Leben wird man Menschen wie Josef nicht finden.« »Doch, die gibt es ganz bestimmt.« »Ein Mensch kann eigentlich nicht so großherzig sein.«

Die Brüder:

»Sie haben ein schlechtes Gewissen.« »Es ist das alte Schema, das wirksam wird: Schuld muß Strafe nach sich ziehen.« »Ich weiß nicht, ob sie ihm wirklich glauben, daß Josef so großherzig ist.« – »Die Brüder sind im Grunde ohne Schuld. Der Vater ist schuldig, er hat Josef immer vorgezogen.«

Eine längere Diskussion entzündete sich dann an der Frage von Schuld und Vergebung:

»Wenn ich mir vorstelle, ich hätte so etwas getan wie die Brüder und einer ist so großherzig – ich könnte eine Vergebung ganz schwer annehmen. Ich würde lieber woanders hinziehen. Ich würde immer wieder mein schlechtes Gewissen direkt vor mir sehen.« »Also, ich weiß nicht, ob ich überhaupt verzeihen könnte, wenn mich einer in die Grube stecken würde. Könntet ihr verzeihen, wenn jemand etwas wirklich Fieses gemacht hat?« »Da gibt es doch dieses Wort: Vergeben, aber nicht vergessen.« »Ich könnte später mit solch einer Schuld überhaupt nicht klarkommen. Auch wenn der Vater mitschuldig ist – stell dir vor, du hast jemanden ohne Absicht mit dem Auto überfahren. Würdest du das aushalten können? Das wäre ganz schwer.«

Der Gruppe von Jugendlichen wurden vier Fragen vorgelegt. Hier die schriftlichen Äußerungen:

a) Nach dem ersten Hören fällt mir ein:

Was haben die Brüder Josef getan?

Wie die Brüder vorher zu Josef gewesen sind und dann den Anspruch der Vergebung. Der Vater steht als Vermittler zwischen den Brüdern. Solange er da ist, ist der unmittelbare Kontakt gestört.

Josefs Brüder sind wie die kleinen Kinder, Josef selbst hat an Größe gewonnen.

Die Brüder sind unselbständig. Früher hielten sie Josef für blöde. Jetzt sagt der Papa nicht mehr, was sie tun sollen. Eine merkwürdige Situation.

Der Vater ist als Orientierungspunkt auch nach seinem Tod noch wirksam.

Der Alte hat überall dazwischen gestanden. Jetzt ist er tot, und den Brüdern geht die Muffe.

Josef weint! Gott ist gut, und das immer überraschend - in Momenten, wo es niemand erwartet.
Das Urteil über die Taten liegt in Gottes Hand und nicht bei Josef. Die Brüder fürchten sich vor dem Zorn Josefs und nicht vor Gott.
b) Das verstehe ich nicht:
Ist es eine Masche der Brüder oder bereuen sie wirklich? Ist die Angst vor Rache nur vorgeschoben?
Die Brüder wissen nach dem Tod des Vaters nicht mehr, was sie tun sollen.
Warum hat der Vater nicht vorher vermittelt?
Schickten sie erst Boten zu Josef, bevor sie selbst zu ihm gingen?
50,20
Vers 15: Hat Josef die Möglichkeit zur Rache? Warum die Angst der Brüder? Warum weint er?
c) Der Text enthält für mich folgende gute Nachricht:
Wer bin ich, zu richten? Mit seiner Schuld muß jeder leben.
Fürchtet euch nicht (2x)
50,21
Gott will Gutes. Er läßt zu. Und die Menschen können selbst entscheiden.
Vergebung ist möglich.
Gott ist gut. Man kann auf Gott vertrauen, egal was man getan hat. Vergebung, Hoffnung, Gott will nicht zerstören, sondern Leben schenken - Gott liebt seine Kinder.
Auch wenn andere Böses vorhaben, hält Gott mit Gutem dagegen. Es gibt noch Leute, die vergeben können.
d) Was mir sonst noch einfällt:
Bewunderswert: Vergebung und Trost.

Zum Gottesdienst

Gert Hartmann

Exegetisch-homiletische Skizze

»Also ich weiß nicht, ob ich ... verzeihen könnte«, zitieren die »Annäherungen« eine Frau. Eine andere: »... einer ist so großherzig - ich könnte eine Vergebung ganz schwer annehmen.« Naheliegende Gedanken, solange die Phantasie damit beschäftigt ist, was in uns - als Täter oder Opfer - in einer vergleichbaren Situation vorginge. Der Text aber weist einen Weg über solche Grübeleien hinaus: Die Fähigkeit zu vergeben bzw. Vergebung anzunehmen, mag die Brüder beschäftigen. Josef betrachtet Vergangenheit und Zukunft aus anderer Perspektive. Er verweist auf Gott als Herrn der Geschichte.

Damit berührt diese Erzählung, besonders der Schlüsselsatz in V. 21, zwei theologisch und seelsorgerlich bedeutsame Themen:

1. »Ihr gedachtet es böse mit mir zu machen, Gott aber gedachte es gut zu machen.« Josef weigert und erspart es sich, die künftige Beziehung zu den Brüdern zu einer Angelegenheit seiner Groß- oder Engherzigkeit zu machen (und machen zu lassen). Er verweist auf Gott, der (hier!) nicht Schuld vergibt, sondern der Bosheit zum Trotz seinen Plan verfolgt. Wie, wenn wir unsere Vergangenheit unter dieser Perspektive betrachteten?

2. »Ihr gedachtet es böse ... zu machen, aber Gott gedachte, es gut zu machen.« Für das Böse werden Menschen verantwortlich gemacht, für den guten Verlauf der Dinge Gott: Wie ist die Beziehung zwischen dem Handeln Gottes und dem der Menschen zu denken? Wann ist es heilsam, wann verderblich, im Blick auf den individuellen Lebenslauf wie auf die politische Geschichte die Zuständigkeiten so zuzuordnen, wie Josef es hier tut?

Zu 1. Zwei Paradoxien: 1. Josef akzeptiert die Bitte der Brüder und weist sie zugleich zurück: Es soll Friede sein; aber nicht weil er ihn gewährt, sondern weil Gott entschieden hat. Es wäre Torheit und Frevel, sich selbst ein Urteil anzumaßen, sei es gnädig oder ungnädig. 2. Josef fühlt sich gebunden und zugleich frei: Gebunden an den Verlauf der Dinge, den er als Erweis von Gottes Macht und Güte deutet. Frei, die Zukunft anzunehmen. Und frei, die Schuld der Brüder weder zu verharmlosen noch zu dramatisieren, sondern schlicht zu benennen: Es war böse.

Die Frage ist oft erörtert, ob Schuldbewußtsein die Voraussetzung für Versöhnung ist, oder ob (umgekehrt) erfahrene Gnade erst die Möglichkeit gibt, sich der Schuld redlich zu stellen. Beides sind Teilwahrheiten. In der Josefsgeschichte erscheinen sie als Kehrseiten einer Medaille. Josef sieht als echte Alternative: Die Annahme einer offensichtlichen und zugleich unverfügbaren Möglichkeit einer besseren Zukunft, verstanden als Datum der (individuellen und kollektiven) Heilsgeschichte.

Die Brüder bitten Josef um Vergebung, die ihnen früher schon zugesagt worden war (Kap 45). Man mag die Wiederholung der Bitte als Symptom für ihre Unfähigkeit ansehen, der Vergebung einer Schuld zu trauen, die sie sich selbst nicht zu verzeihen vermochten. Man mag die Befürchtung, der Tod des Vaters könnte den alten Vertrag hinfällig machen, auch für realistisch halten. Der Tod der Autorität – des geliebten Vaters / Königs / Präsidenten, wie des gehaßten Tyrannen – zeitigt häufig Bruderkämpfe in Familien und zwischen Volksgruppen. Jedenfalls zeigt sich hier: Schuldbewußtsein allein genügt nicht.

Der Appell, die dunkle Vergangenheit in den Blick zu nehmen und zu ›bearbeiten‹, nützt selten. Als psychohygienische Empfehlung klingt er zweckrational und suggeriert Machbarkeit. Als moralisches Postulat überfordert er und verführt leicht zu Beschönigung oder skrupulöser Dramatisierung, beides bekannte Weisen der ›Bearbeitung‹.

Josef entzieht solchen Manövern den Boden. Er betrachtet es auch nicht als moralische Pflicht, zu vergeben, nachdem ihm selbst Gnade widerfahren war (wie z.B. Matth 18,32). Er nimmt die zukunftsträchtige Gegenwart als Heilsdatum. Oft wird sich auch im Rückblick auf unsere - individuelle wie politische - Geschichte sagen lassen: »Gott gedachte es gut zu machen.« Manchmal werden wir das nicht so eindeutig sagen mögen. Dennoch: Die Tatsache, daß wir leben und überhaupt Kontakt miteinander aufnehmen können, als Zeichen der Macht und Güte Gottes anzusehen bedeutet, einen Punkt zu gewinnen, von dem aus Opfer und Täter die dunklen Seiten ihrer Geschichte betrachten können, ohne sich von Neuem zu verwickeln.

Zu 2. Das Böse den Menschen und das Gute Gott zuzuschreiben, erweist sich hier als realistisch und befreiend. Es wäre aber weder intellektuell redlich noch seelsorgerlich zureichend, daraus eine generelle Formel zu machen:

- Das Gute, für das wir Gott mit Recht danken, ist oft durch Menschen vermittelt. Gott handelt durch andere Menschen an mir und durch mich an anderen. Wenn im Gelingenden, Lebensdienlichen, Beglückenden, warum nicht auch im Mißlingenden, Zerstörerischen, das ich erleide oder anrichte?
- Für Fehler und Unrecht (uns und andere) Menschen verantwortlich zu sehen, bringt nicht die Frage zum Schweigen: »Wie kann Gott das zulassen?« Und was in einen Falle angemessenes Schuld- und Verantwortungsbewußtsein ist, kann im anderen Fall zur Größenphantasie im Deckmantel der Demut werden.

Göttliches und menschliches Handeln dürfen weder vermischt noch auseinandergerissen werden, und es gibt mehrere Möglichkeiten, sie zueinander in Beziehung zu setzen. Zwar ist weder hier noch in der Predigt der Ort, diese Möglichkeiten theoretisch zu reflektieren. Zu bedenken ist aber, wieweit es auch um der seelsorgerlichen Wahrheit willen nötig ist, den HörerInnen zu gedanklicher Klarheit zu helfen.

Grundsätzlich ist es in jeder Situation möglich,

- die Verantwortung selbst zu übernehmen (ich habe dies getan und mir jenes gefallen lassen),
- die Verantwortlichkeit anderer Menschen zu sehen (die mir dieses angetan, mich in jene Situation gebracht, mich so oder so erzogen haben),
- und in allem Gott am Werk zu sehen (dessen Wille mir willkommen oder zuwider sein, verständlich werden oder rätselhaft bleiben mag).

Theoretisch schließen sich die drei Deutungen nie aus. Existentiell aber können sie der Wahrheit wie dem Selbstbetrug dienen: Die Verantwortung selbst zu übernehmen, kann Zukunft erschließen, falls ich mich damit nicht größer mache als ich bin. Die Anteile anderer Menschen zu bedenken, kann dem Stolz wie der Selbstverurteilung wehren, falls ich mich damit nicht kleiner mache als ich bin. Auch gegen den Himmel gerichtete Anklagen müssen Gott nicht immer beleidigen. Sie nehmen

ihn auch ernst. Schrieben wir ihm nur sanfte Liebe zu, machten wir ihn aus Angst vor seinen dunklen Seiten kleiner als er ist.
Es kann der Klarheit, Redlichkeit und Versöhnung dienen, in der Predigt anzuregen, die eigene Geschichte mit der Frage zu bedenken: Wofür übernehme ich die Verantwortung? Was schreibe ich anderen Menschen zu, was Gott?
Anders gefragt: Wie erscheint meine (unsere) Geschichte, was kommt zu Bewußtsein, was wird besprechbar, wenn ich zuerst das Wort Josefs zum Leitsatz nehme und danach zwei Varianten?
Zuerst: Ihr gedachtet es böse mit mir zu machen, Gott aber gedachte es gut zu machen.
Danach die Variante: Ich gedachte es böse mit euch zu machen, aber Gott gedachte, es gut zu machen.
Dann: Ich tat so gut ich es wußte und konnte, Gott aber gedachte es anders zu machen, und ich weiß nicht warum und wozu.

Vorschläge zur Liturgie

Sonntagsevangelium (Lk 6,36–42) und *Epistel* (Röm 14,10–13) finde ich gut geeignet. Ebenso den Psalm (42).

Das traditionelle *Wochenlied* (Ein wahrer Glaube Gotts Zorn stillt, 413) läuft der Tendenz des Predigttextes zuwider; dort stillt Gottes Güte den Zorn der Menschen! Der Vorschlag des neuen Gesangbuches (Komm in unsre stolze Welt, 428) gefällt mir nicht. Die angebotene Alternative (O Gott, du frommer Gott, 495) hat kaum Bezug zu Lesungen und Predigttext und ist eher als Schlußlied geeignet.
Mein Vorschlag: Ist Gott für mich, so trete (351).
Eingangslied: Morgenglanz der Ewigkeit (351) oder: Gott Lob, der Sonntag kommt herbei (162)
Schlußlied: Nun lob mein Seel den Herren (289), oder: Nun preiset alle (502), oder: 351 (s. o.).

Anregungen für Gebete
1. Bezogen auf die Lesungen:
Gott (Christus), du allein richtest uns. Du hast uns Gerechtigkeit und Gnade versprochen.
Wo immer wir miteinander leben und arbeiten, schätzen wir uns gegenseitig ein und machen uns ein Bild voneinander. Es geht nicht anders, aber nicht immer ist unser Urteil gerecht.
Wir beurteilen andere oft hart oder allzu nachsichtig; Andere richten uns streng oder schmeicheln uns. Mit uns selbst sind wir manchmal zu großzügig, ein andermal unnachsichtig.

Du kennst uns besser als wir selbst. Wir setzen auf deine Unbestechlichkeit, wir trauen deiner Gerechtigkeit, wir hoffen auf deine Gnade.
2. Bezogen auf den Predigttext:
Gott, du bist Herr unseres Lebens und Herr der Geschichte (oder: du herrschst über unser Leben und über unsere Geschichte).
Wir denken an Menschen, denen wir Böses getan haben oder Gutes schuldig geblieben sind. Wir bitten dich:
- Heile ihre Wunden, gib ihnen, was wir ihnen versagt haben.
- Tröste unser Gewissen und leite uns auf rechten Wegen.
- Falls wir einander wieder begegnen, hilf uns zur Versöhnung.

Wir denken an Menschen, die uns verletzt oder im Stich gelassen haben. Wir bitten dich:
- Bewahre uns vor Bitterkeit, und zeige uns deine Treue.
- Laß auch sie mit Herz und Sinn deinen Willen erkennen.
- Gib uns und ihnen Ruhe voreinander oder Frieden miteinander.

Vorschlag zur Predigt

1. Teil: Die biblische Geschichte
»Ihr gedachtet es böse mit mir zu machen, Gott aber gedachte es gut zu machen«, erwidert Josef seinen Brüdern. »Gut mit mir, den in ihr die Sklaverei verkauft hattet. Gut mit euch, die ihr hier nun Asyl und Nahrung findet. Gut mit uns, die wir als Volk eine gemeinsame Zukunft sehen.«
Erinnern wir uns: ... (kurz die Vorgeschichte).
Alternative: Die Vorgeschichte vor der Lektüre des Predigttextes erzählen.

2. Teil: Erinnerungen an die private Lebensgeschichte
Was haben Sie selbst erlebt, das Sie – wie Josef – sagen läßt: Ihr gedachtet es böse mit mir zu machen, Gott aber gedachte es gut zu machen?
Anregung, in der eigenen Lebensgeschichte nach entsprechenden Erinnerungen zu suchen: Kränkungen, Verletzungen, Benachteiligungen in Familie, Schule, Beruf usw. – Das Leben ging weiter. Trotz der schlimmen Erfahrung, manchmal sogar durch sie, nahmen die Dinge einen guten Verlauf. – Gut für mich? Gut auch für die, die mich verletzt hatten? Gut für uns miteinander?
Weitere Leitfragen:
- Wie geht es Ihnen mit dieser und jener Erinnerung, wenn Sie sich selbst dazu die Worte Josefs sagen: Ihr gedachtet ...?
- Wie geht es Ihnen, wenn Sie diese Worte in Gedanken an die richten, die Sie damals verletzt haben: Ihr gedachtet ...?
- Könnten Sie es ihnen tatsächlich sagen (falls sie noch erreichbar sind)? Möchten Sie es tun? Sollten Sie?

- Oder fällt der zweite Satz schwer, weil immer noch nicht zu sehen ist, daß und wie Gott gedachte, es gut zu machen? Dann sollten Sie mit ihm darüber reden.

Auch wir haben Fehler gemacht. Ändern wir also den Satz: Ich gedachte es böse mit dir (euch) zu machen, Gott aber gedachte es gut zu machen. Welche Erinnerungen weckt dieser Satz? Selten wird es eine so brutale Untat wie die der Brüder Josefs sein (aber selbst die konnte Gott zum Guten wenden). - Manches geschah in böser Absicht, anderes aus Leichtsinn, wieder anderes unbeabsichtigt und doch mit bösen Folgen.

Ähnliche Anregung und Leitfragen wie oben. Ziel: Auch diese Dinge besprechbar zu machen, jedenfalls im inneren Dialog und im Gebet, möglicherweise auch mit den damals Verletzten.

Oder sind jetzt Dinge in Erinnerung gekommen, zu denen man eher sagen möchte: Ich tat so gut ich es wußte und konnte, Gott aber gedachte es anders zu machen, und ich weiß immer noch nicht warum und wozu? Gut wäre hier: Ermutigung und Sprachhilfe, sich darüber mit Gott auseinanderzusetzen.

3. Teil: Verwicklungen und (Er)lösungen

Die Brüder bitten Josef um Vergebung, und er hätte ihnen Vergebung gewähren oder versagen können. Aber er weigert sich, diese Rolle anzunehmen: Gott gedachte es gut zu machen, Punkt!

Mit der Vergebung ist es manchmal einfach (wenn auch u.U. schwer). Manchmal ist es auch schwierig und knifflig (besonders, wenn sie vermeintlich leicht fällt).

Welche Motive haben die Brüder - welche haben wir in den Fällen, an die wir uns als Täter erinnern?

- Suchen sie Frieden für ihr Gewissen?
- Möchten sie dem Bruder wieder in die Augen sehen können?
- Fürchten sie seine Macht (zumal nach dem Tod des Vaters)?

Besonders, wenn die Motive durcheinandergehen, neigen wir zu Beschönigungen (»Es war nicht böse gemeint«), skrupulösen Dramatisierungen (»Es ist unverzeihlich«), Rationalisierungen (»Du mußt verstehen, ...!) usw.

Was hätte Josef bewegen können, hätte er die Rolle angenommen? Was bewegt uns in den Fällen, an die wir als Opfer denken?

- Großmut (zum Erweis eigener Stärke oder als Pflicht)?
- Engherzigkeit (die wir uns erlauben oder übelnehmen)?
- Der Wunsch nach Gerechtigkeit (ohne oder mit Rachegedanken wie: »Der Herr hat sie in meine Hand gegeben«)?

Auch solche Motive in ihrer Anfechtbarkeit und ihrem Widerstreit können Zwiespältigkeiten zeitigen: Zusagen mit einem »Aber« versehen - Bedingungen, die unerfüllbar oder längst erfüllt sind - Härte, die nicht ernst gemeint ist.

Vergebung kann eindeutig sein, wo sie heute für ein Unrecht von gestern gewährt wird. Dinge von vorgestern verlangen eher Versöhnung, Vergebung entspricht nicht recht. Manches ist durch Vergebung nicht aus der Welt zu schaffen. Josefs Wort macht die Dinge eindeutig und den Kopf und die Herzen frei.

4. Teil: Erinnerungen an die politische Geschichte
Wie, wenn wir unsere politische Geschichte unter dem Leitwort Josefs betrachten? (Oder: die Kirchengeschichte mit ihren dunklen Seiten.)
Josef macht es anders als üblich: Er fordert nicht, die Vergangenheit ›aufzuarbeiten‹. Er geht von der keineswegs paradiesischen, aber eindeutig zukunftsträchtigen Gegenwart aus.
Vielleicht bewahrt uns das vor den bekannten Zwiespältigkeiten: Den einen sind solche Erinnerungen lästig. Andere fordern sie übereifrig. Von sich oder von anderen? Man weiß es nie so recht. Bezüglich der NS-Zeit sind die Kinder und Enkel wirklich in einer zweispältigen Situation: Kritisch den Eltern gegenüber, von Angehörigen anderer Völker als Träger der schlimmen Erbschaft selbst kritisch befragt. Usw.
Wieweit stimmt es, was wird bewußt und vielleicht besprechbar, wenn wir auch hier Josefs Wort variieren?
Wir gedachten es böse zu machen, ...
Ihr gedachtet es böse zu machen, ...
Das Böse kann und muß nicht ›aufgearbeitet‹ werden. Aber es kann und muß – wie bei Josef – schlicht benannt werden, wo der zweite Satz gilt: Gott aber gedachte es gut zu machen.

Kontexte

Man kann in der Predigt auch in den Vordergrund rücken, worum es im Text zuerst geht: Den Geschwisterkonflikt.
Geschwisterkonflikte werden in Predigten selten thematisiert. Im Gegenteil. Sie werden verschleiert, wenn ›Brüderlichkeit‹ schon lange und ›Geschwisterlichkeit‹ neuerdings andersartigen Beziehungen (z. B. autoritären oder geschäftlichen) einfach als Ideal entgegengesetzt werden. Als ob sich unter Brüdern alsbald (unter Schwestern sowieso) ergäbe, was »fein und lieblich« ist, daß sie »einträchtig beieinander wohnen« (Ps 133)!
Lebenserfahrungen erweisen das als Ideologie. Geschwisterkonflikte sind oft komplizierter und langwieriger als Konflikte mit den Eltern, die nach den pubertären Auseinandersetzungen normalerweise zur Versöhnung führen. Auch sind kollegiale Beziehungen nicht automatisch einfacher und gedeihlicher als solche mit Autoritätsgefälle.
Auch die Bibel weiß, was es mit ›Geschwisterlichkeit‹ auf sich hat:
- Damit Josef und seine Brüder zueinanderfinden, muß Gott einen großen heilsgeschichtlichen Aufwand treiben.
- Jakob kann Esau erst redlich begegnen, nachdem er am Jabbok Verletzung und Segen davongetragen hatte.
- Lea und Rahel hatten es auch nicht leicht miteinander.

- Die Geschichte von Kain und Abel mag zunächst für bürgerliche Verhältnisse allzu brutal erscheinen. Aber daß der Liebling (Gottes oder der Eltern) zum Opfer wird, ist so selten nicht. Und es ist bitter genug, auch wenn es nicht tödlich endet. Die Erzählung hat eine Zukunft nur für Kain, mit dem Kainsmal als Makel und Schutz.
- Wie ging es Jakobus mit seinem Bruder Jesus?

Die Bibel bietet also genug exemplarisches und symbolisches Material, sich dieses Themas realistisch und seelsorgerlich anzunehmen. Genügend Anlässe dazu gibt es auch.

Wählt man dieses Thema, läßt sich auch der Aspekt des Textes gründlicher bedenken, den ich in meinem Vorschlag nur beiläufig erwähne: Der Bruderkonflikt wird von Neuem virulent nach dem Tod des Vaters. Entspannt wird er dadurch, daß Josef daraufhin Gottes väterliche Autorität zur Geltung bringt.

Eben deshalb verzichte ich in der Liturgie auch nicht auf das Prädikat Herr. Wem das zu exklusiv ist, soll ihm die Herrin zur Seite stellen. Früher hieß sie Unsere (liebe) Frau, solange Weib und Mann das Geschlecht bezeichneten und Frau und Herr die Autorität. Wer auch dies nicht will (um nicht katholisch oder synkretistisch zu erscheinen?), hat Pech gehabt. Josef und seine Brüder wären jedenfalls nicht miteinander zurecht gekommen, ohne daß Gott sich als Herr der Geschichte erwiesen hätte.

5. Sonntag nach Trinitatis

Annäherungen an den Predigttext Johannes 1,35–42

Hans-Jürgen Kant

Gespräch im Seniorenkreis
Also, Herr Pfarrer, hierzu sollen wir Ihnen nun etwas sagen. Puh, das ist gar nicht so einfach auszudeuten. Der wichtigste Satz in dem ganzen Text ist wohl der: »Wir haben den Messias gefunden.« Dabei haben sich die Jünger von hintenherum angenähert. Sie fragen Jesus nicht direkt: Bist du der Messias, sondern sie wollen wissen, wo er seine Herberge hat. Aber in was für eine Herberge hat er sie nun tatsächlich geführt? Der Menschensohn hat doch keinen Platz, wo er sein Haupt hinlegen kann. Heißt das nicht so in einer Bibelstelle? Aber vielleicht hat er sie auch ins Grüne geführt oder in ein Haus, wo Jesus selbst nur zu Gast war. Man könnte jedenfalls den Eindruck haben, daß die Jünger schon immer auf der Suche nach dem Messias gewesen sind. Und den dann zu erkennen, das ist sicher schwer. Da könnte doch jeder kommen und sagen: Ich bin es, den ihr sucht. Denken Sie nur an die Scientologen, wie die die Leute mit diesen Fragebögen einfangen. Und in Berlin, da hatten sie Angst, daß man ihnen auf die Schliche kommt. Da sind sie eingebrochen in eine Dienststelle und haben alle Unterlagen aus dem Computer mitgenommen.
Heute kann man Jesus wohl nicht mehr so einfach treffen. Da würde ich eher sagen, wenn Menschen etwas Schlimmes passiert, ein Unfall, eine Krankheit, dann kommen sie in Berührung mit dem Glauben und mit Gott und machen sich auf den Weg. Denken Sie an das Lied »Vertraut den neuen Wegen«. Es wird immer Menschen geben, die ausziehen, sich losmachen und Gott suchen. Ob wir ihnen in der Kirche da eine Hilfe sind. So richtig auf uns hören tun die Jungen ja nicht.

Statement der Konfirmanden
Der wichtigste Satz lautet vielleicht: »Du bist Simon, du sollst Kephas heißen.« Oder doch eher: »Wir haben den Messias gefunden.« Denn wenn es nur einen Messias gibt, nämlich *den* Messias, dann ist es verdammt schwer, den richtigen zu finden. Die laufen doch heute auch alle rum und sagen: Ich bins. Auf mich hat die Welt gewartet. Und dann steht's auch noch in der Zeitung und oft ist es nur Blödsinn. Ich hasse die Zeitung. Wie sie immer

alles so darstellen, was nicht stimmt. Na gut, mit der »Bravo« ist es etwas anders.
Irgendwie ist mir schleierhaft: Wo standen eigentlich Johannes und seine Jünger rum, vielleicht irgendwo am Stehimbiß oder in der Kneipe. Vielleicht so wie Arbeitslose. Die hatten jedenfalls Zeit.
Heute ist sowieso alles ganz anders als damals. Die haben sich früher mehr Zeit genommen. Heute muß alles ganz schnell, schnell gehen. Und wenn dann so ein Messias am Weg steht, sagen die nur: Eh, was hat der für Klamotten an. Mit den Sachen, die man so auf Bildern sieht, wäre der doch glatt ein Außenseiter heute. Auf jeden Fall quatschen die ihn einfach so an und kommen so auf eine ganz coole Tour. Die sagen nicht, das und das wollen wir, sondern erstmal: Können wir deine Hütte sehen?

Erwachsenenunterricht
Also das, was Sie jetzt zuletzt gelesen haben, das ist ja absolut verwirrend. Wenn man da nicht mit den Namen vertraut ist, kann man ja gar nicht folgen.
Wer fand da noch gleich seinen Bruder? Und warum fand er ihn »zuerst«? Wen hat er dann noch getroffen? Irgendwie ist das auch ein bekannter Satz: »Sie kamen und sahen's.« Kommt das nicht noch öfter in der Bibel vor? Also interessant und wichtig finde ich auch den Satz: »Wir haben den Messias gefunden.« Das ist ja derjenige, von dem wir Hilfe erhoffen.
Die Erklärungen der Wörter, die da immer reingestreut sind, sind auch eher verwirrend. Sie machen den Text nur noch komplizierter, weil sie einem eigentlich auch erst noch erklärt werden müssen.
Warum steht das Wörtchen »aber« in dem Satz von der 10. Stunde. Das ist doch merkwürdig. Vielleicht gibt es im Text vorher oder hinterher dafür eine Erklärung? Bei »Gottes Lamm« da denke ich an etwas, was man behüten, beschützen sollte, was unschuldig ist wie ein Kind.
Ich kann mir nicht vorstellen, daß man über den Text predigen kann. Das ist zwar alles ganz interessant, wie Jesus so zu seinem Jüngern kommt, aber mir persönlich sagt das nichts. Vielleicht könnte man über die Zeit predigen, die heute fehlt, um Leute genauer kennenzulernen. Deswegen steckt man andere auch so schnell in eine Schublade. Die Leute damals nehmen sich tatsächlich Zeit, um Jesus zu erkennen.

Noch einmal ein Seniorenkreis:
Dieser Hinweis des Johannes »Siehe, das ist Gottes Lamm«, das erinnert mich an den Isenheimer Altar von Grünewald. Weiter fällt mir auf, daß in dem Text dreimal Worte übersetzt werden. Frage ist: Für wen wurde das aufgeschrieben? An wen ist das eigentlich mal adressiert gewesen?
Ganz neu ist mir, daß der Vater von Simon Petrus Johannes heißt. Warum eigentlich bezeichnet Jesus den Simon als Fels? Ist das eine Auszeichnung, und wofür? Aus dem Text heraus wird das nicht klar.

Das ist dann ein toller Satz: »Wir haben den Messias gefunden.« Sie haben ihn anscheinend wirklich gesucht. Jesus lädt Menschen in die Nachfolge ein - darüber würde ich gerne eine Predigt hören. Denn die Nachfolge ist heute schwieriger als früher. Es ist nicht einfach, heute Menschen für die Kirche zu gewinnen. Die hohen Kirchensteuern sind für die, die noch Arbeit haben, zu abschreckend. Andererseits: Für das, was einem wichtig ist, gibt man auch viel Geld aus. Ich denke nur an die vielen Telefongespräche und meine Telefonrechnung.
Und dazu kommt, daß die Menschen heute auch gar nicht mehr die Zeit haben, einen ganzen Tag mit einem anderen zu reden. Das merken wir sogar bei uns auf dem Dorf. Früher gab es noch den Konsum, die Poststelle und das Bürgermeisteramt. Alles pleite oder abgewickelt. Heute sieht man kaum noch jemanden draußen auf der Straße. Und wer läßt schon gern Fremde in seine Wohnung. Und doch gibt es wiederum Menschen, die auf Besuch warten.
Irgendwie ist der Text verzwickt mit den vielen Personen, die da immer mal auftreten. Man müßte die Geschichte als Rollenspiel sehen von den Konfirmanden. Oder wenigstens in verteilten Rollen gelesen hören, damit man weiß, wer da mit wem spricht.

Zum Gottesdienst

Klaus Eulenberger

Exegetisch-homiletische Skizze

Schwer nachzuvollziehen, was die Lutherische Liturgische Konferenz bewogen haben mag, die blumige Szene aus dem Anfang des vierten Evangeliums den Gemeinden zur Predigt aufzugeben. Ein Figurentheater spielt vor unseren Augen. Hölzerne Puppen, steif und ungelenk, werden auf der Bühne hin- und hergeschoben. Die eine steht, während eine andere blicklos an ihr vorbeizieht. Zwei andere Figuren, anfangs zur ersten gesellt, wenden sich auf ein Stichwort ruckhaft von ihr ab und folgen der, die vorübergleitet. Nun stockt das Ganze: Der, dem die beiden nachgehen, macht eine Kehrtwendung. Nach einem Wortwechsel zwischen ihm und den beiden dreht er sich ein weiteres Mal um, und die drei verschwinden in einem Haus. Die Tür fällt zu. Wir aber bleiben draußen vor: Zuschauer, die nichts zu sehen bekommen.
Bücher, die hin und wieder hilfreich sind, helfen nicht weiter. Theologischer Tiefsinn versucht sich an der Szene, fördert aber wenig mehr hervor als tapfer vorgetragene Trivialitäten. Neidvoll irrt der Blick hin zu den anderen Predigttexten dieses Tages: Alles würdest du eintauschen gegen diesen …

Eine einzige Empfindung fesselt – nein, das wäre zu viel gesagt, aber: bindet dich an diese Szene. Du möchtest zu gerne wissen, was denn die drei hinter der ins Schloß gefallenen Tür zu sehen bekommen. Was die beiden hölzernen Besucher »diesen Tag« mit dem Besuchten erleben. Und herauskriegen, warum es ausgerechnet so anfängt. Nicht, wie du es kennst aus der Commedia christiana, deren Figuren dir ja vertraut sind. Nämlich nicht so, daß der Protagonist die Mitspieler anspricht, wo er sie findet: am Tor, bei den Netzen, und sagt: Folgt mir nach. Dies dann auch später (V. 43). Aber der Anfang – die Initiation! – ist anders. Nicht draußen, sondern in einem Haus geht es an. Einkehr in eine Wohnung statt Abkehr vom Zuhause und den Hausgenossen. Und auf einmal ist dir ein Kindheitsmuster im Sinn: Das Vertrautwerden mit den Freunden begann, wenn du eingelassen wurdest, wo sie zuhause waren, oder wenn sie zu dir nach Hause kamen. Wenn ihr euch gegenseitig gezeigt habt, woher ihr kommt. Das was der Anfang, aus dem – nicht immer, aber manchmal – viel mehr hervorging. Der Beginn einer wunderbaren Freundschaft hatte seinen Ort im Holzschuppen, wo die Schaukel hing, am Hortensienbeet, in das (zu oft) der Ball flog, unter dem Eßtisch, wo ihr die Gleise der Aufzieheisenbahn zusammenstecktet.
Von dort nahmen die Wege der Freundschaft ihren Ausgang. So, wie die beiden, die wir jetzt mit dem Rabbi zusammen hinter der zugeklappten Tür wissen, mit ihm seine Wege gehen werden von hier aus. Bis er zu ihnen sagen wird: »In meines Vaters Hause sind viele Wohnungen« (14,2), werden sie viel herumgekommen sein und mehr von ihm erfahren haben, als in jenem Haus des Anfangs zu sehen war. Was wie »eine jüdische Männergeschichte« (Sybille Fritsch-Oppermann) aussieht, ist vielleicht doch eher eine Kindergeschichte: eine Geschichte, die in die Kindheit scheint. Bevor der aus der Ewigkeit kommende Gottessohn sich als Heiler, Hirte und Totenerwecker präsentiert, läßt er uns für eine Weile – »diesen Tag« – in seine Kinderstube eintreten. Und auch wieder nicht: Wir bleiben ja draußen vor. Aber wir wissen ihn jetzt da drinnen.

Vorschläge zur Liturgie

Als *Psalm* ist der 73. vorgesehen. Gut! – aber nicht in der verstümmelten, ruinösen Fassung, die der Liturgische Kalender des EG nahelegt (und die in der Abteilung »Psalmgebete«, Nr. 733, noch einmal um einen Vers unterboten wird), sondern mehr oder weniger in ganzer Länge. Ebenso gut könnte ich mir den 84. Psalm vorstellen, da die Predigt, wie sie im folgenden skizziert ist, eben auf dieses Gebet hinausläuft. (Der Psalm ist unter der Nr. 734 im EG ungekürzt abgedruckt.)
Zu den *Lesungen:* Da der Predigtentwurf so ist, wie er nun ist, geselle ich zum Evangelium (Lk 5,1-11) nicht die gewichtige Epistel (1. Kor 1,18-25),

sondern die Lesung aus der Hebräischen Bibel: Gen 12,1–4. Zufall oder nicht: Gerade sie fügt sich aufs schönste in den Bau des Gottesdienstes. Zu den *Liedern:* EG 245 (»Preis, Lob und Dank sei Gott dem Herren«), als Wochenlied empfohlen, preist – in der Hochzeit der lutherischen Orthodoxie gedichtet – die Kirche als Heilsanstalt; ich halte dieses Lied für historisch bedeutungsvoll, aber gegenwärtig wie zukünftig unsingbar. Dann schon lieber das alternativ vorgeschlagene: »Wach auf, du Geist der ersten Zeugen« (EG 241). Zur Eröffnung: EG 166, »Tut mir auf die schöne Pforte«. Auf die Lesung aus Gen 12 folgt EG 311: »Abraham, Abraham, verlaß dein Land und deinen Stamm«. Nach der Predigt: EG 343,1+4 (»Ich ruf zu dir, Herr, Jesu Christ«) oder EG 428,4+5 (»Komm in unser festes Haus«). Nach den Abkündigungen: EG 398 (»In dir ist Freude«) oder auch: 397 (»Herzlich lieb hab ich dich, o Herr«). Zum Ausgang: EG 395 (»Vertraut den neuen Wegen«).

Eingangsgebet
Gott, wir unterbrechen unsere Wege und kehren ein in das Haus, das von Menschen gemacht ist und doch dir gehört, wie die ganze Welt dein ist. Wir finden uns ein in deinem Angesicht: Hier sind wir. Laß den Sommer für uns zum Sommer deiner Gnade werden, in dem unser Glaube reift, unsere Liebe sich kräftigt und unser Zweifel zum Erkennen führt. Wir bitten dich im Namen Jesu Christi, unseres Herrn und Bruders, der mit dir und dem Heiligen Geist lebt und lebendig macht in Ewigkeit. Amen

Fürbittengebet
Gott, wir bitten dich für alle, denen ihr Weg verborgen ist. Für die, die nicht wissen, woher sie kommen, die vergeblich nach ihren Wurzeln suchen. Für alle, die keinen Ort haben, die nicht sagen können, wohin sie gehören. Für jene, die ihr Ziel nicht kennen, die nicht wissen, wohin, oder nicht aus noch ein. Wir bitten dich: Erbarme dich. (Folgt: Kyrie eleison, EG 178.9 oder 178.12)
Gott, wir bitten dich für alle, die kein Haus haben und keine Zuflucht, für Obdachlose und Ausgesperrte, für Flüchtlinge und Asylsuchende, für die ohne Heimat, ohne Namen, ohne Identität. Für alle, die Angefangenes nicht zuende bringen und denen das Unfertige als Behausung dienen muß. Für die vielen, deren Mut nicht reicht, um ihr Glück zu machen. Wir bitten dich: Erbarme dich. (Folgt: wie oben.)
Gott, wir bitten dich für alle, die abweisend und unzugänglich sind, enttäuscht und verbittert, mit sich selbst beschäftigt und gebunden an ihre Ängste. Für die schlecht Ernährten, die kaum genug haben für ihre eigene Seele. Für die Mißtrauischen und Argwöhnischen, die keines anderen Haus und Zuflucht werden und allein bleiben. Wir bitten dich: Erbarme dich …
Gott, wir bitten dich für uns, die wir eingekehrt sind in dein Haus: Mach uns deiner Gegenwart und so unserer selbst gewiß, erlöse uns von unseren Ängsten vor dem, was kommen könnte, laß uns jeden Tag, den du uns wer-

den läßt, fröhlich erwarten und kräftig bestehen. Wir sind erkannt und geliebt von dir; in dieser Zuversicht nehmen wir es hin, daß unser Erkennen Stückwerk ist, daß alles von uns Gebaute unfertig bleibt und wir unser Ziel nicht kennen. Du weißt es, Gott, in dir werden wir erscheinen als die, die wir sind. Wir bitten dich für uns und alle, die deiner bedürftig sind: Erbarme dich …
Gemeinsam bitten wir dich, wie wir gelernt haben: Vater unser im Himmel

Vorschlag zur Predigt

Möglicher Anfang
War es nicht so? Wenn wir als Kinder anfingen, uns mit anderen zu befreunden, hatten wir nach kurzer Zeit den Wunsch: »Laß mal sehen, wo du wohnst.« Oder es passierte auf dem gemeinsam angetretenen Heimweg von der Schule – man hatte mit schwer lädierten Schuhkuppen Steine und Zapfen vor sich her getrieben, im Tordurchgang laut pfeifend den Hall probiert und sich feixend über alte Frauen lustig gemacht –, daß der eine stehen blieb und sagte: »Hier wohne ich.« »Ach, hier?« So war der Weg denn schon zuende. Andererseits wußte man nun: Hier war der zuhause, der vielleicht ein Freund werden konnte. Hier wäre er von nun an zu finden. Hier, in diesem unbekannten, nie betretenen Haus. »Kann ich nachher mal zu dir kommen?« Wenn es gut ging, sagte er leichthin: »Klar, kannst du.« War es schwieriger, antwortete er: »Muß erst mal meine Mutter fragen.« Verschwand hinter der dunklen Haustür, deren Zuklappen Herzklopfen verursachte, stemmte sie von innen endlich wieder auf und sagte schnell: »Du kannst. Also bis nachher.«
In eine solche Szene werden wir gezogen, wenn wir in den ersten Seiten des vierten Evangeliums lesen. Die Geschichte von Jesus und seinen Jüngern fängt hier, bei Johannes, anders an als in den drei voraufgehenden Evangelien. Dort erscheint Jesus, ein noch Unbekannter, wie aus dem Nichts am Ufer eines Sees und spricht ein paar Fischer an: »Folgt mir nach«, sagt er, »ich will euch zu Menschenfischern machen« (Mk 1,17 u. ö.). Und über sie kann es dann erstaunlicherweise heißen: »Sogleich verließen sie ihre Netze und folgten ihm nach.« So haben wir es, mehr oder weniger deutlich, im Ohr. Im Johannesevangelium tritt Jesus als ein Schweigender auf. Ein anderer spricht über ihn: Der Täufer Johannes sieht Jesus kommen und erklärt: »Siehe, das ist Gottes Lamm.« Dasselbe sagt er noch einmal, »am nächsten Tag«, wenn Jesus zum zweiten Mal vorübergeht. Noch immer hören wir aus dessen Mund nichts: keine Silbe. Die Szene, die wir jetzt betrachten und bedenken werden, nimmt sich aus wie eine Auftritt im Figurentheater: (Lesung des Predigttextes).
Es sind ungelenke Figuren, die wir zu sehen, und holperige Dialoge, die wir zu hören bekommen. Wie hin und her geschoben wirken die Spieler. Sie

gleiten aneinander vorbei, bleiben plötzlich stehen, drehen sich um und wenden sich ab. Das erste Wort, das Jesus in diesem Evangelium überhaupt sagt, heißt: »Was sucht ihr?« Es klingt wie: »Kann ich euch helfen?« Dabei ist zuvor schon eine Menge passiert! Der Täufer hat erklärt: »Dieser ist Gottes Sohn.« Zwei seiner Jünger (auch der Täufer war von solchen Schülern umgeben) haben ihn verlassen und sich Jesus angeschlossen, noch bevor der ein einziges Wort gesagt hat. Und dann seine Frage an die beiden: »Was sucht ihr?« Sie antworten: »Wo wohnst du?« Und er lädt sie ein: »Kommt und seht!« Die beiden ersten Jünger, die Jesus gewinnt, werden nicht zur Abkehr von ihrem bisherigen Leben, vom eigenen Haus und den Hausgenossen aufgefordert, sondern zur Einkehr in ein Haus gebeten. Was für ein Unterschied zu den Geschichten, die wir im Ohr haben!
Was sich aber nun in jenem Haus abspielt, in das die beiden ihm folgen und in dem sie »diesen Tag« mit ihm verbringen, das bleibt vor uns verborgen. Es hat den Geruch des Geheimnisvollen - so wie jene Häuser der Kindheit, die wir so gern erkundet hätten und die uns manchmal - wenigstens in einigen ihrer Räume - verschlossen blieben. Aber *wenn* wir eingelassen wurden - was haben wir gefunden? Einen eigenartigen Geruch, deutlich unterschieden von dem, der das vertraute Zuhause prägte. Laute und Geräusche, die wir nicht kannten: das Klappern eines Fensterflügels, das Schlagen einer dunklen Uhrglocke. Nie gesehene Möbel und Bilder gab es dort. Wenn wir etwas zu essen bekamen, schmeckte es ungewohnt. Die eigene Stimme klang hier anders als zuhause. In den Regalen, den Schubfächern: lauter Geheimnisse. (Daheim war alles gewöhnlich, weil es uns vertraut war.) Die Spielsachen, die wir dort fanden! Unbegreiflich, mit welcher Lässigkeit, ja Achtlosigkeit der neue Freund sie präsentierte: als wüßte er nicht, über welche Kostbarkeiten er verfügte. Hätten wir selbst nur einen winzigen Teil davon besessen: eines dieser schimmernden Bücher, ein einziges der hölzernen Schiffsmodelle, einen Eisenbahnwaggon, dessen Fehlen er nicht einmal bemerken würde, da er eine endlose Reihe davon hatte ... Stumm bin ich geworden, wenn ich in den Garten geführt wurde, wo ein Netz für Ballspiele gespannt war, in einen Holzschuppen, wo nicht nur Kohle gelagert war wie bei uns zuhause, sondern wo Werkzeug aufgereiht hing, wo es nach Sperrholz und Latten duftete, unter denen man wählen konnte, was man gerade brauchte ... Manchmal blieb es bei diesem Verstummen; die Unterschiede zwischen dem Besucher und dem Besuchten waren zu gewaltig, als daß beide sich in Freundschaft hätten nahekommen können. Aber wenn die Fremdheit als reizvoll und nicht als trennend empfunden wurde, dann konnte allmählich die Vertrautheit entstehen, die zwischen Freunden waltet.

Zum weiteren Verlauf

Rückblende: Die beiden - Andreas und ein anderer - mit Jesus, dem noch Unbekannten, in dessen »Herberge« (Luther) oder eben: bei ihm zuhause. Eine Annäherung wie unter Kindern, der Beginn einer Freundschaft. Ein-

kehr, (noch) nicht Aufbruch. Von hier nehmen die gemeinsamen Wege ihren Ausgang: Dann ist es nicht mehr das *Symbol Haus,* das ihr gemeinsames Leben bestimmt, sondern das Unterwegssein, die Inszenierung des Konfliktes, die Formung des »eigenen Lebens« im Unterschied und Gegensatz zu dem der anderen. - Wie war es damals, als wir Kinder waren? Wenn bekannt und erkundet war, »wo du zuhause bist«, dann konnten wir den Bannkreis des Hauses überwinden. Jenseits des Gartens der Bach: Mit einem entschlossenen Sprung konnte man ihn hinter sich lassen. (Oder man überquerte ihn auf einem umgestürzten Baum.) Drüben begann der Bereich neuer Geheimnisse: Bäume, auf die wir kletterten, verlassene Hütten, in denen wir uns versteckten, ein Teich, der sich mit einem selbst gezimmerten Floß befahren ließ, die Insel im Kanal, die allerdings schon von anderen Jungen entdeckt war und beansprucht wurde: der Grund für andauernde Rivalität, ja für Bandenkriege um Grund und Boden, um Identität setzende Rechte. Bei allem: das Haus - das der eigenen Eltern und das, aus dem der Freund kam - noch im Rükken, eine Zuflucht für alle Fälle, aber in immer weitere Fernen rückend, bedeutungsloser werdend: Es war ja nicht mehr das »eigene«, dort würden wir nicht unser Leben verbringen.
Was ist, als »dieser Tag« zuende war und sie das Haus verließen, auf die beiden ersten Jünger Jesu und dann auch auf die anderen, die sich ihm anschlossen, zugekommen? Hier könnte die Predigt weitergehen als Schilderung exemplarischer Szenen eines »revolutionären Lebens« (J. D. Crossan), wie das Johannesevangelium sie darstellt. Wege in Dörfer und Städte, durch Galiläa und Judäa. Zwei Passafeste in Jerusalem, eines am See von Tiberias. Kollisionen in der Hauptstadt: »Tragt das weg und macht nicht meines Vaters Haus zum Kaufhaus!« (2,16: frühes Präludium einer Debatte, die am Ende des 20. Jahrhunderts unter dem Titel *Unternehmen Kirche* oder *Ökumenisierung der Kirche* ausgetragen werden wird?); selbstbewußte Auftritte im Tempel (7,14 ff.: »Meine Lehre ist nicht von mir!«); die Entwaffnung der Gottesmänner: Das Gesetz ist nicht mehr in Stein gehauen, sondern in eure Herzen geschrieben, wie ich vor euren Augen mit dem Finger auf die Erde schreibe! (8,1-11). Konfrontationen, Abgrenzungen, Trennungen: »Wollt ihr auch weggehen?« (6,67). (Da ist es für Simon Petrus und die anderen schon nicht mehr möglich, »nach Hause« zurückzukehren: »Herr, wohin sollen wir gehen? Du hast Worte des ewigen Lebens ...«) Heilungen, die Auferweckung des toten Lazarus: »Wer an mich glaubt, der wird leben, auch wenn er stirbt« (11,28). In einem Haus in Jerusalem: die Verunsicherung der Sklavenmoral; der Meister wäscht den Schülern die Füße und verbindet *Größe* mit *Hingabe.* In den Reden zum Abschied: der Hinweis auf die *vielen Wohnungen* im *Haus des Vaters* (14,2). Nun wissen sie längst, daß diese Wohnungen nicht zu verwechseln sind mit den Häusern, aus denen sie kommen. Und wenn sie dennoch versuchen sollten, den abgerissenen Strick wieder zusam-

menzuknoten und einzukehren in ihre Herkunft (wie Simon Petrus: »Ich will fischen gehen«, 21,3), so werden sie belehrt, daß ihnen nicht der Weg ins Vergangene, sondern nur der ins Kommende offensteht: »Weide meine Schafe!« – Auf der Höhe des Jahres: eine Retrospektive auf das vierte Evangelium, die die Einkehr in das Haus als Beginn des Aufbruchs zu erkennen gibt.

Möglicher Schluß
Am Anfang des Evangeliums fragen zwei Männer Jesus: »Wo wohnst du?« Noch hat er selbst fast nichts gesagt. Aber sie haben schon – wir wissen nicht, wie – gespürt, daß er es ist, zu dem sie sich gesellen werden; schon liegt die Trennung von einem anderen hinter ihnen. Wir ahnen, was die Frage »Wo wohnst du?« in Wahrheit meint. Auch wenn es den beiden noch nicht bewußt ist, so wollen sie in diesem Augenblick wissen: »Wohin willst du mit uns?« Das Haus, in dem sie »diesen Tag bei ihm« sind, wird zum Ort des Ausgangs werden. Es wird der Augenblick kommen, in dem sie dessen inne werden, daß sie sich nicht abwenden können von dem, mit dem sie aufgebrochen sind: »Herr, wohin sollen wir gehen? Du hast Worte des ewigen Lebens.« Und als er ihnen ankündigt, er werde sie verlassen, verspricht er ihnen, daß sie auch dann nicht unbehaust sein werden: »In meines Vaters Hause sind viele Wohnungen ... ich gehe hin, euch die Stätte zu bereiten.« Wir lesen das Evangelium so, wie wir unser eigenes Leben vorläufig noch nicht lesen können: als eine zusammenhängende Geschichte. In ihr erscheint immer wieder das Symbol *Haus,* und das ist nicht zu trennen vom Symbol des *Weges:* Man ist nicht irgendwann zuhause und dann für immer. Die Häuser, in die wir kommen, sind Häuser in der Zeit und auf Zeit; wir bleiben eine Weile und wissen auf einmal, daß es nicht für immer ist, und wenn es gut geht, brechen wir in der Zuversicht auf, daß woanders schon *eine Stätte für uns bereitet* ist. Wenn wir jung sind, sind wir meist nicht von Angst vor Aufbruch und Ortswechsel bestimmt, sondern voller Lust daran: Fort, nur fort von hier! Das Elternhaus ist nicht mehr Nest wie für die kleinen Kinder, es wird Refugium, Stützpunkt, Basislager. Es drängt uns nicht, eine feste Unterkunft zu bauen; wir sind unterwegs und wollen jetzt nichts anderes. Wir werden überall sein können, und vorläufig läßt sich sagen: Die ganze Welt gehört uns. – Für die meisten aber kommt eine Zeit, in der es sie danach verlangt, sich niederzulassen. Für immer? Vielleicht wünschen wir uns, es möge für immer sein. Aber wenn wir uns unsere Lebensgeschichten mitteilen, sehen wir, daß es viele zu neuem Aufbruch gedrängt, genötigt, gezwungen hat. Was sich im Rückblick womöglich als eine zusammenhängende Lebenslinie darstellt, war, während wir es durchlebten, eine Folge verwirrender Etappen, deren Ziele wir oft genug nicht hätten bestimmen können. Und wir wissen nicht, ob es uns nicht wieder und wieder so ergehen wird. Am Ende werden wir vielleicht wie Marie Luise Kaschnitz – im

Selbstgespräch mit sich - sagen: »... daß du zuhause warst an vielen Orten, aber ein Heimatrecht hattest an keinem.«
Das Evangelium aber, das die Wege andeutet, die die Jünger mit Jesus gegangen sind, weiß noch anderes auch über uns. »Es ist noch nicht erschienen, was wir sein werden«, läßt es uns wissen - was wir sein werden, wenn und solange *wir* ihm zugesellt sind, der uns in sein Haus eintreten ließ und von dort aus mit uns aufbrach. Jene beiden Gestalten, die sich in ihrem ersten Auftritt so ungelenk und hölzern bewegten, konnten nicht ahnen, was im Fortgang des Dramas auf sie zukäme. Und wir ahnen es, was uns selbst angeht, kaum mehr als sie. Denn das Evangelium ist nicht allein das, was geschrieben steht; es ist auch das, was weitergeht - was weitergeht mit uns in offene Zeit und unbestimmte Gestalt hin. Es verheißt uns nicht, daß wir »zu uns kommen« und bei uns bleiben werden. Es sagt von Gott, daß er *sein wird, der er sein wird,* und von uns, daß wir in seinem Angesicht und Gegenüber zu ihm werden, die wir sind. Nichts ist fertig, und wir sind es schon gar nicht, solange der Atem des Schöpfers uns belebt und der Geist Jesu Christi uns bewegt.
Aber auch das ist wahr, was die kleine Szene aus dem Anfang des vierten Evangeliums uns hat sehen lassen: Wir sind nicht die ruhelos Getriebenen. So, wie wir aus einem Haus kommen, in dem »alles« angefangen hat, so werden wir immer wieder einkehren können in Häuser und Wohnungen, wo wir aufatmen, uns des Weges und unserer Nähe zu Gott vergewissern können. Auch dieses Kirchen-Haus gehört zu ihnen. So unsinnig es wäre, alle Tage und Nächte hier verbringen zu wollen, so lebensnotwendig kann es für uns sein, hin und wieder durch geöffnete Türen einzutreten in das »Haus Gottes«. Auf daß es uns ergehe wie dem Unbekannten, der vor sehr langer Zeit so zu Gott gesprochen hat (Psalm 84,2–4):
Wie lieb sind mir deine Wohnungen, Herr Zebaoth! Meine Seele verlangt und sehnt sich nach den Vorhöfen des Herrn; mein Leib und Seele freuen sich in dem lebendigen Gott. Der Vogel hat ein Haus gefunden und die Schwalbe ein Nest für ihre Jungen - deine Altäre, Herr Zebaoth, mein König und mein Gott.

Kontexte

»Ziehende Landschaft« heißt ein Gedicht von Hilde Domin, das das Motiv des Ortswechsels in reizvoller Verkehrung der Perspektive bedenkt: »Man muß gehen können und doch sein wie ein Baum: als zöge die Landschaft und wir stünden fest ...«

Einige Sätze aus dem Aufsatz »Das Haus, das die Träume verwaltet« in Fulbert Steffenskys gleichnamigem Buch (echter Verlag, Würzburg[2]1998), Seite 26f.:
»Ich wünsche mir eine Kirche, die deutlich ist und die undeutliche Gäste duldet. Wir sind nicht die Herren der Sehnsucht von anderen. Wo steht, daß es nicht auch die Ganzheit im Fragment geben kann; auf Zeit und in Andeutungen ...? Wir müß-

ten wissen, daß alle theologischen Sätze, die Bilder und die Geschichten der Tradition, sofern sie gut sind, einen menschheitlichen Gehalt haben ... Ich wünsche mir eine Kirche, die ihre Türen weit geöffnet hat. Es soll jeder eintreten können. Es soll jeder so lange bleiben können, sich die Geschichten und die Lieder ausleihen können, wie er will. Ich wünsche eine Kirche, die Menschen aufnehmen kann und Menschen gehen lassen kann; eine Kirche, die es erträgt, gebraucht und abgewiesen zu werden.«

6. Sonntag nach Trinitatis

Annäherungen an den Predigttext
5. Mose 7,6–12

Helmut Zeilinger

Äußerungen in einem Bibelgesprächskreis von 11 Frauen und Männern der Gemeinde. Der Textlesung folgte ein außerordentlich lebendiges Gespräch. Die Aufregung ist den größtenteils wörtlich mitnotierten Äußerungen noch anzuspüren.
- Das lies mal einem Palästinenser vor!
- Ich weiß gar nicht, was das mich angehen sollte.
- Mich ärgert der Text. Kein Wunder, daß Christen sich über Jahrhunderte hinweg Andersgläubigen gegenüber intolerant verhalten haben. Wir wissen das ja selbst vom Verhältnis zwischen Evangelischen und Katholiken.
- Ich bin fassungslos, wie hier alles, was anders ist, rücksichtslos weggefegt wird.
- Alles ist so brutal! Gott ist doch der Schöpfer *aller* Menschen. Einmal erscheint er da als ein gnädiger, liebender Gott, dann als einer, der keine Gnade kennt.
- Ich sehe auch zwei Teile. Der zweite begründet den ersten. Aber dieser erste hat mich umgehauen.
- Ich dachte auch sofort an die erschreckende Siedlungspolitik in Israel/Palästina. Die kommt von so was her! Es ist traurig, wenn das heute von jüdischen Siedlern als Rechtfertigung genommen wird.
- Daß ein ganzes Volk so abgegrenzt wird: War das wirklich Auftrag Gottes?
- Schlimm, daß Gott sieben Völker vernichtet für ein Volk.
- Ich bin entsetzt, daß Gott so als »Gewalt« da steht (»Ich will vertilgen!«). Das hat mit meinem Gottesbild wenig zu tun.
- Es ist nie eine Politik des Friedens, die anderen auszuschalten.
- Mich macht's aggressiv gegen den Schreiber. Wer war das überhaupt, und wann lebte der? Das hat doch nichts mit »Gott« zu tun! Ich sehe vielmehr, wie sie sich ihren Gott ausmalten. Aber das hat gar nichts Göttliches mehr an sich.
- Zum Glück steht's nicht im Neuen Testament, wo »unsere« Glaubenswahrheiten sind.
- Ich sehe hier eher ein politisches Konzept, wie ein Volk überleben kann. Alle anderen Völker sind ja untergegangen, weil sie sich (Glauben, Ideen, Kultur) »vermischt« hatten.

– War's nicht die einzige Chance für Israel mitten in der anderen Kultur, die nicht monotheistisch war?
– Noch heute möchten die Juden nicht missionieren, sich nicht ausbreiten, weil sie sich bewahren wollen.
– Aber die Landnahme Abrahams war anders. Nicht blutig.
– War das Ganze ein Geschichtsunterricht für die Juden? Daß auf die Frage »Wie haben wir all das überlebt?« geantwortet wurde: »Weil wir uns nicht vermischt haben!«
– Hatte das Volk wirklich die anderen jemals weggefegt? Sie haben dann doch immer zwischen den anderen gelebt!
– Wurde das Land wirklich leergekämpft? – so, wie sich das hier anhört?
– Jahwe stellt sich hier als israelitischer Stammesgott dar. Der Text ist geeignet, antijüdische Gefühle hervorzurufen. Aber dieses Gottesbild hat sich ja innerhalb des Alten Testaments selbst sehr gewandelt.
– Ja, gegenüber dieser Gewalttätigkeit Gottes gibts doch im auch Alten Testament sehr sympathische Gottesvorstellungen.
– Unterscheiden Sie eigentlich einen »jüdischen« Gott von einem »christlichen« Gott?
– Nein, der »jüdische« Gott ist doch die Grundlage des Christentums. Jesus war Jude.
– Die Verheißung im letzten Vers ist wichtig: »Wenn ihr . . ., dann ich!« Und doch ist's unglaublich, daß erst so Schreckliches geschehen muß, bevor von Liebe die Rede ist.
– Dies Kapitel beschreibt nicht »Gott«, sondern gibt ein Rezept, wie die Einrichtung »Religion« (heute würden wir »Kirche« sagen) überleben kann. Es hat also nichts mit dem Gottesbild zu tun.
– Hat nicht die Kirche im Mittelalter ihren Gläubigen auch solches »vorgespielt«? Ich denke an die Inquisition!
– Hier geht's also nicht ums Gottesbild, sondern ums Volk, das sich wundert, wie es angesichts der anderen, die viel stärker sind, gerade als kleine Gruppe überlebte. Da sagte wohl eines dem andern: weil Gott dich liebt, kannst du überleben. Ganz so, wie's auch sonst in der Bibel betont wird: Das Kleine, das Schwache wird besonders geliebt.
– Wenn Gott ein Volk liebt, müßte es fähig sein, anders gegen andere zu reagieren.
– Aber in den Psalmen kommt ja auch immer wieder die Rache und dieses »Zertrümmere!« vor.
– Ich erinnere mich an eine Fernsehsendung: Ein krankes Kind konnte sich nicht gegen Klassenkameraden durchsetzen. Sein Vater brauste brutal gegen seinen Sohn auf. Der reagierte verschüchtert: Wieso tust du sowas? Da nahm der Vater sein Kind liebevoll in den Arm: So mußt du's den andern geben, damit du überleben kannst.
– Wie ist das: wer familiär, gesellschaftlich autoritär geprägt wurde – hat der dann auch ein autoritäres Gottesbild?

- Das erinnert mich an die Theologin Chung in Südkorea. Sie kommt aus einer Erziehung, in der nur der Mann etwas gilt, nicht die Frau. Und doch hat sie eine ganz andere Vorstellung entwickelt. Sie hat ein sehr »weiches« Gottesbild. Aber gerade die Kirche des Westens reagierte dann so: Diese Frau glaubt nicht richtig!
- Berührungsängste kennen wir ja auch. Zum Beispiel gegenüber Muslimen.
- In Spanien hatten Moslems, Juden und Christen friedlich zusammengelebt, bis dann irgendwann ein großes Gegeneinander daraus wurde.
- Würde es nicht manches ändern helfen, wenn die Juden wegkämen vom »Wir sind was Besonderes!« (auch wir denken ja so über sie) - hin zum »Wir sind anders«? Ich erinnere mich an immer wieder dieselben speziell jüdischen Ängste, sich zu verlieren entweder in der Anpassung oder im Ghetto mit den dann folgenden Unterstellungen und Verfolgungen.
- Wo Ängste da sind, kann sich nichts weiten.
- Ich denke an Neve Shalom in Israel. In der Friedensschule dort versuchen sie, Juden und Araber - gerade auch Jugendliche - zusammenzubringen. Das ist nicht leicht. So wird versucht, daß zunächst jeder etwas über sich selbst erfährt, über die eigene Identität. Erst dann kann's zu einer Begegnung, zu einem Dialog kommen. Zuerst muß ich hingucken: »Wer bin ich?«
- Ja, »liebe deinen Nächsten wie dich selbst!«
- Ein jüdischer Gesprächspartner in unserer Stadt sagte einmal: Der jüdisch-christliche Dialog kann nur dann gut gehen, wenn jeder das Seine lebt.
- Immer häufiger begegnen wir dem Vorwurf - gerade in der Begegnung der Konfessionen und Religionen und Kulturen: Subtanzverlust! Beliebigkeit! Und angesichts des Pluralismus fragt man sich schon: Sind wir zu tolerant? Sind wir ein »Flickenteppich«? Haben wir einen »Patchwork-Glauben«?
- Ist der christlich-muslimische Dialog zum Beispiel nicht sehr einseitig? Christen sind wohl öfter bereit, weit entgegenzukommen, aber nicht alle muslimischen Partner kommen dem ihrerseits entgegen.
- Kann der Glaube eines Menschen völlig anders sein, als die Zeit, in der einer lebt? Wir erleben eben vieles ziemlich frei und freizügig.
- Aber in Sektengemeinschaften können sich auch heutige Menschen durchaus damit identifizieren, daß es eng zugeht!
- Auch bei uns gibts Begrenzungen und Anweisungen, die mit unserer Identität zu tun haben. Ich denke an den Dekalog oder an die Bergpredigt.
- Die antiautoritäre Phase war nicht gut. Kinder sind doch besser dran, wenn sie wissen, wo's langgeht, wo Grenzen sind.
- Was ist »Substanz«? Viele wissen nichts zu sagen, wenn gefragt ist, was unsere »Lehre« ist. Neulich hat mich ein Mädchen, das konfirmiert ist, gefragt, was »Pfingsten« sei!
- Ist es Subtanzverlust oder Öffnung im Sinn Jesu, wenn das Abendmahl »grenzenlos« angeboten oder wenn zu einem »Interreligiösen« Dialog oder gar Gebet eingeladen wird?

– Jesus hat doch ohne Vorbedingung eingeladen: »Kommt her zu mir alle, die ihr schwach seid und Hilfe braucht« – also ziemlich anders, als das mit dem gewaltsamen Wegdrücken derer, die anders sind und anders glauben!

Zum Gottesdienst

Hans Jürgen Milchner

Exegetisch-homiletische Skizze

Der vorliegende frühere Marginaltext ist in die erste Liga der Perikopenreihe aufgestiegen. Die Frage ist, ob der Inhalt dieses Textes sich dieses Karrieresprungs bewußt ist. Immerhin handelt es sich bei dem vorliegendem Text – so der Ehrenspielführer der alttestamentlichen Exegeten, G. von Rad, um einen »locus classicus« für die Erwählung im Alten Testament. Eine dogmatische Flanke spielt K. Barth ins Feld, indem er in seiner Kirchlichen Dogmatik schreibt: »Das ist sicher, daß dieses Volk als solches das heilige Volk Gottes ist. Das Volk, an dem Gott in seiner Gnade und in seinem Zorn gehandelt, in dessen Mitte er gesegnet und gerichtet, erleuchtet und verstockt, angenommen und verworfen ...«
Unsere vorliegende Perikope ist dabei selbst eine Predigt, sie zielt als eine Mahnung und Warnung in den Strafraum diffuser religiöser Gleichgültigkeit. Das Volk Israel befindet sich in der Gefahr, sich vom Glauben der Väter und Mütter zu trennen und sich in kanaanäische Spekulationen und Kulte zu versenken und sich dort gewissenlos einzurichten. Dagegen opponieren die deuteronomistischen Reformer und zeigen der israelitischen Gemeinde die rotgelbe Karte. Es soll verhindert werden, daß das politisch bedeutungslos werdende Israel noch weiter in den Einfluß des assyrischen Reiches und dessen Machtpolitik versinkt. Der Prediger hat den Untergang des Nordreiches vor Augen und erhebt mahnend seine Stimme in Juda innerhalb der ersten Hälfte des 7. Jh., um nicht wort- und tatenlos mit anzusehen, wie das erwählte Volk in den Rand der Bedeutungslosigkeit absteigt und seine »Spielklasse« verliert. Selbst Luther kann hier bei diesem Text zu Rate gezogen werden, der eindringlich warnt: »Das heißt mit den Cananitern Gemeinschaft halten, das ist: mit denen die das Wort Gottes verfelscehn und faren lassen« (WA 28,666).
In der vorliegenden deuteronomistischen Predigt liegen mehrere grundlegende Gedanken vor, die als Warnung und Erinnerung zugleich der israelitischen Predigtgemeinde vorgelegt werden:

1. Ein Wille, daß ein Volk sich in ethischer und religiöser Sicht seiner politischen Umwelt anpaßt, birgt die Gefahr in sich, sich selbst zu verlieren.

Eigene Grundsätze treten dabei in den Hintergrund, Grundsätze, die als Glaubensinhalte das Volk bisher in seiner Geschichte geprägt haben. Die erste gelbe Karte, die die Gemeinde zu spüren bekommt, ist eine Rückerinnerung auf das 1. Gebot. Das Volk soll sich wieder von diesem Gebot her verstehen. Der Gott Israels ist und bleibt der Gott Abrahams, Isaaks und Jakobs. Jener Gott, der sich dieses Volk ausgesucht hat, möchte alleine verehrt werden. Alle polytheistischen Exkursionen in die Götterwelt der Assyrer, alle Momente, sich diesen Gott als Bild vorstellen zu müssen, werden durch das 1. Gebot ad absurdum geführt, denn Jahwe ist ein eifernder Gott, der keines Pantheon kleindünkelnder Nomadengottheiten bedarf.

2. Die zweite gelbe Karte, mit der Israel wachgerüttelt werden soll, ist die Rückführung auf den Gedanken an seine einzigartige Erwählung. Ausleger werden in ihrer Fankurve nicht müde, hier diesen Gedanken gewissenhaft zu unterstreichen: Die Erwählung ist »ein Akt paradoxer göttlicher Liebe« (von Rad), sie geschieht »aus gnadenhafter Liebe« (Buber), sie ist »Ausdruck der freien Souveränität des Herrn, der keinem Erwählten seine Wahl schuldig ist« (Zimmerli), eben allein »reine Gnade« (Ebeling). Westermann erinnert, daß gerade V. 8 mit der Rückbesinnung auf den Exodus ein heilsgeschichtlichen Bogen von der Schöpfung und dem Exodus bis hin in die Gegenwart und die Zukunft des Volkes gespannt wird. So gehören »Gottes Erwählung und die Verpflichtung des Volkes untrennbar zusammen. Das Volk hat die Pflicht, sich von der Lebensweise seiner Umwelt zu unterscheiden und zu seiner Eigenart unter den Völker zurückzufinden (Zimmerli, Hermission, Rendtorff).
3. Ein Dorn im Auge innerhalb dieser Predigt bildet aber nicht nur der V. 10. Die Erwählung Israels muß als eine Erwählung zum Guten hin verstanden werden. Heutige politische Maßnahmen des Staates Israel, wie z. B. die exklusive Siedlungspolitik, führen den im Text eigentlich positiv formulierten Gedanken ad absurdum. Erwählung im Zusammenhang unserer Perikope darf nicht dazu führen, machtpolitische Interessen durchzusetzen. Andererseits hat dieser Gedanke der Erwählung vielen jüdischen Menschen in den Ghettos der Verbrechen des 2. Weltkrieges ein Durchhaltevermögen und einen Glauben verliehen, der einzigartig ist und bleibt. V. 10 ist nicht wegzudeuten, er gilt als rote Karte denen, die meinen, sich in der Götterwelt und im heidnischen Umfeld bequem einzurichten. Dieser Vers, daß Gott hassen und umbringen wird, ist Warnung an die, die sich über die Gebote hinwegsetzen. Gottes Zorn ist nicht wegzuformulieren, er ist und bleibt auch eine Seite Gottes, auch wenn mir seine liebende Seite mehr zusagt und mich anspricht. Vers 10 steht aber trotzdem unter dem Vorbehalt Jesu: »Kommt her zu mir alle, die ihr mühselig und beladen seid, ich will euch erquicken.«

Gottes zuwendende Liebe innerhalb des Erwählungsgedankens, flankiert von der antwortenden Liebe des Menschen, ist auch für den Neuen Bund

wichtig geworden. Der Wochenspruch aus Jes 43,1 leitet hierzu über: »... ich habe dich erlöst, ich habe dich bei deinem Namen gerufen, du bist mein ...«. Ich möchte den Erwählungsgedanken in den Kasus des 6. Sonntages nach Trinitatis aufnehmen, der das »Leben aus der Taufe« thematisiert. Das neue Sein in Christus, das Anteilhaben an seinem Leben, an seinem Tod und an seiner Auferstehtung (Rö 6) ist dabei interessenleitende Norm, wobei die Taufe ja als Aufnahme in den Neuen Bund gilt, in dem Gottes Zuwendung in seiner Souveränität allein zu suchen ist. Taufe als solche gliedert ja ein in das Volk Gottes, ohne eine Vorleistung und Vorbedingung. So könnte am Kasus der Taufe einerseits verdeutlicht werden, daß Gott erwählt zu einem sinnvollen Leben, zu einem Leben in Nächstenliebe, weil diese Liebe uns zugemutet wird. Das kleine und noch hilflose Kind wird von Gott bejaht und wird in die elterliche Liebe anvertraut. So kann es sein, daß Gottes erwählende Liebe menschliches Leben und Lieben erst ermöglicht, indem diese uns Menschen erst zur Gemeinschaft, zur Solidarität befreit und überhaupt befähigt.
Der Gedanke der Erwählung fasziniert. In einer Umwelt, in der heute viele Menschen orientierungslos leben und sich in spekulativen pseudoreligiösen Dingen verlieren, ist es wichtig zu wissen, mein Leben irgendwo festzumachen, so daß ich weiß, woher mein Leben kommt, welchen Sinn es mir schenkt und wie mein Leben sich weiter vollzieht. Die biblische Aussage, daß Gott mich durch die Taufe erwählt hat und in ein neues Leben gestellt hat, gibt meinem Leben eine Art »Versiegelung«, so daß es strapazierfähiger wird und sogar einen schönen Glanz erhält. Gottes Treue hält! Ich darf mich darauf verlassen, daß seine Zusage der Liebe und Treue Gottes meinem Leben eine Bestimmung gibt, daß ich nicht getrieben bin im endlosen Vakuum des Universums, sondern daß mein Name und mein Leben in einen heilsgeschichtlichen Zusammenhang gestellt ist, der mich liebevoll ins Leben führte, mein Leben durch Höhen und Tiefen begleitet und selbst nach meinem Leben mir die Geborgenheit der Gegenwart des ewigen Vaters glaubend vor Augen malt. Ich darf fühlen, daß ich in dieser Welt willkommen bin, kein biologischer Zufall, sondern ein genialer Einfall des Schöpfers bin und daß durch mein Leben eine Menge an Liebe und guten Dingen auf meine Umwelt zurückkommen kann, weil Gott durch seine Erwählung vielleicht auch an mich glaubt. Israel staunte angesichts der Herausführung aus Ägypten über das Wunder der Erwählung, neutestamentlicher Glaube staunt dabei über die befreiende und wohltuende und auf den Weg bringende Nähe Gottes in Christus Jesus.

Vorschläge zur Liturgie

Lieder
Graduale EG 200 »Ich bin getauft auf deinen Namen«;
EG 565 (Anhang Niedersachsen) »Mein Schöpfer, steh mir bei« (bes. V. 4);

EG 272 »Ich lobe meinen Gott von ganzem Herzen«
EG 623 (Anhang Niedersachsen) »Die Erde ist des Herrn«
EG 209 »Ich möchte, daß einer mit mir geht«
EG 211 »Gott, der du alles Leben schufst«

Meine Zeit steht in deinen Händen:
Ref.: Meine Zeit steht in deinen Händen. Nun kann ich ruhig sein, ruhig sein in dir. Du gibst Geborgenheit, du kannst alles wenden. Gib mir ein festes Herz, mach es fest in dir.
1. Sorgen quälen und werden mir zu groß. Mutlos frag ich, was wird morgen sein? Doch du liebst mich, du läßt mich nicht los. Vater, du wirst bei mir sein.
2. Hast und Eile, Zeitnot und Betrieb nehmen mich gefangen, jagen mich. Herr, ich rufe: Komm und mach mich frei! Führe du mich Schritt für Schritt.
3. Es gibt Tage, die bleiben ohne Sinn. Hilflos seh ich, wie die Zeit verrinnt. Stunden, Tage, Jahre gehen hin, und ich frag wo sie geblieben sind?
(Text und Musik: Peter Strauch, © Hänssler Verlag, Neuhausen-Stuttgart)

Daß du mich einstimmen läßt:
Ref.: Daß du mich einstimmen läßt in deinen Jubel, o Herr, deiner Engel und himmlische Heere, das erhebt meine Seele zu dir, o mein Gott; großer König, dir sei Lob und Ehre!
1. Herr, du kennst meinen Weg, und du ebnest die Bahn, und du führst mich den Weg durch die Wüste.
2. Und du reichst mir das Brot, und du reichst mir den Wein und bleibst selbst, Herr, mein Begleiter.
3. Und du sendest den Geist, und du machst mich ganz neu und erfüllst mich mit deinem Frieden.
4. Und nun zeig mir den Weg, und nun führ mich die Bahn, deine Liebe zu verkünden.
5. Gib mir selber das Wort, öffne du mir das Herz, deine Liebe, Herr, zu schenken.
6. Und ich dank' dir, mein Gott, und ich preise dich, Herr, und ich schenke dir mein Leben.
(Text und Melodie: Kommunität Gnadenthal © Präsenz-Verlag, 65597 Gnadenthal)

Gruß
»Fürchte dich nicht, ich habe dich erlöst, ich habe dich bei deinem Namen gerufen, du bist mein«, – mit diesen vertrauten Worten des Wochenspruches grüße ich Sie und Euch heute zum Gottesdienst am 6. Sonntag nach Trinitatis. Dieser Sonntag gilt innerhalb unseres Kirchenjahres als Taufsonntag, als der Tag, wo wir Kinder in die Liebe Gottes und auf den Namen Jesu Christi taufen, aber auch als Sonntag, wo wir uns als getaufte Christen daran erinnern lassen, was unser Leben bestimmt? Ich wünsche uns für diesen Gottesdienst viele gute Gedanken. Möge Gottes guter Geist mitten unter uns sein.

Hinführung zum Gloria patri
Gott, gnädig und barmherzig bist du, du hast uns erwählt in deinen ewigen Bund. Wir dürfen zu dir gehören und den Menschen, die dir und deinen Geboten folgen. Dankbar nehmen wir das zur Kenntnis und singen das Loblied auf deinen heiligen Namen:
Kyrie-Gebet
(mit einer der Kyrie-Strophen des EG)
Wenn wir in unser Leben hineinschauen, so gibt es da manches, was im unreinen ist. Manchmal sind wir bewegt durch die Frage, was gibt unserem Leben eigentlich noch einen Sinn? Oft sind wir dabei so gedankenlos und folgen den Trends und Meinungen. Gott der Güte, vergib uns. Kyrie ...
Wenn wir in unser Leben hineinschauen, dann gibt es da so manches, was uns belastet, Situationen, wo wir falsche Entscheidungen trafen, Menschen, die wir verletzt haben, Gedanken, die nicht zu einer Entschuldigung führten. Das tut uns herzlich leid, deshalb bitten wir dich: Kyrie ...
Wenn wir in unser Leben hineinschauen, dann spüren wir den Wunsch nach einem heilen Leben, das wir spüren, daß unser Leben aufgehoben ist und daß du unser Leben geheimnisvoll begleitest. Laß uns mehr davon spüren, laß es uns zur Gewißheit werden, dann - wenn der Kleinglaube sich durchsetzen will. Deshalb bitten wir dich: Kyrie ...

Überleitung zum Gloria in excelsis
Jesus, der Christus spricht: »Kommt her zu mir, alle, die ihr mühselig und beladen seid, ich will euch erquicken.« Das tut gut zu hören, das ist die Wohltat unseres Glaubens. Deshalb können wir guter Dinge und mit lieben Gedanken singen:

Kollektengebet:
Ja - mein Gott - wir gehören zu dir, in deine Gemeinde und zu den Menschen, die du lieb hast, die du erwählt hast zu einem Leben, das aus deiner Liebe kommt. Laß uns mit guten Gedanken diesen Weg der Liebe in der neuen Woche gehen in der Gewißheit, daß du uns begleitest. Gott, wir danken dir dieses durch Jesus Christus, deinen lieben Sohn, der mit dir in der Gemeinschaft des Heiligen Geistes lebet und regieret von Ewigkeit zu Ewigkeit. Amen.

Biblische Lesungen
Psalm 121 = EG 749;
Epistel: Römer 6,3–8 (9–11);
Evangelium: Matthäus 28,16–20
Textparaphrase zu Dtn 7,6–11 (anstelle der Epistel)
Israel, du bist erwählt aus vielen Völkern,
heilig nennt man dich, von Gott bist du erwählt,
du darfst dich zählen zu seinem Eigentum.

Aus allen Völkern dieser Erde bist du erwählt worden.
Gott erwählte euch nicht,
weil ihr größer und stärker wärt als andere Völker,
sondern weil er euch in seine Liebe eingeschlossen hat,
um damit auch zu seinem Bund zu stehen,
den er mit eueren Vätern und Müttern geschlossen hat.
Das ist auch der Grund,
warum er euch damals aus Ägypten befreit hat,
erlöst hat aus der Macht der Knechtschaft.
Erinnert euch an die Gebote.
Dort könnt ihr erfahren: Es gibt nur einen Gott,
er ist treu und barmherzig all denen gegenüber,
die gerne seine Gebote halten und ihn lieben.
Unser Gott ist aber auch ein zorniger Gott,
jene, die sich nicht an seine Gebote halten,
denen wird er seine ganze Härte zeigen.
So seid nun bereit, seine Gebote und Gesetze zu halten,
richtet euer Leben danach aus.

Fürbittengebet
Du, unser Gott, wie ein Vater und eine Mutter bist du zu uns. Du hast uns in der Taufe das neue Leben geschenkt. Wir danken dir. Mit der lebenschaffenden Kraft des Wassers, das in ewige Leben quillt, erfüllst du uns. Gründe uns, wir bitten dich, tief in dir, in deinem Wort, damit wir aufnehmen, was du uns geben willst, dem Baume gleich, das an den Wasserbächen gepflanzt ist.
Gott, du hast unsere Welt geschaffen, du hältst uns in deiner Hand, du hast uns bei unserem Namen gerufen, unsere Tage nehmen wir von dir, die gücklichen und die schweren Stunden. Als schuldig Gewordene läßt du uns nicht fallen, unser Lachen und unser Weinen segnest du. Wir danken dir und singen dein Lied mit vielen Getauften in der Gemeinde, dein Lied öffnet uns die Augen und kräftigt unsere Füße für den Weg des Friedens. Wir stehen vor dir, um für alle Menschen einzutreten, die sich abgelehnt, verlassen und mißhandelt sehen, die keine Worte mehr finden, sprachlos geworden sind in ihrem Leiden. Wir bitten dich für die Kraftlosen, die Müden und die Kranken, für die Fremden und die Heimatlosen und Stadt und Land. Laß sie alle deine Wärme spüren und deine Macht erfahren, in Menschen, die du berufst, erleuchtest und stärkst. Erfülle deine Verheißungen durch Jesus Christus, deinen Sohn. Amen.
(nach: Neue Eingangs- und Fürbittengebete für die Sonn- u. Feiertage des Kirchenjahres. Hrsg. v. W. Brinkel/H. Hilgendiek, © Gütersloher Verlagshaus, Gütersloh)

Vorschlag zur Predigt

Möglicher Anfang

Da saßen sie nun – die Gemeinde der Israelis und mußten sich einen Lehrvortrag als Predigt in Sachen »Back to the roots« anhören. Klar, sie kannten noch die Geschichten ihrer Väter und Mütter aus vergangenen Zeiten, Geschichten, auf denen der Staub der Zeit sich lagerte. Auch die glorreichen Zeiten eines Davids und Salomos waren vorbei, das Nordreich wurde erobert und der Rest des Volkes, z. T. gefangen und mutlos in ihren Stammgebieten des Südens. Aber ehrlich gesagt, so ganz übel ging es ihnen nicht, denn die Gewohnheiten und die Religionen der Nachbarvölker brachten auch angenehme Sachen mit sich. Sichtbare Gottheiten innerhalb der Naturreligionen, raus aus der Strenge der Gebote und Vorschriften der Väter, das hatte was für sich. Sie waren so an der Grenze, ihren Glauben, ihre Herkunft und auch ihre Bestimmung aufzugeben.

Da saßen sie nun – mit gesenktem Haupt und ließen die Predigt jener Männer über sich ergehen, die wieder an den Glauben an Jahwe erinnerten, an den Schöpfergott, an den Gott, der sein Volk führte, der es liebte, der es herausrief aus der Knechtschaft Ägyptens, ein Gott, der sich in den Geboten zu erkennen gab. Dieser Gott ist ein leidenschaftlicher Gott, der Gott, der zu dem steht, was er versprochen hat. Der Prediger wird nicht müde, seine Gemeinde auf diesen Gott wieder hinzuweisen, den Blick zu schärfen für das, was wirklich wichtig war, ist und bleibt. Er erinnert in seiner Predigt vor allem an das erste Gebot, daran, daß es nur einen Gott gibt, daß man keinen anderen Göttern und Götzen nachlaufen soll. In dieser Erinnerung an den Gott der Gebote fügt der Prediger einen wichtigen Gedanken an. Er sagt: Ihr seid das auserwählte Volk, euer Gott hat euch aus der Masse der Bedeutungslosigkeit herausgeholt, er hat euch erwählt sein Volk zu sein, sein Stolz vor den Menschen. Und was macht ihr? Seid ihr euch dieser Wahl überhaupt noch bewußt?

Gedankenskizze zum weiten Verlauf

Ein Volk, das sich erwählt weiß, oder Menschen, die sich erwählt wissen, haben ein Fundament. Ich würde jetzt erzählen, daß Gott erwählende Liebe menschliches Leben ermöglicht, daß wir durch seine Liebe erst zur Gemeinschaft befähigt werden.

Ich möchte jetzt den Erwählungsgedanken aus dem AT erklären und diesen mit hinübernehmen in die Zeit des Neuen Bundes. Erklären möchte ich, daß durch die Taufe auch wir allein aus Gottes Willen heraus zu seinen Menschen uns zählen dürfen, zur Gemeinde Christi, zu denen, die aus seiner Liebe heraus zu leben und zu handeln versuchen. Das stellt mein Leben in einen weiten Horizont, so daß ich mir die Fragen eines woher und eines wohin meines Lebens besser beantworten kann. Das Leben ist kein Zufallsprodukt der Natur, sondern gottgewollt und deshalb auch durch ihn erwählt.

Durch die Taufe haben wir Geschichte, Gegenwart und Zukunft, denn die Taufe gilt für das Leben, für den Tod und für die Auferstehung Jesu Christi. Der rote Faden durch mein Leben, wie formuliert sich dieser? Mit Hilfe des Textes und des Erwählungsgedankens kann ich mir eine gute Antwort zurechtlegen: Mein Leben kommt aus Gottes unendlicher Liebe, mein Leben vollzieht sich in dieser Zeit dadurch, daß der Glaube meinem Leben Qualität und Gehalt gibt, am Ende meiner Tage darf ich glauben, daß diese Liebe bleibt und man Gottes Gegenwart innerhalb und außerhalb der Lebensgrenzen spüren darf. Das ist für mich das Geschenk des Glaubens, ein Geschenk, daß so gut tun kann, ein Geschenk, daß mein Leben manchmal heilsam korrigiert und infrage stellt, aber eine Erwählung, die mich nicht fallen läßt. Gottes Gedanke, sein Geist in mir und in uns - was für ein Glaube! Ich würde von Menschen erzählen, an denen so ein Glaube beispielhaft erkennbar geworden ist. Ich denke nicht nur an die VIPs der Glaubengeschichte, sondern mehr an die, die um uns leben und an Menschen, die uns den Glauben so liebevoll und ehrlich vorleben.

Möglicher Schluß
Ja - das ist das Sonderbare an dieser göttlichen Liebe. So verhält sich unser Gott. Erwählung des winzigen und unbedeutenden Israels aus Liebe. Ohne Vorbedingungen und Hintergedanken. Diese Liebe zu seinem Volk läßt sich verfolgen durch die Jahrhunderte bis hin in die heutige Zeit, gerade auch zu den Zeiten, wo das Volk durch menschliche Verbrechen darniederlag. Wir Christen glauben, daß Gott einen neuen Bund geschlossen hat in Christus Jesus. Der Alte Bund bildet dabei eine wichtige und nicht wegzudenkende Vorstufe, damit sich Gott aller Menschen zuwenden kann. Deshalb dürfen wir glauben, daß Gottes Liebeswille auch uns ganz persönlich trifft, die wir in seine Liebe hineingetauft worden sind. Wir sind dadurch herausgeholt aus der Anonymität der Menschen, wir sind aufgefordert, aus dieser Liebe zu leben in Verantwortung vor Gott, vor uns selbst und vor den Menschen, die uns anvertraut sind. Wir schwimmen nicht im endlosen Meer einer gleichgültig gewordenen Welt, sondern wir gehören in den Bund Gottes hinein, zu den Menschen des Alten und Neuen Bundes, zu denen, die Gott erwählt hat, sein Wort hier in der Gemeinde zu bezeugen. Vielleicht ist das wie eine Krone, die uns dadurch geschenkt ist. Eine Krone - unsichtbar und unvergänglich, eine Krone aber auch, auf der geschrieben steht: Du gehörst zu mir, du bist erwählt, du bist geliebt.

7. Sonntag nach Trinitatis

Annäherungen an den Predigttext Johannes 6,30–35

Hannes-Dietrich Kastner

Aus einer »Offenen Gesprächsrunde« mit erwachsenen Gemeindegliedern. Die Gruppe hat sich auf den Text einstellen können. Sie findet den Abschnitt in unterschiedlichen Übersetzungen vor (Martin Luther 1545 / Martin Luther 1984 / Einheitsübersetzung / King James Version, Revision 1952 / Fridolin Stier / Walter Jens).

Die erste Bemerkung: Wie kann man der Gemeinde einen solchen Torso zumuten? Wer den Abschnitt zu Hause in seinem Zusammenhang wahrgenommen hat, kann sich nur wundern. Das Kapitel 6 stellt doch eine Einheit dar. Hatten die Gesättigten Jesus bereits bei der Brotvermehrung gründlich mißverstanden (sie wollen ihn zum König ausrufen), so setzt sich dieses Mißverstehen jetzt weiter fort (V. 30). Sie befragen Jesus, woher er das Recht bezieht, sich in seinem Tun auf Gott zu berufen. Darum fordern Sie einen Ausweis oder Beweise.

– Sie erwarten etwas »Übermenschliches«, das sie überzeugen könnte.

– Vielleicht haben einige auch ganz elementare Defizite bei sich entdeckt und hoffen nun darauf, daß Jesus diese Defizite ausgleicht.

– Ob »Brot« hier überhaupt für »Führungskraft« steht?

– Das glaube ich nicht. Denn bei der Nennung des Mose in V. 32 wird ja gerade nicht seine Person herausgestellt, sondern betont, daß er nur Mittler ist, jedenfalls nichts aus sich heraus gibt.

– Worüber sich die Menschen wohl schon immer erregen, ist Jesu Behauptung, daß Jesus nicht nur »Brot vom Himmel« zur Verfügung habe, sondern daß er selber dieses »Brot vom Himmel« sei. Das klingt ziemlich anspruchsvoll und sogar anmaßend.

– Es verliert aber etwas von seiner Anstößigkeit, wenn wir »Brot vom Himmel« wirklich symbolisch verstehen. Aber das fällt mir selber oftmals schwer. Mir ergeht es da ähnlich wie Petrus, der sich bei der Fußwaschung (Joh 13) zunächst ziert, danach aber, als Jesus ihm die Symbolik dieser Geste erklärt, maßlos ein Vollbad wünscht (V. 9) und insofern abermals sein Unverständnis zeigt. Wie schwer wir uns mit symbolischer Rede überhaupt tun, hat Harald Duwe 1978 in einem Abendmahlsbild dargestellt. Man sieht dort zwölf in Anzügen gekleidete Herren. Sie beugen sich über einen gedeckten Tisch und sind sprachlos, verlegen. Denn dort liegen auf Tellern und Schalen Jesu durchbohrte Hand, sein Herz und sein Haupt, und dies alles realistisch gemalt. Wir verstehen wirklich oftmals kaum etwas von Jesu Worten und Bildern.

- Ob der Jude Jesus mit diesen Worten und in diesen Bildern gesprochen hat, oder ob wir damit rechnen müssen, daß der Evangelist ihm diese Worte in den Mund gelegt hat?
- Es hat für mich etwas Befremdliches, wenn einer so selbstsicher »Ich bin« sagt.
- Ich höre dabei heraus, daß Jesus so etwas wie eine Sendung in sich verspürt, über die nicht zu diskutieren ist. Er ist sich ganz sicher, daß er sich als »Brot des Lebens« auszugeben hat. Er will dieses Brot jedenfalls nicht für sich alleine verzehren.
- Darf ich bei der Brot-Bitte des Vaterunseres eigentlich nur an das tägliche Brot denken, was wir zum Überleben brauchen, oder darf ich dort auch dieses »Brot des Lebens« assoziieren?
- Ich habe Jesus immer so verstanden, daß er da kein Brot gegen das andere ausspielt.
- Wir brauchen immer beide Brot-Sorten, die geistige Nahrung und die leibliche, »das Brötchen und die Zeitung«.
- Mir fällt wieder einmal Dorothee Sölles Aufsatz »Der Tod am Brot allein« aus ihrem Buch »Die Hinreise, Stuttgart 1976, Seite 7–23, ein. Es gibt ganz unterschiedliche Möglichkeiten, Menschen auszuhungern. Der Brotentzug ist nur eine Möglichkeit. Jemanden wie Luft zu behandeln, funktioniert auch totsicher.
- Jesus reflektiert sorgfältig, woher das lebenschaffende Brot kommt. Das kommt bei der Übersetzung von Walter Jens besonders zu Geltung.
- Jetzt entdecke ich eine Möglichkeit, die meine Distanz zu Jesus deutlich mindert. Im Kapitel 7,38 sagt Jesus, daß auch aus uns Ströme lebendigen Wassers fließen können, so daß V. 35 in unserem Absschnitt wohl nicht exklusiv auf Jesus bezogen gilt. Ich kann für andere zum Brot oder auch zum erfrischenden Trank werden.

Mir fällt in diesem Zusammenhang Peter Bichsels Erzählung »Ein Tisch ist ein Tisch« ein, die es seit 1995 auch in einer Bilderbuchfassung gibt (Suhrkamp-Verlag, Frankfurt). Der alte Herr, von dem dort die Rede ist, verhungert; und da gibt es tatsächlich niemanden in der Nachbarschaft, der dieses geistige Verhungern des alten Mannes bemerkt. Dieser Herr bricht irgendwann aus dem Gleichmaß seiner Tage aus, aber der Ausbruch führt ihn tragischerweise in eine Sonderwelt. Er legt sich eine eigene Sprache zu, und im Laufe der Zeit versteht er die anderen Menschen nicht mehr. Und er wird auch nicht mehr verstanden.

- Ist es denn erlaubt, sich vorzustellen, daß wir einfachen Menschen füreinander zu Christus-Gestalten werden?
- Mich irritiert ein solcher Gedanke nicht. Warum muß denn immer eine riesige Entfernung zu Christus eingehalten werden? Er kommt uns näher,

kommt zu uns herunter, und wir werden etwas mehr gewürdigt. Mir wird etwas zugetraut. Das schadet doch nicht.
- »Ich bin« - so möchte ich auch gerne sagen können. Die Mystiker sind, wie ich irgendwo einmal gelesen habe, natürlich sehr vorsichtig und sagen, daß eine bloße Selbstdarstellung etwas Zerstörerisches an sich habe. Wenn ich mich aber als von Gott empfangen glaube, dann hat das »Ich bin« einen sehr freien und schönen Klang.

Zum Gottesdienst

Helmut Gröpler

Exegetisch-homiletische Skizze

Auf die Frage, warum er Christ geworden sei, antwortete ein japanischer Philosophiestudent: »Es hat mich überwältigt, daß mein Leben nicht von unfaßbaren Mächten beherrscht wird, sondern von einer Person, die mein Bestes will und der ich vertrauen kann: Jesus.« Zu ihm lädt Johannes ein. Er weiß, daß das Heil im Christus praesens liegt. Das »Brot« ist keine neue Lehre, über die man endlos diskutieren könnte, es will wirklich »gegessen«, aufgenommen werden. Es geht um eine hautnahe Beziehung: Mit IHM auf dem Wege sein und bleiben. Um dieses eine Kriterium »Kommen«, das hier parallel mit »Glauben« gebraucht wird. »Glauben heißt in der Bibel oft nichts anderes als *satt werden,* an Leib und Seele satt werden« (E. Jüngel). Mehr als bei den Synoptikern steht Jesus von Anfang der Speisungsgeschichte (V. 1-15) an inmitten der Volksmenge und reicht *allen* das Brot. Es ist weniger Nothilfe als »Zeichen« seines Angebots. Trotz vieler Umstellungsversuche der Textzeilen (schon in Tatians Diatessaron) kann man doch das ganze Kapitel 6, das »thematisch die Selbstoffenbarung Jesu als Brot des Lebens bietet und konsequent durchführt, eine wohldurchdachte Komposition und geschlossene Einheit« (R. Schnackenburg), ja als »die großartigste Darstellung des Zusammenhangs von Wort und Sakrament im NT« (Goppelt, ThWB VII, 236 f.) verstehen.
Aus einer literarischen Einheit nur wenige Verse - eben eine Perikope - zu bedenken, ist immer mißlich, besonders in unserem Text, weil der Gedanke mit Vers 35 einen Höhepunkt erreicht, der sakramentale Aspekt aber erst später (ab Vers 51) zur Sprache kommt.
Unser Text besteht aus drei Abschnitten.
1. Die Verse 30-32 a könnten überschrieben werden: Wir brauchen Brot. Die Bibel spricht unbefangen lebensfroh vom Essen und Trinken. (Gott

läßt Gras wachsen für das Vieh und Saat zu Nutz den Menschen. Gott erfüllt die Herzen der Menschen mit »Speise und Freude«, Apg 14,17) – Jesus lehrt uns, um das zu bitten, was wir für den jeweiligen Tag zum Leben benötigen. Wir brauchen das Brot. Und werden hoffentlich unruhig, wenn wir hören, daß wegen des Wachstums der Weltbevölkerung viele Menschen nichts zu essen haben.
Wer je in seinem Leben Hunger hatte, weiß, was die Brotfrage bedeutet. Und doch fordert Jesus die Menschen auf: »Verschafft euch eine Speise, nicht, die vergänglich ist, sondern die bleibt (Johannes Schneider: ›vorhält‹) in das ewige Leben.« Die Menschen sollten begreifen, daß es mit dem Sattwerden allein nicht getan sein kann.
2. Jesus weckt den Hunger nach Lebensbrot. (32 b–34). Jesus lehrt nicht, auf einen großen Glauben, aber auf *die große Wirklichkeit* zu blicken: »Mein Vater gibt euch das rechte Brot vom Himmel«; denn lebendigen Glauben gibt es immer nur so lange und insofern, als er ein dankbar-unaufhörliches Nehmen und Empfangen von »Gottes Brot« ist. Jesus will das irdische Brot nicht abwerten, aber seine Gabe ist »etwas radikal anderes als das, was der Mensch für sich begehrt, und doch genau die Erfüllung dessen, wonach der Mensch eigentlich hungert« (Goppelt, ThWB VII, 236). »Das sind Worte für Lebenshungrige. Angesprochen sind alle, die den großen und unersättlichen Hunger nach Leben kennen. Es ist gut, daß sie ihn kennen. Denn wer Hunger hat, wird nicht achtlos an einem angebotenen Stück Brot vorübergehen.« (E. Jüngel, Schmecken und Sehen, 1983, Predigtanfang).
3. Jesus ist selbst das tägliche Brot des Lebens (35). Es geht um das Christusbrot. Nicht um das, das er gibt, sondern um das, das er *ist.* Ihr sucht Brot? Das, worauf ihr aus seid, habt ihr in *mir.*
In Christus finden wir alles, was wir zum Leben brauchen und was uns mit Sinn erfüllt.
Sehr schön sagt Johannes Schneider in seinem Johannes-Kommentar: »Das wahre Gottesbrot ist also nur in seiner Person da, nirgends sonst. Darum kann man es nur haben, wenn man zu ihm kommt. Wer das tut, der wird, wie es im Anschluß an Sir 24,19.21 (LXX) und Spr 9,5 heißt, niemals mehr hungern und dürsten. Es gibt volle Sättigung, weil es in sich ewiges Leben hat« (Seite 149). Der Text lädt zum Vertrauen ein.

Vorschläge zur Liturgie

Lieder

EG 221 Das sollt ihr, Jesu Jünger, nie vergessen (Wochenlied)
EG 418 Brich dem Hungrigen dein Brot
EG 326 Sei Lob und Ehr dem höchsten Gut
EG 456 Vom Anfang der Sonne (Kanon)

Wir leben nicht allein vom Brot (Mein Liederbuch 1 B 5)
Ein jeder braucht sein Brot (Mein Liederbuch 1 B 69)

Eingangsgebet

Vater, (oder: Gott, ...)
hungrig bleiben wir, bis du uns sättigst.
Unruhig bleiben wir, bis du uns Ruhe schenkst,
laß uns beides finden: Erfüllung und Ruhe in dem, was du uns reichst.
Durch Jesus Christus, unsern Herrn.
(nach: Bad. Agende, 9. Lieferung 1987)

Kollektengebet

Gott des Lebens, von dir kommt das Brot der Erde und das lebendige Brot des Himmels. Wir bitten dich: Laß uns deine Gaben dankbar empfangen und austeilen an alle, die sie brauchen. Durch unsern Herrn Jesus Christus, deinen Sohn, der mit dir und dem Heiligen Geist lebt und regiert von Ewigkeit zu Ewigkeit. Amen.
(nach: Bad. Agende, 9. Lieferung 1987, 7. Sonntag nach Trinitatis)

Russisches Gebet bei der Aussaat

Gott, gestalte, vermehr und laß gedeien, daß es reicht für jedermann: für die Hungernden und die Verwaisten, für die Begehrenden und die Bittenden und für die, die es sich nehmen, für die, die Gott preisen, und auch für die, die undankbar davongehen.
(nach: Jörg Zink, Wie wir beten können - Stuttgart 1970, 244 f.)

Unser Brot

Unser tägliches Brot, Gott im Himmel, gib uns, damit wir nicht hungern. Gib uns das Brot. Gib uns den Frieden. Gib Brot und Frieden allen Menschen. Auch das Wort ist Brot.
Gib uns Phantasie, damit uns ein Wort einfällt, denn es ist Brot für andere. Laß uns ein Wort einfallen, wenn Streit ist, Angst oder Verdacht. Laß uns tägliches Brot sein für die Menschen, die nicht leben können ohne unser Wort. Gib tägliches Wort durch unseren Mund.
Gott im Himmel, unser Glaube besteht nicht ohne dein Wort. Durch dein Wort lebt er wie durch Brot. Wir sind so stark wie unser Glaube, wir haben soviel Standfestigkeit wie unser Glaube, soviel Lebenskraft wie er. Wir leben von deinem Wort.
Dieses tägliche gute Wort, Gott im Himmel, gib uns heute!
Du hast uns allen das Brot und das Wort gegeben seit all den Jahren, in denen wir Frieden genießen. Mach uns nun zum Brot für die Hungernden in der Welt: für die, die in der Ferne nach Brot hungern, und die, die in der Nähe unser Wort brauchen. Unser tägliches Brot gib uns durch unsere Hände und unser Wort.

Präfation: Dank dem Tischherrn
Wir wollen Dir danken, Gott, von ganzem Herzen, im Vertrauen auf Dein Wort und in der Verbundenheit mit allen deinen Christen durch Jesus Christus, unseren Herrn. Denn er hat unsere Schuld mit Deiner Liebe beantwortet; er ließ sich ans Kreuz schlagen, damit wir leben können. Du hast ihn zum herrn der Welt gemacht, hast ihm einen Namen gegeben, der über allen Namen ist, den die Glaubenden loben, die Ungläubigen fürchten und alle Kräfte Deiner Schöpfung preisen. Mit ihnen zusammen, Gott, erklingen unsere Stimmen voller Freude über Deine Güte. Laß Dich von uns anrufen und anbeten im Lobgesang Deiner Kinder ...
(nach: Mit Gott reden, Gütersloher Verlagshaus, 3. Aufl. 1973, Seite 169 und 170)

Nach dem Abendmahl
Wir danken Dir, Gott der Barmherzigkeit, daß Du uns durch die Gabe Deiner Gegenwart zusammenführst und zusammenhältst in Deiner Gemeinde. Wir danken Dir, daß Du uns durch dic Fcicr Deines Ileiligen Abendmahls sichtbar gemacht hast: Wir gehören zu Dir! Wir danken Dir für den Zuspruch der Vergebung, des neuen Lebens und der festen Zuversicht auf Deine Hilfe durch Jesus Christus, Deinen Sohn, unseren Herrn.

Vorschlag zur Predigt

Möglicher Predigtanfang
In der Jakobstraße in Paris liegt ein Bäckerladen, in dem viele Menschen einkaufen. Der Besitzer hält gute Waren bereit. Aber nicht nur deshalb kommen die Leute. Der alte Bäckermeister weiß, daß man Brot nicht nur zum Sattessen braucht. Deshalb hat der für die Kunden stets ein paar freundliche Worte bereit. Den Busfahrer Gérard redete er beim Brotkaufen persönlich an: »Sie sehen bedrückt aus.« - »Ich habe Angst um meine kleine Tochter«, antwortete der Busfahrer, »sie ist gestern aus dem Fenster gefallen, vom 2. Stock!« - »Wie alt?« fragte der Bäcker. - »Vier Jahre.« - Da nahm der alte Bäcker ein Stück vom Brot, das auf dem Ladentisch lag, brach zwei Bissen ab und gab eins Gérard. »Essen Sie mit mir, ich will an Sie und Ihre Tochter denken.« Der Busfahrer hatte so etwas noch nie erlebt, aber er verstand sofort, was der alte Bäcker meinte, als er ihm das Brot in die Hand gab. Und sie aßen beide ihr Stück, schwiegen und dachten an das Kind im Krankenhaus.
Zuerst war der Busfahrer der einzige Kunde in dem Laden. Dann kam eine Frau herein. Sie hatte auf dem nahen Markt zwei Tüten Milch und Blumen geholt und wollte nun noch ein Brot kaufen. Bevor sie ihren Wunsch sagen konnte, gab ihr der Bäckermeister ein kleines Stück Weißbrot in die Hand und sagte: »Kommen Sie, essen Sie mit uns: Die Tochter dieses Herrn liegt

schwer verletzt im Krankenhaus - sie ist aus dem Fenster gestürzt. Vier Jahre ist das Kind. Der Vater soll wissen, daß wir ihn nicht allein lassen.« Und die Frau nahm das Stückchen Brot und aß mit den beiden.
Dieses Stück Brot war mehr als Brot. Es knüpfte Kontakte. Es verband Menschen untereinander. Es vermittelte einen Impuls der Hoffnung.
Du, sagte dieses Stückchen Brot, du bist nicht allein! Jetzt denkt jemand an dich! Der Bäcker verstand es, einem schwergeprüften Vater durch ein wenig Brot zum Leben zu helfen - trotz der schlimmen Erfahrung des Unfalls.
Ein wenig Brot kann mehr als Brot sein, liebe Gemeinde. Das haben wir in der Lesung des Evangeliums gehört. Das möchte uns auch unser Predigttext sagen.

Zum weiteren Verlauf
»Ich bin das Brot des Lebens.« Christus ist als der Gute Hirte da. An den 23. Psalm werde ich erinnert: »Er weidet mich auf einer grünen Aue und führet mich zum frischen Wasser.«
Jesus nimmt, was das ist, dankt dafür und lobt Gott wie jeder jüdische Hausvater über dem Brot mit den Worten: »Gepriesen seist du, Herr, Gott des Himmels und der Erde, der du das Brot aus der Erde hervorgehen läßt.« Dann greift Jesus hinein in den Überfluß der Fülle dessen, der gibt. Und reicht ihn weiter, teilt ihn aus und alle werden satt. Niemand geht leer aus. Die Wirklichkeit des Guten Hirten ist in dieser Welt und in unserem Leben da. Auf sie können wir uns einlassen. Sie ist anwesend und verebbt nicht. Ein neues Vertrauen soll gefestigt werden. Jeder, der Lebenshunger hat, soll nicht enttäuscht werden. Ihnen wird Brot angeboten: das Brot des Lebens.
Durch das, was Jesus Christus sagt und tut, teilt er mit: Ich bin da für euch. Ich möchte euch nicht nur in einer momentanen Verlegenheit sattbekommen, sondern euren Hunger nach Freude und Freiheit stillen, nach Geborgenheit und Glück, nach Leben und Lebenssinn, nach Verständnis und Verstehen. Und deshalb vermehre ich keine Krümel und bereite keinen Imbiß, sondern gebe euch das Brot der Liebe und das Brot der Hoffnung, das Brot der Nähe und das Brot der Gemeinschaft, das Brot der Tröstung und das Brot der Vergebung. Und zwar nicht nur für fünfzig Minuten oder für drei Stunden, sondern über den Tag hinaus. Für heute und für morgen gebe ich euch das Brot des Lebens. Davon könnt ihr leben Tag für Tag.
»Wer zu mir kommt, den wird nicht hungern; und wer an mich glaubt, den wird nimmermehr dürsten.« Wenn ihr mich hineinnehmt in euer Leben, dann spürt ihr meine Liebe im eigenen Leibe, dann ist meine Nähe euch Hilfe und Halt. Dann empfangt ihr, was ihr zum Leben braucht und diese Beziehung zu mir erweist sich als klare Wirklichkeit. Für die Empfangenen nimmt die Welt Gottes unter den Menschen Gestalt an. Das kann

man ausprobieren. Manchmal haben Wunder in unserem Leben natürliche Ursachen. Es macht keinen Unterschied, wenn das Brot der Liebe und das Brot der Hoffnung in kleinen Rationen aus menschlichen Händen kommt, aus menschlichem Mitgefühl, aus menschlicher Anteilnahme und Hilfsbereitschaft. Es ist ja das Brot der Liebe und der Hoffnung, das zum Leben hilft. Und deshalb kommt es von Gott. Manchmal sendet uns Gott einen Boten oder Helfer. Und manchmal möchte er uns dazu gebrauchen, einem anderen Hilfe zu sein, selbst eine Gabe für andere.
Wolfgang Borchert erzählt eine Geschichte, die er »Das Brot« überschreibt. Es ist die Geschichte von einer Frau und einem Mann.
Eines Nachts wacht die Frau plötzlich auf. Ein Geräusch hat sie geweckt. Es war, als ob in der Küche jemand gegen einen Stuhl gestoßen sei. Draußen findet sie ihren Mann. Er habe etwas gehört, sagt er, da sei er hinausgegangen, um nachzusehen. Sie spürt ihm an, daß er lügt. Da sieht sie auch schon das Brotmesser neben dem Teller und die Brotkrumen auf dem Tisch. Das war es also, daß er sich aus Hunger heimlich vom Brot geholt hat. So etwas gab es in jener Zeit nach dem Krieg des öfteren. Hunger tut weh. Die Frau spürt, wie ihr kalt wird. Doch es macht ihr wohl nicht nur die Kälte der Nacht zu schaffen. Etwas steht zwischen den beiden trotz der neununddreißig Jahre, die sie verheiratet sind. Dies nämlich, daß einem der Magen knurrte und daß er seinen Hunger mit dem Brot zu stillen versuchte, das er dem anderen wegnahm.
Die Frau sagt jedoch nichts. Als sie wieder im Bett liegen, hört sie den Mann leise neben sich kauen. Dennoch schläft sie ein. Wie wird sie erwachen? Mit Groll, mit dem bitteren Gefühl dessen, der sich hintergangen fühlt? Als der Mann am Abend nach Hause kommt, legt sie ihm statt der gewohnten drei Scheiben Brot vier auf den Teller. »Ich kann dieses Brot nicht so recht vertragen«, sagt sie dazu und hält ihr Gesicht im Schatten, vielleicht, damit er nicht sieht, wie sie dabei rot wird. »Iß du man eine mehr.«
Und plötzlich ist da zwischen den beiden nicht mehr nur Enttäuschung und Unaufrichtigkeit, sondern noch etwas anderes: ein Brot, von dem wir ebenso sehr leben, wie von dem, das den Magen füllt: das Brot der Liebe und der Vergebung.
Es ist das Brot, daß die christliche Gemeinde im Abendmahlsgottesdienst feiert. In vielen Kirchen wird es heute ausgeteilt.
Christi Leib für dich gegeben
- damit du zu ihm gehörst mit Leib und Seele,
- damit du seine Liebe spürst am eigenen Leibe
- damit du neuen Mut zum Leben erhältst.

Christi Blut für dich vergossen
- das werde dir zur Quelle des Lebens
- das erfrische dich auf den Durststrecken des Lebens
- das tröste dich in deinem Leid, in deinem Schmerz, in deinem Unglück, in deiner Trauer.

Im Brot der Gemeinschaft und im Wein der Tröstung teilt Christus sich selbst mit. Hier gibt er sich selbst, hier kommt er uns nah. Hier gibt er uns das Versprechen: Ich bin das Brot des Lebens. Wer zu mir kommt, den wird nicht hungern.

Möglicher Schluß
Im Evangelium des heutigen Sonntags heißt es am Ende: Zwölf Körbe mit Brotbrocken bleiben übrig. Als der Kirchenvater Augustin einmal gefragt wurde, wie er sich das erklären könne, hat er geantwortet: Von dem Brot damals essen wir heute noch.

Kontexte

Die Summe des Evangeliums des Johannes ist: Christus ist deine Speise. Diese Predigt versteht niemand, es sei denn der Heilige Geist (mit ihm), und keiner richtet sie recht aus, es sei denn der Heilige Geist tut's selber. Er schafft, daß man den Herrn Christus dafür hält, daß er meine Speise ist.
(Martin Luther, Mühlhaupt IV, Seite 238).

Euer Glaube, den ihr heute bekennt von ganzem Herzen, will morgen und übermorgen, ja er will täglich neu gewonnen sein. Glauben empfangen wir von Gott immer nur so viel, wie wir für den gegenwärtigen Tag gerade brauchen. Glaube ist das *tägliche* Brot, das uns Gott gibt. Ihr kennt die Geschichte vom Manna. Das empfingen die Kinder Israel täglich in der Wüste. Wollten sie es aber aufbewahren auf den nächsten Tag, so war es verfault. So ist es mit allen Gaben Gottes. So ist es auch mit dem Glauben. Entweder wir empfangen ihn täglich neu, oder er wird faul. Ein Tag ist lang genug, um Glauben zu bewahren. Es ist an jedem Morgen ein neuer Kampf durch allen Unglauben, Kleinglauben, alle Unwahrheit und Verworrenheit, ... Furchtsamkeit und Ungewißheit zum Glauben hindurchzustoßen und ihn Gott abzuringen.
(D. Bonhoeffer, © Chr. Kaiser/Gütersloher Verlagshaus, Gütersloh)

»Die Geschichte vom ›Manna‹ ist bis in die Einzelheiten hinein exemplarisch für das, was ... vom Glauben zu sagen ist: nur zum *Gebrauch* gegeben, nicht zu inventarisieren, nicht zu katalogisieren, nicht auf Eis und nicht ins Museum zu stellen.«
(Karl Barth, KD I, 250)

Der Mensch lebt nicht vom Brot allein, er stirbt sogar am Brot allein, einen allgegenwärtigen, schrecklichen Tod, den Tod am Brot allein, den Tod der Verstümmelung, den Tod des Erstickens, den Tod aller Beziehungen. Den Tod, bei dem wir noch eine Weile weitervegetieren können, weil die Maschine noch läuft, den furchtbaren Tod der Beziehungslosigkeit: Wir atmen noch, konsumieren weiter, wir scheiden aus, wir erledigen, wir produzieren wir reden noch vor uns hin und leben doch nicht.
(D. Sölle, Die Hinreise 1977, Anfang des Kap »Der Tod am Brot allein«, Rechte bei der Autorin)

Ihm ist wichtig, daß ein solches Geschehen uns zu einem Hinweis wird, einem Zeichen für eine andere Wirklichkeit, als die uns vertraut ist. Er zaubert nicht das Kaninchen aus dem Zylinder. Da wäre dann das Hauptproblem: Wie macht er das?

Er gibt vielmehr die Richtung an: Schau dort! Schau dort ein wenig tiefer! Schau durch die Wand der Dinge hindurch! Nimm einmal an, es gäbe mehr auf dieser Welt, als du verstehen kannst. Begreife, daß in dieser Welt etwas geschehen soll, das nicht in ihr zustandekommt. Faß den Gedanken, daß in dieser Welt etwas anfangen soll, das sein Ziel in einem größeren Zusammenhang hat als in ihr.
(Jörg Zink, Eine Handvoll Hoffnung. Was uns auch morgen tragen wird. Kreuz Verlag, Stuttgart 1999, Seite 74 f.)

8. Sonntag nach Trinitatis

Annäherungen an den Predigttext Jesaja 2,1-5

Peter Godzik

Ergebnisse eines Gesprächskreises für die mittlere Generation in der Domgemeinde Schleswig

Ein Bibeltext, der Hoffnung auslöst und doch ratlos macht. Warum ist es noch nicht gelungen, die Kriege in aller Welt zu ächten? Es wäre doch schön, wenn die Menschen nicht mehr lernten, gegeneinander Krieg zu führen. Wir leben eben noch nicht in der vom Propheten angekündigten Endzeit, in der alle Feindschaft unter den Menschen überwunden sein wird und in der sich die Menschen nach den Geboten Gottes richten werden.

Es ist irgendwie ein schöner Text und doch ist mir seine Sprache fremd. Er scheint aus einer bestimmten Zeit mit einer besonderen religiösen Sehnsucht zu stammen, die wir heute so nicht mehr teilen. Wer war dieser Jesaja, was hat er erlebt und wen spricht er hier an?

Mir fällt auf, daß der Prophet vom Kommen der Völker zum Haus des Herrn spricht. Unsere missionarischen Bemühungen sind eher von einer Geh-Struktur bestimmt. Damit haben wir uns oft in die Angelegenheiten anderer eingemischt und Unfrieden gestiftet. Lenkt das Hingehen von der eigenen Heillosigkeit ab oder bringt es den bei uns vorhandenen Frieden? Es wäre jedenfalls schön, ein Zentrum des Glaubens zu haben, das eine solche Anziehungskraft entfaltet.

Mich erinnert das Herzulaufen der Heiden an die Geschichte von den Weisen aus dem Morgenland. Könnte es nicht sein, daß mit Christus schon etwas von dieser friedlichen Endzeit angebrochen ist? Dann wäre er auch das Wort, das von Jerusalem ausgeht. Und ich könnte besser mit dem Gericht über die Heiden leben. Es wäre dann die Liebe Christi, an der wir uns alle messen lassen müßten.

Ich kenne das Motto »Schwerter zu Pflugscharen« aus der Friedensarbeit der Kirchen in der ehemaligen DDR. Diese Friedensaufnäher waren der staatlichen Führung ein Dorn im Auge, obwohl unter dem Bibelwort doch das von der Brudermacht Sowjetunion gestiftete Denkmal vor dem UN-Gebäude in New York zu sehen war. Wenn ich mich recht erinnere, stammte der Bibeltext aber aus Micha 4.

Es ist ja erstaunlich, daß die atheistische Sowjetunion ein Bibelwort in ein Denkmal umgegossen hat. Vielleicht besteht ja ein innerer Zusammenhang zu ihrem eigenen Symbol »Hammer und Sichel«. Aus dem Kriegsschwert soll friedliche Arbeit in den Fabriken und in der Landwirtschaft werden. Ich erinnere mich daran, daß die Sowjetunion im »Großen Vaterländischen Krieg«, wie sie es nannte, ein Schwert von den Alliierten verliehen bekam für den mit vielen Opfern erkämpften Sieg über Hitlers Truppen in Stalingrad. Vielleicht wollte das Denkmal für das UN-Gebäude in New York ausdrücken: Es wird Zeit, das Schwert des Krieges in friedliches Handwerkszeug umzuschmieden. Um so tragischer, daß der Kalte Krieg und das Wettrüsten weitergingen.
Unser Predigttext kommt tatsächlich zweimal in der Bibel vor, in Jesaja 2 und Micha 4. Ob die Menschen es nötig hatten, diese Vision einer friedlichen Welt immer wieder einmal vor Augen geführt zu bekommen, damit sie sie nicht vergessen?
Ich habe entdeckt, daß dieser Text sogar noch ein drittes Mal in der Bibel vorkommt: beim Propheten Joel im vierten Kapitel. Da heißt es in programmatischer Umkehrung: »Macht aus euren Pflugscharen Schwerter und aus euren Sicheln Spieße!« Und das Gericht, das dann über die Heiden hereinbricht, ist ziemlich finster. Ob der Prophet Joel eher recht behalten hat in der Geschichte der Menschheit?
Ich finde es tröstlich, daß es in der Bibel 2:1 steht für den Sieg des Friedens. Und ich finde, wir können selbst viel dazu beitragen, daß die großartigen Worte der Vision der Propheten Jesaja und Micha wahr werden. Besonders Jesaja bezieht uns in seine Vision mit ein: »Kommt, laßt uns wandeln im Licht des Herrn!«

Zum Gottesdienst

Susanne Hansen

Exegetisch-homiletische Skizze

Einer der großen politischen Texte der Bibel. Er erinnert mich zunächst an meine Studienzeit Ende der siebziger Jahre, an Wandzeitungen, bemalte Parkas, Studentenprotest und unsere Mühe im Theologischen Fachbereich, den eher konservativen Professoren ein Seminar zum Thema ›Krieg und Frieden in der Bibel‹ abzutrotzen. In den letzten Jahren ist er mir seltener begegnet. Offenbar treten auch biblische Texte in den Hintergrund, wenn das öffentliche Gespräch sich anderen Themen zuwendet.
Ähnlich geht es dem Schleswiger Gesprächskreis, der Verbindungen knüpft zu vergangenen politischen Auseinandersetzungen. Der Text hat über Jahre ein zentrales Bildsymbol für verschiedene Formen politischen Wider-

stands geliefert, er hat geistlich-politisch viel bewirkt. Spontan ist beim Lesen die Erinnerung da an eine unglaublich bewegte Zeit, in der auch völlig kirchenfremde Menschen durch ihn ihre Ziele ausgedrückt fanden.
Die Aktualisierungen für die Gegenwart fallen weniger konkret aus. Die Frage nach der Ächtung der Kriege scheint unbeantwortbar, und das Bild vom Kommen der Völker zum Haus des Herrn rührt an tiefe Sehnsüchte nach einer ganz anderen Kirche als der unseren.
Für uns gehört (jedenfalls in unserem unmittelbaren Bewußtsein) die Zeit des Wettrüstens staatlicher Machtblöcke, der Kampf um Verschrottung von Waffen der Vergangenheit an. Wir sind eines der führenden Exportländer für Waffen jeglicher Art, fühlen uns selbst davon aber nicht sehr bedroht – sie sind ja nicht auf uns gerichtet. Zukünftige Kriege werden in unseren hochentwickelten Ländern vermutlich im Internet geführt durch Lahmlegen und Fälschen von Informationstechnologie.
Unser Abstand zu jener Zeit staatlicher Blockbildung und oppositioneller Friedensarbeit hat großen Einfluß auf unseren heutigen Umgang mit diesem Text. Die Predigt muß die Wirkungsgeschichte auf jeden Fall thematisieren, braucht offensichtlich aber dringend noch andere Zugänge.
Worum ging es Jesaja zu seiner Zeit? Jesaja selbst lebte und wirkte zwischen 740 und 701 vor Christus in einer Zeit, in der das Nordreich Israels durch den immer mächtiger werdenden Staat der Assyrer bereits vernichtet war und auch das Südreich in Gefahr war, durch das kriegerische Nachbarland überrannt zu werden. Wegen seines offensichtlichen Zugangs zum König und zu höheren Beamtenkreisen wird er der Oberschicht zugerechnet (vgl. Werner H. Schmidt, Einführung in das Alte Testament, Berlin/New York 1979, Seite 213). Eine Führungspersönlichkeit also mit Visionen und dem Mut, sich einzumischen: Jesaja übt scharfe Kritik an den sozialen Zuständen im Land, warnt in aller Schärfe die Herrschenden und deutet ihnen die bevorstehende Invasion der Assyrer als Strafe Gottes. Die Exegeten sind sich überwiegend darin einig, daß die Verse 2–5 aus späterer Zeit stammen und den Friedenshoffnungen des Propheten Jesaja hinzugefügt wurden. Ein Friedensbild, offensichtlich weit verbreitet (Micha 4, in veränderter Form auch in Joel 4), welches drastisch unterstreicht, welche Dimensionen das Bemühen um Frieden annehmen muß, wenn es wirksam werden will.
Im hebräischen Text wird als Sprachform in Vers 4 das Pi'el Perfekt gewählt, die Form der Erwartung, deren Eintreten als so gewiß gesehen wird, daß vom Resultat ausgegangen werden kann. Mit dem Wort כתת, das im deutschen Text mit »umschmieden« wiedergegeben wird, bezeichnet das Hebräische zwei Vorgänge zugleich: das Zerstören der Waffen und das Herstellen der neuen Geräte (vgl. Jürgen Ebach, Das Erbe der Gewalt. Eine biblische Realität und ihre Wirkungsgeschichte, Gütersloh 1980, Seite 35).
Je öfter ich den Text lese, umso mehr löse ich mich von dem Blickwinkel der Waffenfrage, der aus der Wirkungsgeschichte des Textes während der achtziger Jahre herrührt. Zwar wäre es auch heute noch wichtig, sich dieser

Frage zu stellen, z. B. im Hinblick darauf, ob Christen heute nicht zu protestieren hätten gegen das schmutzige Geschäft von Waffenlieferungen in andere Staaten! Aber ebenso wichtig finde ich es, einzugehen auf die so ganz anders gelagerten Sorgen und Nöte der Menschen von heute und den Versuch zu unternehmen, diesen Text in einer veränderten sozialen Situation wieder zu aktualisieren. Was hat er Menschen zu sagen, die sich Sorgen machen um den Verlust ihrer Arbeitsplätze, um die Zukunftsmöglichkeiten einer Gesellschaft mit über 5 Millionen Arbeitslosen? Welche theologisch/ethischen Aspekte können wir aus Jesaja 2 für neue Visionen von Gesellschaft gewinnen?
Jesaja 2,1–5 gehört zu den großen biblischen Visionen vom Frieden. Der Text gehört aber auch in die lange Reihe biblischer Texte, die von menschlicher Arbeit erzählen, angefangen mit der Schöpfung, in der Gott nach sechs Tagen Arbeit am siebten Tag ruht, über die Vertreibung aus dem Paradies, in dem die Arbeit dem Menschen als Last auferlegt wird, bis hin zu den Gleichnissen Jesu, die u. a. die gleiche Entlohnung für Arbeiter zum Sinnbild für das Reich Gottes machen.
Jesaja möchte Menschen in Not eine Zukunftsvision eröffnen. Dieser Spur möchte ich nachgehen in der Predigt. Aber ich möchte den Text lösen aus dem wohlbekannten Deutungsmuster einer angestrebten Welt ohne Waffen und ihn stattdessen hineinstellen in die Frage nach der Zukunft menschlicher Arbeit, die heute den Menschen unter den Nägeln brennt. Die Vision einer guten Zukunft, die mit harter körperlicher Arbeit einhergeht. Was für ein Zukunftsbild ist das eigentlich? Und wie klingt in einer Zeit der Massenarbeitslosigkeit, heute zur Jahrtausendwende, ein Prophetenwort, das die Herstellung handwerklicher Geräte ankündigt? (Hilfreiche theologische Überlegungen zum Thema Arbeit finden sich bei Gert Hartmann, Lebensdeutung. Theologie für die Seelsorge, Göttingen 1993).
»Weisung von oben« könnte wahrlich nicht schaden. Denn wissen wir, was wir wollen? Einerseits steht und fällt vielfach das Ansehen eines Menschen mit seinem beruflichen Status, und jeder strebt danach, eine möglichst gute Position zu ergattern, andererseits sind wir zutiefst überzeugt, daß das eigentliche Leben erst nach Feierabend, am Wochenende oder in den »schönsten Wochen des Jahres« stattfindet – ohne Arbeit. Einerseits gehen die einen am Arbeitsstreß fast kaputt, andererseits gilt ein übervoller Terminkalender als förderlich fürs Image. Spitzenpositionen bringen Anerkennung, Fleiß und Einsatz werden aber nicht selten als Kriecherei und Strebertum interpretiert. Geistige Arbeit gilt bei uns mehr als körperliche Tätigkeit, andererseits sehnt sich mancher Geistesarbeiter nach dem »einfachen bäuerlichen Leben« mit seiner Übersichtlichkeit. Jesajas Zukunftsvision hat für uns etwas sehr Ermutigendes und Hoffnungsvolles. Aber wer würde ernstlich schon mit Pflugschar und Rebmesser (Spaten und Spargelstecher …) arbeiten wollen? Wie sähe denn für uns eine gute Arbeit im Rahmen von Gottes guter Zukunft aus?

Vorschläge zur Liturgie

Lieder

Bekanntere Lieder über Friedenssehnsucht (häufig vertreten) und über menschliche Arbeit (nur selten zu finden!), zum Beispiel:
EG 262 Sonne der Gerechtigkeit, EG 295 Wohl denen, die da wandeln, EG 421 Verleih uns Frieden gnädiglich, EG 425 Gib uns Frieden jeden Tag, EG 426 Es wird sein in den letzten Tagen, EG 428 Komm in unsre stolze Welt, EG 432 Gott gab uns Atem, damit wir leben, EG 436 Herr, gib uns deinen Frieden, EG 445 Gott des Himmels und der Erden, EG 494 In Gottes Namen fang ich an.

Votum

Wir feiern diesen Gottesdienst im Namen Gottes,
der Quelle unseres Mutes und unserer Hoffnung.
Wir feiern diesen Gottesdienst im Namen Jesu.
Er macht uns frei zu leben, wie Gott uns gemeint hat.
Wir feiern diesen Gottesdienst im Namen des Heiligen Geistes.
Er öffnet uns den Horizont zu Gottes Zukunft in einer neuen Welt.

Kyrie

Weil wir tief verstrickt sind in Alltagstrott, Gewohnheit und festgefahrenen Gedanken und anderen und uns selbst so viel schuldig bleiben,
weil wir so viel Raum geben dem Unfrieden und der Ungerechtigkeit
und es zulassen, daß die einen leer ausgehen und die anderen leiden am Zuviel,
weil wir trotz allem voller Sehnsucht und auf der Suche sind
und immer noch die Hoffnung auf eine bessere Welt in uns tragen,
darum bitten wir dich, Christus, erbarme dich!

Kollekte

Weil du uns mit freundlichen Augen ansiehst, Gott,
dürfen wir unsere Träume und Hoffnungen vor dir ernst nehmen.
Vor dir gilt jeder kleine Schritt und jeder neue Anfang.
Laß dein Wort in uns ankommen und wirksam werden,
heute und alle Tage laß uns gehen in deinem Licht.

Fürbitte

Du, Gott,
du lädst uns ein, dir zu folgen, in deinem Licht zu gehen.
Nimm uns die Hornhaut von unserer Seele,
daß wir wieder merken, wo andere und auch wir selbst leiden am Leben.
Laß es uns aushalten, Abschied zu nehmen von ausgetretenen Wegen,
faulen Kompromissen und schlechten Gewohnheiten.
Gib uns Mut und Frechheit, Neues zu probieren

gegen alles Gerede, es habe ja doch keinen Sinn,
gegen den Spott anderer
und gegen den Stumpfsinn.
Stärke du alle, die aufbrechen wollen zu einem besseren Leben:
die im Kampf mit sich selbst und die in äußeren Konflikten,
die ohne Arbeit und die, die unter ihrer Last krumm geworden sind in ihrer Seele.
Wenn dein Licht auf uns fällt, dann laß es in uns hell und warm werden,
damit wir einander wärmen und sicheren Schrittes begleiten
hin in die Zukunft, die du bist.

Vorschlag zur Predigt

Möglicher Anfang
Stellen wir uns vor: Wir tragen Brennmaterial zusammen, einen großen Haufen voll, und halten ein Streichholz dran. Eine erste Flamme züngelt empor. Schnell wird das Feuer heißer. Wir fachen es mit Blasebalgen an, bis wir es in der Nähe kaum noch aushalten. Bundeswehrsoldaten kommen mit ihren Maschinengewehren und ihrem technischen Gerät. Ein riesiger Schredder zerschlägt es in kleine Teile. Alte, rostige Panzer aus DDR-Zeiten wandern ebenso mit in den Schmelztiegel über dem Feuer. Die USA schmilzt ihre Flugzeugträger ein und Saddam Hussein seine Flakraketen. Chinesen, Inder und Pakistani holen ihre Atombomben aus unterirdischen Stollen, entschärfen sie und schieben sie in die Hochöfen. Die Bundesregierung trennt sich von ihren Eurofightern, noch bevor der Lack trocken geworden ist ...
Es waren unter anderem auch die Worte des Propheten Jesaja, die uns in den Jahren um 1980 nachdenken ließen über eine Welt ohne Waffen. Eine Welt ohne Pershing II, ohne Nato-Doppelbeschluß, für die damals Hunderttausende auf die Straße gingen. Erinnern Sie sich? An die Demonstrationen, die Straßenblockaden, die Aufnäher auf den Parkas mit dem Symbol des Schmieds, der sich weit ausholend über die zerschlagenen Waffen beugt.
Die Frage der Kriege in der Welt und der Waffen beschäftigt uns immer noch, und das ist auch richtig und gut so. Aber aus heutiger Sicht habe ich den Eindruck, wir haben Jesajas Worte noch nicht wirklich zu Ende gelesen.
Jesaja hat nicht nur von der Zerstörung und vom Einschmelzen der Waffen gesprochen. Er sprach auch davon, daß das Material nicht einfach verrotten, sondern anders genutzt werden sollte. Mehr noch. Die Menschen sollten sich völlig neu orientieren in ihrem Denken und in dem, was sie lernen. Pflugscharen und Rebmesser sollten die Menschen daraus machen. Geräte, die die Bauern zum Pflügen und die Winzer zum Weinbau brauchen. Jesajas gute, friedvolle Zukunft bestand unter anderem also aus härtester körperlicher Arbeit.

Schauen wir uns doch noch mal in der Phantasie unseren Schmelzofen an. Was für ein riesiger, rotglühender Haufen Eisen und Stahl! Fertig zur Weiterverwendung. Ja, und dann? Was wollen wir anfangen damit? Arbeitsgeräte herstellen, sagt Jesaja. Ja gut. Aber welche? Auf welche Form von Arbeit wollen wir uns denn einrichten heute, in einer Zeit, in der über 5 Millionen Menschen auf der Straße stehen ohne Arbeit? Jeder von uns spürt, und nicht wenige sagen es auch laut, daß sich die ganze Situation der Arbeit in unserer Gesellschaft grundlegend ändern muß, wenn wir in der Zukunft ohne große soziale Einbrüche bestehen wollen. Und zugleich scheint es mir, daß alle sich vor wirklichen Neuerungen fürchten und krampfhaft bemüht sind, alles beim alten zu lassen.
Zu Jesajas Zeiten waren es, so sagt er selbst, auch nicht die Menschen, die von sich aus den großen Sprung schafften. Jesaja spricht davon, daß die Menschen Weisungen empfingen von Gott und daß er sie lehrte, seine Wege zu gehen.
Oder:
Manchmal gibt es Lebensstationen, da muß oder will man Dinge grundlegend ändern. Lange Zeit ist es gutgegangen, man hat sich sogar einigermaßen wohlgefühlt. Dann tauchten erste Probleme auf, zunächst noch lösbar. Aber langsam verdichten sich die Widerstände. Man möchte es sich nicht recht eingestehen. Positionen aufzugeben, die lange zum festen Bestand gehörten, fällt schwer und geht nicht ohne Schmerzen. Wann ist der Punkt erreicht? Wenn man es nicht mehr aushält? Oder braucht es eine Alternative, die so verlockend ist, daß man mit Freuden den anderen, neuen Weg geht? Jede/r von uns kennt dies aus der eigenen Lebensgeschichte.
Aber auch Völker und ganze Staaten stehen vor solchen Aufgaben. Wenn es bei uns heute etwas gibt, wo wir solch eine Neuorientierung dringend bräuchten, dann wäre das der Bereich unseres Arbeitslebens. Ich kenne nur sehr wenige Menschen, denen es mit ihrer Arbeit tatsächlich nur gut geht und die keinerlei Kummer damit verbinden.
Jesajas Worte spricht er zu seinem Volk in einer Zeit, in der das Land kurz vor dem Untergang steht. Das hochgerüstete Nachbarland Assur plant einen Eroberungsangriff, dem die eigenen Truppen nicht lange standhalten werden. Die inneren Zustände sind so desolat, daß auch von innen kein Zusammenhalt zu erwarten ist. Viele Jahre ist wie selbstverständlich das Kriegshandwerk gepflegt und aufgebaut worden, man hatte mit höchster Kunstfertigkeit Waffen hergestellt. Jetzt steht Israel mit dem Rücken zur Wand. Der bisherige Weg, lange gegangen, hat an einen Punkt geführt, wo die Zerstörung der eigenen Lebensgrundlagen die Folge wäre, würde man ihn weiter beschreiten. Jesajas Weissagung entwirft ein völlig neues Bild von Zukunft. Die Völker werden zusammenkommen, sagt er, sie werden begreifen, daß sie einen neuen Weg einschlagen müssen. Sie werden ihre Waffen aufgeben, ja mehr noch, sie werden sich völlig neu orientieren in ihrem Denken und in dem Wissen, das sie an nachfolgende Generationen

weitergeben. Eine ganze Denkweise wird aufgegeben und gezielt in Vergessenheit geführt. Sie werden das Bisherige aber nicht einfach verrotten lassen, sondern sie werden eine unglaubliche Mühe darauf verwenden, es umzubauen und anders in Gebrauch zu nehmen. Und der Hintergrund dieser großen Veränderung ist der, daß sie nicht mehr selbst den Weg bestimmen, sondern sich orientieren an den Weisungen Gottes.

Zum weiteren Verlauf
Ich möchte im Folgenden die Stationen beschreiben, die Jesaja benennt, und sie in Verbindung bringen mit dem, was wir heute erleben angesichts der Notwendigkeit, unser Arbeitsleben neu zu entwerfen.
– Jesaja hatte verstanden, daß das Kriegshandwerk eine andere Funktion bekommen hatte. War es einst entwickelt worden, um das Volk zu schützen und die Menschen ruhig leben zu lassen, so war es jetzt zu einer Bedrohung der Lebensgrundlagen aller geworden. Die Arbeit der Menschen in diesem Bereich hatte sich zur Arbeit gegen sich selbst verwandelt.
Auch in unserer Zeit hat sich Arbeit verwandelt. Aus einem Lebensbereich, der Versorgung und Absicherung bringen soll, ist ein Lebensbereich geworden, der auf der Liste der Sorgen der Menschen an erster Stelle steht. 5 Millionen Menschen haben keine Arbeit. Sie müssen nicht hungern, aber sie sind ausgeschlossen von allem, was sich mit Arbeit sonst auch noch verknüpft: soziale Identität, Lebensplanung, Alltagsgestaltung, Kontakte und Lebenssinn. Auch von denen, die Arbeit haben, sind nur die wenigsten sorgenfrei. Viele fürchten um ihre Arbeitsplätze. Und selbst unter den Erfolgreichen ist Arbeit zur Not geworden durch den gestiegenen Leistungsdruck, durch Streß. Daß so viele Menschen in ihrer Freizeit bis zur Besinnungslosigkeit den Genuß suchen, zeigt, daß das Arbeitsleben innen krank ist.
– Nicht nur ein Volk im alten Israel verändert sich. Alle Völker, sagt Jesaja, werden kommen zum Zion und von dort ausgehend neue Wege einschlagen. Globalisierung nennen wir das heute. Denken in Zusammenhängen und nicht nur beschränkt auf den Bereich vor der eigenen Haustür. Ein klares Votum gegen die Vorstellung, wir bräuchten nur die Grenzen dicht zu machen, dann hätten wir hier in unserem Land alle Probleme gelöst. Längst sind wir mit allen verflochten, und es gilt festzuhalten an dem Ziel, gemeinsame Lösungen zu finden. Nicht nur bei Jesaja hängen der äußere Friede und die Lebenskultur im Inneren eng zusammen.
– Gelerntes werden sie vergessen, prophezeit Jesaja. Was sie sich einst mühsam durch Lernen erworben haben, werden sie nicht mehr weitergeben an nochfolgende Generationen. Sie werden sich lösen von Vorstellungen, Wissen und den damit verbundenen Werten.
Was ist es denn, was sich in unserer Arbeit unmerklich von der Lebenssicherung zur zerstörenden Kraft gewandelt hat und wovon wir uns zu lösen hätten? Alles, was wir zur Zeit haben, wurde ja irgendwann einmal mit heeren Zielen eingeführt. Vielleicht sind wir oft dabei aber nicht auf-

merksam genug gewesen bei der Frage, was langfristig mit den Menschen ist, die mit diesen Arbeitsbedingungen leben müssen.
Wir haben hochtechnisierte Bereiche u. a. in unserem Verkehrswesen und in der Atomkraft, in der wir darauf hinarbeiten, eine unfehlbare Technik zu entwickeln. Einzig der Mensch ist darin noch der Störfaktor. Welche unermeßliche Last, welche unerträgliche Verantwortung liegt aber auf Menschen, die täglich damit umgehen müssen, daß jeder Fehler von ihnen eine Katastrophe bewirken kann, die sich also keinen Fehler mehr erlauben dürfen? Wie lange hält man das aus?
Wie lange hält die Frau an der Supermarktkasse es aus, bei Dienstbeginn ihr verordnetes Dauerlächeln aufzusetzen, dann stundenlang honigsüß jeden Kunden mit immer demselben »Guten Tag. Auf Wiedersehen und schönen Tag noch!« zu bedienen? Was macht es mit Menschen, wenn sie nicht mehr verfügen über ihr eigenes Gesicht?
- Jesaja verwendet dann das Bild vom Schmied, der mit all seiner Kraft die alten Waffen in etwas Neues verwandelt. Schmieden, das ist Schwerstarbeit mit den Urelementen Feuer, Wasser und Luft.
Neues fällt nicht vom Himmel. Es hat wenig Sinn, sich hinzusetzen und darauf zu warten, daß »es« sich verändert. Wer Veränderung will, muß sich engagieren und seine Kraft einsetzen. Wie ist es denn heute bei uns mit untätigem Warten und tätigem Neuanfang? Und was macht es so schwierig, die Dinge aktiv anzupacken und neue Wege zu gehen?
Vielleicht hängt dies zusammen mit sehr existenziellen Bedürfnissen, die wir mit der Arbeit in unserem Leben verknüpfen. Viel und fleißig gearbeitet zu haben, ist ein so hoher Wert, daß dies häufig zur Lebensbeschreibung in Todesanzeigen wird und gleichbedeutend steht dafür, daß jemand ein anständiger Mensch gewesen ist. Wir suchen im Beruf Anerkennung und Bestätigung, nicht selten ist die Triebfeder für Arbeit bis zum Umfallen die tiefe Sehnsucht, sich die Liebe der anderen erarbeiten zu können. In unserem Sprachgebrauch ist von Existenzgründung die Rede - so als würde noch nicht einmal existieren, wer es nicht zur eigenen Firma gebracht hat. Mir scheint, wir versuchen tiefe innere religiöse Bedürfnisse über unsere Arbeit zu befriedigen. Daß wir existieren, daß wir wer sind, daß wir unverwechselbar sind, daß wir geliebt sind, das soll Arbeit erbringen. Und wie könnte man etwas aufgeben, loslassen und verändern, was mit solchen inneren Gefühlen und Bedürfnissen besetzt ist?
- Jesaja prophezeit, daß einst die Völker Weisungen holen werden von Gott und sich von ihm seine Wege zeigen lassen. Handwerk und Arbeit gestaltet nach Gottes Wort ...
Mit fällt in diesem Zusammenhang auf, wie wenig sich die Kirchen unserer Tage um den Bereich der Arbeit kümmern. Sie konzentrieren sich auf die traditionellen Aufgaben in den Gemeinden, und das heißt durch die Trennung von Wohn- und Arbeitsort, daß sie mit der Arbeitswelt kaum noch Berührung haben und lediglich Mitkonkurrenten sind im Bereich unter-

haltsamer Freizeitgestaltung. Daß man Christ ist, wird, wenn überhaupt, dann nur nach Feierabend oder am Wochenende gelebt. Die Arbeitswelt unserer Tage ist weitgehend eine Welt ohne Gott und ohne kirchliches Angebot geworden. Die berufstätigen Männer zwischen 20 und 60 (und das sind in Jesajas Prophezeiung die Handelnden!) werden von der Kirche immer weniger erreicht.
Folgt man Jesaja, so braucht es in Zeiten gesellschaftlicher Umbrüche auch im Arbeitsleben Gottes Weisungen. Wie wäre das denn, könnte man Gedanken über Gottes Gnade und Liebe, über Schuld und Vergebung, über Erlösung und Hoffnung hineintragen und anbieten in dieser Arbeitswelt? Ob das nicht so manche »heillose« Situation ändern und von so manchem Zwang befreien könnte? Dazu müßte unsere Kirche zunächst ein Raum werden, in dem sich Arbeitende und Arbeitslose über ihre Alltagserfahrung, über die Konsequenzen für ihren Glauben und über die Bedeutung ihres Glaubens für ihren Alltag austauschen könnten. Dazu müßte vorher aber wohl unsere Kirche selbst, die ja einer der größten Arbeitgeber ist, in ihren eigenen Reihen neue Entwürfe von Arbeit entwickeln und vorbildlich neue Maßstäbe setzen für eine den Menschen gemäße, kreative und streßfreie Gestaltung von Arbeit.
– Was in Jesajas Zukunftsvision aus den alten Waffen entsteht, ist gar nichts Neues. Pflugschar und Rebmesser sind altbekannte Dinge. Langweilig und gar nicht sensationell. Geräte aus Landwirtschaft und Weinbau, die zu harter Knochenarbeit gehören. Keine Vision von einer Zukunft des Faulenzens also.
Wie würde denn für jeden von uns eine sinnvolle, menschliche Arbeit aussehen, die zu einer guten Zukunft Gottes dazugehört? Eine Arbeit, die ruhig Kraft kosten darf, denn der Gebrauch der eigenen Kraft ist ja auch Ansporn und Bereicherung. Eine Arbeit, die vor allem aber die Grundlagen des Lebens herstellt und sichert, materiell und seelisch.
Jesaja 2,1–5 erzählt bezüglich der Arbeit von völligem Umbruch und nötiger Neuorientierung. »Die Kriegskunst werden sie nicht mehr erlernen ...«. Eine ganze Denkweise, ein Wissensgebiet, eine Technologie wird aufgegeben und gezielt in Vergessenheit geführt. Die freigewordenen Kapazitäten werden in andere, altbekannte Arbeitsbereiche investiert. Auch wir hätten es bitter nötig, daß sich unser gesamtes Arbeitsleben neu ordnet. Wir müßten so manches aufgeben, was sich als »tötend«, als lebensfeindlich längst erwiesen hat. Und wir müßten es endlich schaffen, unsere Kräfte in Bereiche zu investieren, die zum Leben helfen. Wie schwer ist es doch, sich von etwas zu verabschieden und auf etwas zu verzichten! Erkannt zu haben, daß etwas sinnlos oder gefährlich ist, hilft selten zum Loslassen. Von etwas Abschied nehmen, verzichten, mich innerlich lösen kann ich nur, wenn ich die dringenden Bedürfnisse nicht mehr an dieser Stelle befriedigen muß.

Möglicher Schluß
Zu Zeiten des Golfkriegs und des Rüstungswettlaufs in den Jahren zuvor haben wir die Worte des Jesaja gehört, und sie haben uns in der Sehnsucht gestärkt, daß eine Welt ohne Waffen möglich sein müßte. Angesichts von Massenarbeitslosigkeit und sozialer Krise hören wir Jesaja anders. Die Abschaffung der Overkill-Kapazitäten war der erste Schritt, der uns verband mit dieser Glaubensversion. Alles andere liegt in der Zukunft. Das Umdenken und Umlernen, der neue Entwurf von Arbeit. Mit Pflugscharen und Rebmessern schließlich die Arbeit für ein gesichertes Leben für alle Völker. Um solche Wege zu gehen, braucht man Ziele und Hoffnungsbilder, die verhindern, daß ich mich allzusehr einrichte in der Gegenwart. Ich brauche Geschichten, die mich spüren lassen, worunter ich leide, was ich vermisse und was falsch läuft. Geschichten, die mich stören und aufscheuchen, wenn die Gewöhnung und die Resignation zu sehr um sich greifen. Ich brauche Worte, die den Horizont öffnen, die mich das Träumen und Gedankenspinnen lehren und die meinen Wünschen Nahrung geben. Weissagungen, die auch andere lesen und die mich mit ihnen verbinden. Am Ende der Tage, sagt Jesaja, werden dann ganze Völker hinaufziehen zum Berg des Herrn.

Kontexte

heute wie täglich
fünf morgen pro woche
fahren viele
zu einer arbeit
die sie nicht lieben
fahren manche
zu einer arbeit
die sie zu lieben versuchen
fahren einige
zu einer arbeit
die sie lieben -
herr erbarme dich unser
(Kurt Marti, geduld und revolte. die gedichte am rand, Stuttgart 1984, Rechte beim Autor)

Er hatte eine Bretterwand gebaut. Die Bretterwand entfernte die Fabrik aus seinem häuslichen Blickkreis. Er haßte die Fabrik. Er haßte die Maschine, an der er arbeitete. Er haßte die Hetze nach Akkordprämien, durch die er es zu einigem Wohlstand, zu Haus und Gärtchen gebracht hatte. Er haßte seine Frau, sooft sie ihm sagte, heut nacht hast du wieder gezuckt. Er haßte sie, bis sie es nicht mehr erwähnte. Aber die Hände zuckten weiter im Schlaf, zuckten im schnellen Stakkato der Arbeit. Dann wurde er krank, nach vierzig Jahren Arbeit und Haß zum ersten Mal krank. Er lag im Bett und blickte zum Fenster hinaus. Er sah sein Gärtchen. Er sah den Abschluß des Gärtchens, die Bretterwand. Die Fabrik sah er nicht. Es ist ein Elend, sagte er nach drei Wochen zu seiner Frau, ich sehe immer nur das Gärtchen,

das ist mir zu langweilig, nehmt einmal zwei Bretter aus dieser verdammten Wand, damit ich was anderes sehe. Die Frau erschrak. Sie lief zum Nachbarn. Der löste zwei Bretter aus der Wand. Der Kranke sah durch die Lücke hindurch einen Teil der Fabrik. Nach einer Woche beklagte er sich, ich sehe immer das gleiche Stück Fabrik, das lenkt mich zu wenig ab. Der Nachbar legte die Bretterwand zur Hälfte nieder. Zärtlich ruhte der Blick des Kranken auf seiner Fabrik, verfolgte das Spiel des Rauches über dem Schlot, das Ein des Menschenstromes am Morgen, das Aus am Abend. Nach vierzehn Tagen befahl er, die stehengebliebene Hälfte der Wand zu entfernen. Der Nachbar tat, wie er wünschte. Als er die Büros sah, die Kantine und das gesamte Fabrikgebäude, entspannte ein Lächeln die Züge des Kranken. Er starb nach einigen Tagen.
(Kurt Marti, Werkauswahl aus fünf Bänden, Aus: Neapel sehen, Erzählungen,

An Arbeit stirbt kein Mensch, aber vom Ledig- und Müßiggehen kommen die Leute um Leib und Leben. Denn der Mensch ist zur Arbeit geboren wie der Vogel zum Fliegen.
(Martin Luther, Lebensworte, Stuttgart 1983)

9. Sonntag nach Trinitatis

Annäherungen an den Predigttext Matthäus 7,24-27

Anselm Friederich

Gedankenaustausch in einem weitgehend studentischen Gesprächskreis (2 Frauen, 4 Männer)
Nach dem Vorlesen des Textes herrscht längere Zeit eine merkwürdig gespannte, fast ärgerliche Stille. Schließlich bittet eine Studentin darum, den Text nochmals zu hören. Danach eröffnet sie das Gespräch.
- »Danke, ich hab' beim ersten Mal einfach manches überhört. Als du mit dem Lesen anfingst und ich merkte, was kam, habe ich innerlich sofort auf ›altbekannt‹ geschaltet. Gleich nach der ersten Worten! - ›Wer diese meine Rede hört und sie tut ...‹, das habe ich schon gar nicht mehr ganz aufgenommen. Ist ja auch merkwürdig: Was ist das überhaupt für eine Rede? Ich nehme an, die Bergpredigt?«
Ja. Ich bestätige, daß es sich um die Bergpredigt handelt.
Wieder Stille. Warum lockt das Stichwort »Bergpredigt« nicht, sich zu äußern?
Endlich ergreift ein älterer Mann das Wort.
-»Wir müssen in unserem Leben viele Reden hören. Wir sind darum empfindlich geworden, wenn ein Redner von uns verlangt, ihm allein zu vertrauen und nur ihm zu folgen. Denn die Dummen, die Bösen, das sind dann angeblich immer die anderen. Das können wir nicht mehr hören!« Er wird heftig: »Ich kann einfach nicht glauben, daß Jesus so etwas wirklich gesagt hat! Hatte er es nötig, solche Ansprüche zu stellen? Nein: Jesus hat seine Reden für sich selber sprechen lassen!«
Er schweigt einen Moment, um dann, ruhiger geworden, hinzufügen: »Die echte Frage, welche hier angesprochen wird, heißt: Was ist das tragfähige Fundament meines Lebens?«
- »Vielleicht«, wirft ein Student ein, »vielleicht war Jesus viel unbequemer, als uns allen lieb ist. Vielleicht hat er diese Worte wirklich so gesagt. Aber dann ...: Machen wir, - wir heute!-, tatsächlich die Erfahrung, mit der Bergpredigt ein sicheres Fundament zum Leben zu haben?«
Skeptische Mienen.
- »Falls Jesus gefordert hat, seine Predigt als Lebensgrundlage anzuerkennen, wie werden wir mit diesem Druck fertig?« »Und was ist mit denen, die

es nicht hören? Haben die kein Fundament? Ja, was ist mit den Menschen, die von Jesus nie gehört haben?«
Fordernd, drückend und drohend scheint der Text zu sein.
Und fremd in manchen Formulierungen.
– »Was heißt: Eine Rede tun? Verhaltensregeln kann man tun. Aber ist die Bergpredigt eine Serie von Verhaltensregeln? Allerdings erlebe ich auch oft, daß jemand in einer Diskussion fragt: ›Kann man, was hier geredet wird, kann man das in die Tat umsetzen?‹ Es ist diese Erwartung, daß aus Hörern Täter werden. Da ist ja auch etwas dran. Nur: Ist denn jedes Wort geeignet, daß man es in die Tat umsetzt?«
– »Und wenn denn Worte in Taten umgesetzt werden sollen: Kann das unter Drohungen geschehen? Brauchen wir immer eine Drohung?«
Wieso empfinden manche im Kreis den Text als bedrohlich?
– »Wegen des Schlußsatzes (Vers 27). Der klang beim ersten Hören so bedrohlich, – beim zweiten allerdings nicht mehr so.«
– »Ich empfand's weniger bedrohlich, eher anmaßend. Wenn es nicht von Jesus selber ist, dann ist es die Anmaßung seiner Jünger. Anmaßung und Verallgemeinerung: ›Mein Rezept ist für alle richtig!‹ Das mag ich nicht.«
Da haben wir sie noch einmal, die klare Ablehnung. Doch gleich darauf eine andere Stimme:
– »Erinnere ich mich recht: Auch das Haus auf dem Felsen bleibt beim Unwetter nicht völlig unversehrt?« (Geknurrte Seitenbemerkung: »Kann sein, daß du anschließend ein paar Dachziegel auswechseln mußt.«) »Nein, es geht nicht bloß um ein paar Ziegel. Wir wissen nicht, wieviel auch das gutgegründete Haus abbekommt. Deutlich ist aber: Niemand verspricht ihm, daß es ohne Unwetter abgeht.«
– »So gesehen ist die ganze Sache doch nicht reine Schwarz-Weiß-Malerei.«
»Stimmt. Das Unwetter trifft alle!«
– »Und« – jetzt kehrt der kritische Unterton zurück – »und es hängt alles, alles von mir ab, ob Gott seine schützende Hand über mich hält oder nicht!«
– »Was hast du dagegen? Ist es nicht wirklich vor allem unsere Sache, wie wir den Wechseln des Lebens begegnen?«
– »Schon. Doch ich glaube nicht, daß mich Gott nur dann beschützt, wenn ich Jesu Regeln befolge. Das wäre primitive Werkgerechtigkeit.«
– »Aber es sind schließlich keine dummen Sachen, die in der Bergpredigt stehen! Laßt von mir aus mal Gott draußen: Einfach das Halten dieser Worte, das gäbe schon Boden unter die Füße. Und irgendwie gehört das doch auch zur Grundlage unserer Gesellschaft.«
Wir reden weiter, kommen auf andere Gesellschaften und andere Menschen, denen die Bergpredigt Grundlage wurde.
– »Gandhi. Was war mit ihm? Er hat sich an der Bergpredigt orientiert, er hat auf sie gebaut. Er wurde erschossen. Aber: Ist sein Haus damit eingestürzt?«

Zum Gottesdienst

Kurt Dohm

Exegetisch-homiletische Skizze

Das Gleichnis vom Hausbau bildet den Abschluß der Bergpredigt. Indem es sich ausdrücklich darauf bezieht, ist es nach der Absicht des Evangelisten auch von daher zu deuten. Auch bei Lukas schließt es die Feldrede ab. Dort fehlt aber der direkte Bezug auf die vorangegangene Rede (statt »diese meine Worte« heißt es dort nur allgemein »meine Worte«) und es unterscheidet sich in einigen Einzelheiten, so daß Matthäus wohl eine eigene Variante vorliegen hatte. Man kann annehmen, daß das Gleichnis zunächst auch ohne den Zusammenhang mit Bergpredigt bzw. Feldrede formuliert wurde. Es wäre dann allein aus sich heraus zu deuten. Dabei verlöre es aber an Tiefe und Schärfe. Das Gleichnis lebt aus den verschiedenen Paaren von Gegensätzen: Hören - Tun; Tun - Nichttun; klug - dumm; auf Fels gebaut - auf Sand gebaut; Halt - großer Fall. Bestimmend ist dabei die parallel gesetzte Folge der Gegensätze: hier ein kluger Mann, der die Worte Jesu tut, auf Felsen baut, dessen Haus einen festen Halt hat - dort ein unkluger Mann, der die Worte nicht tut, auf Sand baut, dessen Haus in einem großen Fall untergeht. Jede Folge weckt im Zuhörer eine ganze Reihe von Assoziationen, die sich zu einer Geschichte verdichten: Ein Mann baut sich ein Haus. Er führt alle notwendigen Arbeiten aus: Er plant, er beschafft das Baumaterial, er legt den Grundstein, er mauert das Haus auf, feiert Richtfest, zieht ein, hat seine Freude daran. Dann kommt das große Unwetter mit Sturm und Wasserfluten. Die Bewohner des Hauses geraten in Angst und Schrecken. Was geschieht? Das eine Haus stürzt unter den Wassermassen zusammen, wird weggeschwemmt, das andere Haus übersteht Sturm und Wellen. Man sieht das alles vor sich. Natürlich ahnt der Zuhörer schon das Ende, bevor es kommt. Trotzdem ist die Überraschung groß. Wer hätte gedacht, daß dieses Haus hält und jenes nicht? Insofern ist die Geschichte selbst klar.

Ist es auch die Deutung? Auch das erste Gegensatzpaar, das noch nicht zur Bildhälfte gehört, weckt Assoziationen: Hören und Tun bzw. Nichttun. Es gibt keinen Zweifel für den Zuhörer, daß Hören und Handeln zusammengehören: Lügenworte sind es, die die Verheißungen Gottes und das rechte Tun auseinander reißen (Jeremia 7,4 f.) Gottes Gesetz ist nur insofern ein Trost und ein Licht, als es auch gehalten wird (Psalm 119). Nur die, die das Gesetz auch tun, werden gerecht sein (Römer 2,13). Wer nur Hörer und nicht Täter des Wortes ist, der betrügt sich selbst (Jakobus 1,22).

Trotzdem gibt es Anlaß zu Mißverständnissen:

1. Das fundamentalistische Mißverständnis

Hier wird das Gleichnis auf folgende Weise gelesen: »Darum, wer diese meine Rede hört und glaubt sie, den vergleiche ich einem klugen Mann ...«

(nach Rainer Godel in Predigtstudien III, 2, Kreuz-Verlag Stuttgart 1993, Seite 174). Natürlich lautet das Gleichnis so nicht. Aber ist diese Version darum falsch? Kommt es nicht vor allem auf den Glauben, auf das Herz an? Ist nicht der Glaube allein entscheidend? Wir haben doch gut reformatorisch gelernt: Der Glaube allein rechtfertigt, nicht die guten Werke. Ist nicht also der Glaube das Fundament meines Lebens? Das rechte Tun mag sich dann daraus ableiten. Diese Deutung ist nicht falsch, aber sie verbiegt die Aussagen des Autors und nimmt ihnen die Schärfe. Ihm kommt es ja auf die Früchte des Glaubens an (Vers 16).

2. Das ethische Mißverständnis

»Darum, wer diese meine Rede hört und danach handelt, dem vergleiche ich einen klugen Mann ...« Diese Deutung scheint ja die richtige zu sein, denn sie betont das Handeln. Wir sollen tun, was Jesus sagt. Hörer sollen zu Tätern werden. Allein die Tat entscheidet.

Ethik ist gefragt. Die Bergpredigt wird zur Handlungsanweisung. Auch diese Deutung ist nicht falsch, aber sie verkürzt das Gleichnis auf das Tun und verliert, indem sie den eschatologischen Charakter des Gleichnisses verkennt, das Ende, Halt oder Fall, aus dem Blick. Dieses Mißverständnis vor allem scheint mir bei den Gesprächsteilnehmern in den Annäherungen vorzuliegen.

3. Das säkulare Mißverständnis

»Den nenne ich einen klugen Mann, der sein Haus auf einen Felsen baut...« Darüber ist man sich auch außerhalb der Kirche schnell einig: Der Mensch braucht einen Halt. An irgendetwas muß man glauben. Sonst verkommt man. Die Gesellschaft braucht wieder Werte, an denen sie sich orientieren kann. Sonst geht sie zugrunde. Besonders Politiker konservativer Prägung sehen die Kirche als Garantin und Lieferantin von »Werten«. Danach ist dann der Mann klug, der sein Leben auf Werten aufbaut. Das kann auch der christliche Glaube sein. Sein Haus des Lebens ist dann vor allen Stürmen sicher. Diese Deutung ist sicher das gründlichste Mißverständnis des Gleichnisses. Denn es sieht völlig von den Inhalten »dieser meiner Worte« ab. Meist wird ja die Praktizierbarkeit der Bergpredigt gerade von den Kreisen bestritten, die nach den »Werten« fragen.

Alle diese Mißverständnisse übersehen, daß es sich bei dem Gleichnis weder um einen Aufruf zum Glauben noch um eine Anweisung zu einem richtigen Leben noch um die Illustration der Notwendigkeit von »Werten« handelt, sondern um ein eschatologisches Gleichnis. Der Futur in Vers 24 macht das deutlich: »Darum, wer diese meine Rede hört und tut sie, der wird mit einem klugen Mann verglichen werden ...« Erst am Ende wird sich zeigen, welches Haus Bestand hat. Man sieht den Häusern nicht an, auf welchen Grund sie gebaut sind. Erst das Gericht macht den Unterschied deutlich. Das eine hält der Sintflut (vgl. Matthäus 24,37–39) stand, der Fall des anderen ist groß, das heißt endgültig. Die Nichterkennbarkeit des eigentlichen Zustandes vor dem Gericht kennen wir auch aus Matthäus 25,31–46. Darin liegt die gewisse Tra-

gik im Geschick der Hausbauer. Sie wissen nicht, was sie tun, ja sie sind sogar guten Gewissens (vgl. auch 7,22 f).
Das führt uns zur Beantwortung der Frage nach dem tertio comparationis des Gleichnisses. Dieses ist weder die Tätigkeit, also das Bauen des klugen oder törichten Mannes, noch seine Klugheit oder Dummheit. Tertium comparationis ist das Standhalten bzw. der Fall des Hauses im großen Unwetter. »Wie der vom Sturm begleitete wolkenbruchartige Herbstregen das Fundament der Häuser erprobt, so wird über Nacht die Sintflut hereinbrechen und Euer Leben auf die Probe stellen« (Joachim Jeremias, Die Gleichnisse Jesu, Göttingen 1965, Seite 193). »Die Flut der endzeitlichen Trübsal macht es offenbar, daß der eine auf Felsengrund, der andere auf Sand gebaut hatte« (Jeremias, Seite 169). Das Gleichnis spricht also wie die ganze Bergpredigt in die drohende Krise der hereinbrechenden Endzeit hinein. »Tut Buße, denn das Himmelreich ist nahe herbeigekommen (4,17)!« Der kluge Mann, das ist derjenige, der diese Situation erfaßt hat und sich ihr stellt (Jeremias, Seite 193). Der törichte hat sie offenbar gar nicht im Blick.
Wer klug ist, nimmt das Ende in den Blick und handelt entsprechend (vgl. das Gleichnis von den klugen und törichten Jungfrauen). Die Ethik folgt der Eschatologie. Doch ganz so geht das Gleichnis auch nicht auf. Es wird nichts davon gesagt, was den klugen Hausbauer bei seiner Grundlegung bewegt. Er handelt eben so. Es wird auch in Matthäus 25,31–46 nichts davon gesagt, daß die einen gewußt haben, daß sie in ihrer Barmherzigkeit in Wahrheit an Jesus gehandelt haben. Sie haben es um der Barmherzigkeit willen getan. Inwieweit die klugen Jungfrauen wirklich vorausschauend waren, bleibt offen. Wer das Rechte tut, tut es, weil es das Rechte ist, und nicht aus irgendeiner Berechnung heraus. Die Widersprüche sind nicht völlig zu lösen, und sie sind ja auch nur scheinbar. Jesu Worte sind in die Krisensitutation endzeitlicher Erwartung hineingesprochen worden. Daher haben sie ihre besondere Schärfe. Zugleich sind sie aus sich heraus zwingend, so daß ihre Erfüllung nicht der Drohung mit dem Endgericht bedarf. Ja, der wahre Hörer wird zum Täter, weil er gar nicht anders kann. Es bedarf dazu keiner Ethik. Das Gute hat seine eigene Evidenz, es ist dem Menschen von altersher eingegeben (1. Mose 3,5–7; Jeremia 31,33; Micha 6,8). Ich verstehe auch das »Tun« des Gleichnisses weniger im Sinne der Befolgung einzelner Anweisungen als im Sinne einer Lebenshaltung, die dem Geist der Bergpredigt folgt. Es kommt vor allem darauf an, »wo man sich mit seinem ›Haus‹, d. h. mit seinem Leben, ›ansiedelt‹. Man wird an das Wort des Paulus von dem einen Grund, auf den allein man bauen kann, erinnert (1. Korinther 3,11)« (E. Schweizer, Das Evangelium nach Matthäus, NTD 2, Vandenhoeck und Ruprecht, Göttingen 1976, Seite 123). Wer auf den rechten Grund baut, der kommt auch im Endgericht nicht zu Fall.
Was ist nun zu predigen? Oder besser gefragt, wem ist zu predigen? Natürlich spricht die Kirche auch heute noch vom kommenden Reich Gottes. Sie

bekennt sich dazu und betet darum. Dennoch macht sie nicht den Eindruck, als ob sie sich in einer endzeitlichen Krise befände. Die heutige Krise der Kirche ist von anderer Art. Und gewiß gibt es auch Menschen, die angesichts des zu Ende gehenden Jahrtausends apokalyptische Visionen entwickeln oder ihnen erliegen. Und die zahlreichen Weltuntergangsszenarien in Film und Fernsehen, fiktiv oder wissenschaftlich begründet, könnten zwar auf eine endzeitliche Krisenstimmung hindeuten, aber die meisten Menschen haben doch ganz andere, viel näher liegende Sorgen. Von einer eschatologischen Sichtweise kann jedenfalls nicht die Rede sein. Die eigenen Lebenskrisen und Zusammenbrüche in Beruf, Ehe und Familie, bedingt durch Arbeitslosigkeit, Krankheit, Veränderungen in den Lebensumständen, sie haben aber für den einzelnen durchaus eschatologischen Charakter. Denn da geht es oft genug um die Existenz und um die Zukunft. Und es geht, gerade bei den Älteren, auch um die Bilanz des eigenen Lebens. Was hält denn einer Prüfung stand, was ist mißlungen, was verdorben? Wie werde ich damit fertig? Mit diesen Fragen sitzen die Menschen, denke ich, im Gottesdienst. Ich halte es für erlaubt, das Gleichnis in dieser Hinsicht anzuwenden.
So möchte ich in der Predigt die Bemühung der Menschen aufgreifen, ihrem Leben ein sicheres Zuhause zu verschaffen. Ich möchte dann von den hereinbrechenden Krisen sprechen und danach fragen, wo man denn »angesiedelt« sein muß, um Bestand zu haben. Und ich möchte vom Tun der Worte Jesu im Sinne einer Lebenshaltung reden, ohne dabei gesetzlich zu werden.

Vorschläge zur Liturgie

Lieder
EG 196,1+2+5+6 Herr, für dein Wort sei hochgepreist
EG 342,1+6+7 Es ist das Heil uns kommen her
EG 354 Ich habe nun den Grund gefunden
EG 369 Wer nur den lieben Gott läßt walten
EG 497,1–5 Ich weiß mein Gott, daß all mein Tun
EG 613 (Ausgabe für Niedersachsen und Bremen) Liebe ist nicht nur ein Wort

Psalm
Statt des Sonntagspsalmes 40 wähle ich Verse aus Psalm 119, besonders 1–8.110–105.

Lesungen
Als alttestamentliche Lesung: Jeremia 1,4–10
Als Evangelium: Matthäus 7,15–23 oder Matthäus 21,28–31 (!) oder Matthäus 25,31–40
Als Epistel: Römer 2,11–16 oder 1. Petrus 4,7–11 oder Jakobus 1,22–25

Gebet zum Kyrie

Auf schwankendem Boden, Gott, tasten wir nach festem Grund,
auf dem wir gehen und stehen können.
Unter Mühen und Sorgen bauen wir das Haus unseres Lebens,
um Schutz zu finden vor Sturm und Unwetter.
In ungewisser Zeit suchen wir die Zukunft zu gestalten,
um auch in Krisen bestehen zu können.
Aber unsere Kraft ist gering, unser Wissen unzureichend,
unser Glaube schwach.
Darum flehen wir dich an, Gott: Erbarme dich unser!

Gnadenspruch

So spricht Gott:
Fürchte dich nicht, ich bin mit dir; weiche nicht, denn ich bin dein Gott. Ich stärke dich, ich helfe dir auch, ich halte dich durch die rechte Hand meiner Gerechtigkeit. Jesaja 41,10

Kollektengebet

Dein Wort, Gott, ist uns Trost und Hilfe,
ist Grund und Halt für unser Leben.
Dein Wort läßt uns sicher wohnen.
Wir bitten dich um dein Wort in dieser Stunde
und für unser ganzes Leben,
durch Jesus Christus, deinen Sohn, unsern Herrn,
in der Kraft des Heiligen Geistes.

Fürbittengebet

Wir wissen nicht, Gott, auf welchem Fundament
das Haus unseres Lebens erbaut ist,
und ob es in der Krise und vor deinem Gericht standhalten wird.
Aber wir vertrauen darauf,
daß du ihm einen festen Halt geben wirst.
Laß uns tun, was Jesus uns gelehrt hat:
daß wir einander mit Liebe und Barmherzigkeit begegnen,
daß wir uns gegenseitig vergeben
und uns untereinander in unserem Leid trösten,
daß wir in allem nach deinem Willen fragen.

Wir bitten dich für alle,
deren Lebensgebäude ins Wanken geraten ist,
die in der Krise unterzugehen drohen,
die alles verloren glauben.
Gib ihnen Menschen, die sie auffangen
und die ihnen zur Seite stehen.

Wir bitten dich für jene,
die sich niemals auf einem festen Grund ansiedeln konnten,
die umhergetrieben sind von Sorgen und Wünschen,
die haltlos und beziehungslos ihre Tage verbringen.
Sei barmherzig mit ihnen
und errette sie aus ihren Nöten.

Vorschlag zur Predigt

Möglicher Anfang

Wer ein Haus baut, tut es sein Leben lang. Am Anfang, da hat man erst nur eine Vorstellung davon im Kopf, einen Traum, ein Ideal. Schön soll es werden, und wohnlich und vor allem solide gebaut. Denn man will ja ein Leben lang darin zuhause sein. Und repräsentativ darf es auch sein, denn es stellt nach außen hin dar, wer einer ist und was einer ist. So werden aus Vorstellungen Pläne. Die Finanzierung wird gesichert, ein Baugrund gesucht, ein Architekt beauftragt. Dann entsteht der Rohbau, schließlich ist Richtfest, dann kommt noch die Innenausstattung und endlich erfolgt der Einzug. Jetzt ist erst einmal Ruhe. Doch nicht lange. Dann wird hier etwas verändert, dort etwas ausgebaut. Reparaturen kommen, Renovierung, vielleicht sogar ein Umbau. Ein Haus ist niemals fertig. So ist das auch mit unserem Leben. Fortwährend sind wir dabei, unser Leben aufzubauen und zu gestalten. Der eine von uns ist vielleicht noch ganz am Anfang. Er ist noch voller Pläne und Ideen. Für einen anderen ist sein Leben eher wie ein Rohbau: Die Struktur ist schon erkennbar, aber die Innenausstattung und die Details fehlen noch. Einer wohnt schon lange im Haus seines Lebens. Im Prinzip ist es fertig und eingerichtet. Man muß nur hier und dort noch etwas ausbessern, ab und zu ein wenig modernisieren. Und für manche ist ihr Haus mit ihnen schon alt geworden. Es trägt wie sie selbst die Spuren der Zeit. Das Alter zeigt seine Brüchigkeit, hat aber auch etwas von Liebreiz an sich.
Das Haus unseres Lebens: Es erhält seine äußere Gestalt durch Herkunft und Familie, durch Schule und Ausbildung. Es bekommt seine Ausstattung durch Arbeit und Besitz, erhält seinen Schmuck durch Interessen und Engagement, wird wohnlich durch Freundschaften und die Achtung der anderen. Seine letzte Größe und Form erhält es durch Einflüsse von außen und geistige Kräfte von innen.
Wir möchten, daß dieses Haus gefällt, anderen, uns selber, Gott vielleicht auch. Es soll ein schönes, solides Haus sein, in dem wir uns wohlfühlen, in dem wir Gäste beherbergen können, in dem wir uns sicher und geborgen fühlen. Wir möchten Ja sagen können zu unserem Leben. Wir möchten, daß auch andere Ja dazu sagen.

So bauen wir jeder an dem Haus unseres Lebens. Dabei sieht jedes Haus, sieht jedes Leben anders aus. Keines gleicht dem anderen. Auch das ist gut und schön so.
Aber was ist, wenn ein Sturm kommt, wenn plötzlich ein Unwetter über dieses Haus hereinbricht, wenn die Fluten es wegzuspülen drohen? Wir erinnern uns an die Zeitungsmeldungen über die Schlammlawinen, die über Städte und Dörfer in Italien hereingebrochen waren und die Häuser und Menschen weggespült hatten. Immer wieder lesen wir von solchen Vorfällen. Und man kann nicht sagen, daß es einfach nur Naturkatastophen gewesen wären, die da über die Menschen hereingebrochen waren. Man hatte nicht an den Boden gedacht, der die Häuser tragen sollte. Man hatte die Kräfte der Natur außer acht gelassen, hatte den Schutz der Dörfer vernachlässigt. Es war fast immer auch Leichtsinn, menschliche Dummheit und auch kurzfristiges Gewinnstreben gewesen, die das Unglück herbeiführten.
Und wie ist es, wenn über unser Leben ein Sturm hereinbricht, wenn die Fluten über uns hinweggehen und das Wasser uns bis zum Hals steht? Wenn es zur Krise kommt in Ehe und Beruf; wenn plötzlich die finanziellen Sicherheiten fehlen; wenn eine Krankheit uns überfällt; wenn wir an uns selber zu zweifeln beginnen?

Zum weiteren Verlauf
Je nach der Situation der Gemeinde und im Gottesdienst wähle ich Beispiele für solche Krisensituationen aus. Ich achte dabei darauf, daß die Zuhörer sich darin zwar wiederfinden können, sich selbst aber nicht gemeint glauben müssen. Die Möglichkeit zur Distanzierung muß gewahrt bleiben. Die Krisen müssen so existenziell geschildert werden, daß deutlich wird: Es geht um Halt oder Fall.
Dann stelle ich die Frage nach dem Fundament. So wie man einem Haus gewöhnlich nicht ansieht, wie sein Fundament beschaffen ist, so sieht man es auch einem Leben nicht an, auf welche Grundlage es gestellt ist. Es mögen sich zwar Risse zeigen, aber die sind noch zu übertünchen. Wir urteilen meist nur nach der Fassade oder nach der sonstigen äußerlichen Ausstattung und Ansicht. Aber das Fundament trägt das Haus. Der Boden, auf dem es steht, hat grundlegende Bedeutung. Und erst die Krise zeigt, was dieses Fundament taugt. Darum muß man wissen, wo man sich ansiedeln will und kann.
Im Predigttext bezeichnet Jesus seine Worte als festen Grund. Wer darauf hört und daran glaubt, der hat auf guten Grund gebaut. Das entspricht landläufiger Meinung: »Man muß einen Halt im Leben haben. Irgendetwas muß der Mensch glauben.« Christen sagen, das ist der Glaube an Jesus Christus. Wer auf seine Worte hört und ihm vertraut, der hat einen Grund, auf dem man sein Leben aufbauen kann: »Einen anderen Grund kann niemand legen ... (1. Korinther 3,11).«

Es gibt aber offenbar einen Unterschied, der entscheidet, ob ein Haus fällt oder steht, ob Leben gelingt oder scheitert. Der Untersschied liegt darin, ob einer auch nach dem Wort Jesu handelt oder nicht. Hören und Tun, Glauben und Handeln sind offenbar zweierlei. Wir kennen diesen Zwiespalt aus eigener Erfahrung. Ablenkung, Hilflosigkeit, Gleichgültigkeit, Feigheit - alles kann uns davon abhalten, nach den Worten Jesu zu leben und das jeweils Gebotene zu tun. Beispiele lassen sich gewiß dafür finden. Und manchmal ist es dann eben zu spät, wie das Gleichnis erzählt. Das Haus stürzt ein. Deshalb mahnt das Gleichnis zur Klugheit.
»Diese meine Worte« sind nun aus der Bergpredigt zu erklären. Ich erinnere an die Seligpreisungen, an das Gebot der Feindesliebe, an den Verzicht auf das Richten, an die Entscheidung zwischen Gott und Mammon. Es geht nicht um die Befolgung einzelner Sätze, sondern um die Lebenshaltung. Wenn ich die Worte Jesu zum Grund meines Lebens mache, dann siedle ich auf dem Boden, aus dem auch die Bergpredigt erwachsen ist, dann lebe und handle ich aus ihrem Geist. Ich kann mich dafür oder dagegen entscheiden.

Möglicher Schluß

Der unkluge Mann läßt es beim Hören und Vertrauen bewenden. Er tut nichts weiter. Er freut sich über sein schönes Haus, über die Sonne und jeden guten Tag. Aber wenn es schlimm kommt, genügt dies nicht. Der kluge Mann besitzt das gleiche Hören und Vertrauen. Aber er nimmt die Welt um sich herum wahr und handelt entsprechend: Er übt Barmherzigkeit, er stiftet Frieden, er übt Liebe, er dient dem einen Herrn und überläßt Gott das Gericht über andere. Die Worte Jesu sind ihm keine frommen Wandsprüche, sondern Richtschnur für das eigene Leben. So kann er auch dann bestehen, wenn es schlimm kommt.
Der Mann wird klug genannt, nachdenkend und vorausschauend also und weise. Überzeugung und Handeln müssen übereinstimmen. Geistesarbeit und Herzensarbeit und Handarbeit sind gleichermaßen nötig wie Glauben und Vertrauen, wie Gottesliebe und Menschenliebe. So wird ein Fundament des Lebens gelegt, das hält.
Man kann einem Haus nicht ansehen, wie stark oder wie brüchig sein Fundament ist. Wie man gewöhnlich auch einen Leben nicht ansieht, worauf es gebaut ist. Starke Bekenntnisse sagen noch nicht viel. Mancher, der stark erschien, ist dann doch zusammengebrochen, als die Krise kam. Andere sind über sich hinausgewachsen und wurden zum Vorbild und Halt für viele, als es schlimm kam. Ich kann nicht einmal für mich selber im voraus wissen, ob ich im Sturm standhalten werde oder davon geschwemmt werde. Das ist vielleicht auch ganz gut so.
Aber ich kann versuchen, ein gutes Fundament für das Haus meines Lebens zu legen, indem ich nicht nur auf die Fassade achte, sondern auch auf den Boden und auf anständige Grundsteine. Ich muß wissen, wo und in wessen

Nähe ich mich ansiedeln will. Ich kann auf die Worte Jesu hören. Ich kann meinen Kopf gebrauchen und mein Herz mitreden lassen, um so danach zu leben und zu handeln. So hat das Haus meines Lebens Bestand und ich darf mich darin wohlfühlen. So kann es ein Schutz und Zuhause für viele sein. Und wenn Christus selbst der Eck- und Grundstein meines Lebenshauses ist, kann ich darin ohne Furcht wohnen. Es wird nicht einfallen.

Kontexte

Geschrieben steht: »Im Anfang was das Wort!«
Hier stock' ich schon! Wer hilft mir weiter fort?
Ich kann das Wort so hoch unmöglich schätzen,
Ich muß es anders übersetzen,
Wenn ich vom Geiste recht erleuchtet bin.
Geschrieben steht: Im Anfang war der Sinn.
Bedenke wohl die erste Zeile,
Daß deine Feder sich nicht übereile!
Ist es der Sinn, der alles weckt und schafft?
Es sollte stehn: Im Anfang war die Kraft!
Doch, auch in dem ich dieses niederschreibe,
Schon warnt mich was, daß ich dabei nicht bleibe.
Mir hilft der Geist! Auf einmal seh' ich Rat
Und schreibe getrost: Im Anfang war die Tat!
(Johann Wolfgang von Goethe, Faust I, Studierzimmer)

Poesie des Tuns.
Es ist schön, ein hungerndes Kind zu sättigen,
ihm die Tränen zu trocknen,
ihm die Nase zu putzen,
es ist schön, einen Kranken zu heilen.
Ein Bereich der Ästhetik,
den wir noch nicht entdeckt haben,
ist die Schönheit der Gerechtigkeit,
über die Schönheit der Künste, eines Menschen,
der Natur, können wir uns halbwegs einigen.
Aber RECHT UND GERECHTIGKEIT sind auch schön,
und sie haben ihre Poesie,
wenn sie vollzogen werden.
(Heinrich Böll, in einer Todesanzeige für Petra Kelly und Gert Bastian, taz, 24.10.1992; zitiert nach Rainer Godel)

Ferner wird gelehrt, daß gute Werk sollen und mussen geschehen, nicht daß man darauf vertrau, Gnad damit zu verdienen, sondern um Gottes willen und Gott zu Lob. Der Glaub ergreift allzeit allein Gnade und Vergebung der Stunde. Und dieweil durch den Glauben der heilig Geist geben wird, so wird auch das Herz geschickt, gute Werk zu tun. …
Deshalb ist diese Lehre vom Glauben nicht zu schelten, daß sie gute Werke verbiete, sondern vielmehr zu ruhmen, daß sie lehre, gute Werke zu tun, und Hilf

anbiete, wie man zu guten Werken kummen muge. Dann außer dem Glauben und außerhalb Christo ist menschliche Natur und Vermugen viel zu schwach, gute Werk zu tun, Gott anzurufen, Geduld zu haben im Leiden, den Nächsten lieben, befohlene Ämter fleißig auszurichten, gehorsam zu sein, bose Lust zu meiden etc. Solche hohe und rechte Werk mugen nicht geschehen ohn die Hilf Christi, wie er selbs spricht Joh 15: »Ohn mich kunnt ihr nichts tun.«
(Augsburgische Konfession XX, Z. 13–21.8–22, Die Bekenntnisschriften der evangelisch-lutherischen Kirche, 6. Auflage, Göttingen 1967, Seite 80 f.)

10. Sonntag nach Trinitatis

Annäherungen an den Predigttext Johannes 2,13-22

Gerhard Engelsberger

Oh, ist das ein beim zunehmenden Auspacken immer sensibler und spannender werdender Text! Wie verführerisch gefährlich, gerade am Israelsonntag, der nun, seit es Perikopenreihen gibt, eher Material zur Distanzierung von, zur Klage über bis hin zur Verurteilung von Jerusalem liefert. Dabei ist der Dialog nötiger denn je, -
nachdem die Entdeckung des »Juden Jesus« fast schon als modische Welle verebbt ist und der Dialog wieder einigen Spezialisten vorbehalten bleibt;
nachdem nationalistische Ausschreitungen mit angemaßtem »Säuberungscharakter« das vereinte Deutschland in den Augen anderer mit Recht suspekt machen;
nachdem - welch eigenartige Verbindungen es gibt! - an Stammtischen und anderswo das Verständnis für die »Rechte des palästinensischen Volkes« plötzlich die eigene Schuld relativiert und zu neuem Antijudaismus führt.
Ob sich Predigerin und Prediger am »Israelsonntag« und mit der »Tempelreinigung« - und dann noch nach Johannes darauf einlassen wollen? Oder ob dieser faszinierende Text vielleicht doch unhistorisch, sofort auf uns übertragen gepredigt werden soll oder kann?
Ich führe drei Gespräche:

1. Gespräch mit dem befreundeten Universitätstheologen: »Der Tempelbogen«
Der Tempel spielt - so erzählt mir Bernd Joerg Diebner - in keinem anderen Evangelium eine so wichtige Rolle. Der »Aufmacher« Joh 1 thematisiere die Schöpfung, die schließlich im Tempel ihren sichtbaren Ort findet. Folgerichtig müsse schon zu Beginn des Evangeliums deutlich werden, worauf die Geschichte hinauslaufe. Der alte Tempel ist korrupt, die »alte Schöpfung gefallen«, selbst die »Tempelreinigung« führte ja nicht zum gewünschten Erfolg. Am Ende sei in Jesus Christus der neue Tempel errichtet, der den alten ersetzt. B. J. Diebner schlägt den Bogen von Joh 2,19 bis zu Joh 19,30, das bei Luther mißverständlich mit »es ist vollbracht« übersetzt wäre, in Wahrheit aber die in der jüdischen Tradition fest verankerte »Tempelbauabschlußnotiz« sei: teletestei - »nun ist er/es vollendet«.

Deshalb auch bei Johannes an Karfreitag die Stille (vergleichbar der Stille und Ruhe am siebten Schöpfungstag), während die anderen Evangelien die Zerstörung des Tempels thematisieren.
Ich frage den Freund, ob er mir einen Tip geben könnte, wie angesichts des korrupten, durch Jesus Christus ersetzten »alten« Tempels möglicher Antijudaismus verhindert werden könne. Er wird eher zurückhaltend und erinnert an meine Sprachbegabung.
Fazit: Ich habe Interessantes gelernt, aber ob diese Schiene die richtige für meine Predigt ist? Er meint selbst, ich solle doch den Text eher im gewagten Sprung direkt auf heute übertragen und appelliert an meine Sprachfähigkeit.

2. Gespräch im Kreis von Unternehmern: Die »Negativ-Folie«
Ziemlich regelmäßig treffe ich mich mit einem bunten Kreis öffentlich engagierter Mitmenschen, darunter Unternehmer, Handwerker, Geschäftsleute, - »Händler« eben.
Meine vorsichtige Anfrage, die »Reinigung des Kaufhauses« (Tempel) betreffend, bringt einen Stein ins Rollen, der all die Verletztheit, das Mißverstandenwerden und das Alleingelassensein durch ihre Kirche zum Ausdruck bringt. Ein Bankmensch spricht mich auf eine, schon länger, aber offensichtlich »unverdaute« Predigt an, in der ich über die »Welt der Händler« hergezogen sein. Ein Autohändler sagt: »In den Predigten der Kirche dienen wir immer als die schlechten Beispiele, aber wenn die neue Orgel finanziert werden soll, kommt ihr zu uns mit Bettelbriefen.« Der Chef eines großen Unternehmens, mit der entrichteten Gewerbesteuer eine der wichtigsten Einnahmequelle unserer Kommune, erzählt mir glaubhaft von Hunderten von Spendenbitten um die Weihnachtszeit. »In der Zwischenzeit«, sagt er, »sehe ich nicht einmal mehr am Briefkopf, worum es sich handelt. Vier oder fünf evangelische und freie evangelische Gemeinden sind darunter und bald zehn Missionsgesellschaften. An Weihnachten braucht ihr uns, im restlichen Jahr sind wir die Negativfolie, vor der die Bescheidenheit des Heiligen Franziskus um so besser glänzt.«
Keiner läßt sich auf eine Diskusssion ein über die damalige Situation im Jerusalemer Tempel. Nicht einer ist aus der Kirche ausgetreten. Nicht einer fühlt sich andererseits nicht verletzt, benutzt, mißverstanden, alleingelassen ...
Fazit: Ich bin kleinlaut geworden und spüre, es kann nicht um »distanziertes Historizieren« gehen. Es geht um den eigenen Tempel. Heute, nicht vorgestern. Ich, nicht »ihr«. Wenn nicht jetzt, wann dann ...

3. Gespräch mit mir selbst: Wenn »Feindbilder vergilben«
Jeder von uns kennt das Phänomen, daß er in alten Familienalben blättert und auf Gesichter stößt, an die sich keiner mehr erinnert. Sie haben keinen Namen mehr, geschweige denn eine Geschichte ... Ich mache meine sehr

persönliche Rechnung auf, wen ich gerne aus meinem Tempel »vertrieben hätte«, – entsprechend wäre/ist damals meine Predigt ausgefallen:

1975: alle, die meine ersten Gottesdienste zu bunt, meine Predigten zu politisch empfanden und den Radikalenerlaß unterstützten.

1976: alle, die bei meiner Einführung als Pfarrer gute Wünsche als Aufgußbeutel verteilten und denen ich freundlichen Dank schuldete.

1977: alle, die hinter meinem Rücken über meine sterbende Ehe räsonierten, sonntags aber mit mir Abendmahl feierten.

1978: die Scheidungsrichter, Rechtsanwälte, Bezirks-, Ober- und Landeskirchenräte; alle, die mir zum Tod meines Vaters kondolierten und dann zur Tagesordnung übergingen.

1979: alle Finanzbeamten.

1980: alle Schulgremien und »müden« Lehrer.

1981: alle Moralapostel, die meinten, ein geschiedener und frisch verheirateter Pfarrer sei eine Schande für die Gemeinde.

1982: alle, die meine Kreise störten.

1983: alle die, die die »Nachrüstung« wollten. Hinzu kommen die, die meinten, ein Gemeindezentrum wie das unsrige sei keine richtige Kirche.

1984: alle, die die »Friedensbewegung« kriminalisierten; die US-Raketen aufstellen wollten.

1985: das Rechnungsamt, das mich zu einer Heizkostennachzahlung verdonnerte; nicht anders die Rassisten in Südafrika.

1986: die Betreiber von Tschernobyl, Obrigheim, Philippsburg und all den anderen Atomkraftwerken; alle die, die gegen die Möglichkeit Sturm liefen, daß in unserer Gemeinde auch Kinder zum Abendmahl zugelassen werden.

1987: die Politiker, die das Hinterziehen von Steuern zu einem Kavaliersdelikt verkommen ließen.

1988: alle die, die von AIDS wußten, nie darüber redeten und sich jetzt als Experten interviewen lassen; alle die, die die etwa 1 Million registrierter Toter beim Afghanistan-Krieg melden, ohne zu klagen, zu weinen, zu schreien oder zu handeln.

1989: alle die, die über die deutsche Einheit grölten, deutsche Fahnen hißten und mit Leuchtraketen das wiedervereinte Deutschland feierten.

1990: der Bauausschuß unserer Kirchengemeinde, der mich die letzten Nerven kostete. Die »Händler«, die millionenschwer an der deutschen Einheit verdienten.

1991: Die Alliierten im »Kampf« gegen den Irak und ihre Kriegsberichterstatter.

1992: die Versicherungskonzerne

1993: die Nachrichtensprecher, die Gerichtssprechern gleichen: Urteile verkünden, rechtfertigen, »erläutern« (welche Verwandtschaft zur »Lauterkeit«).

1994: Die Fußball-»Menschenhändler«, über die ich mich besonders deshalb ärgere, weil ich im Videotext selbst ihre neuesten Bilanzen studiere.

1995: Die Drogenhändler, die auf dem Schulhof unserer Kinder »dealen« und »dealen lassen«. Die Ärzte, die den Brustkrebs meiner Mutter zu spät diagnostizierten; die die Abschiebung von N.N. und seiner Familie nach Bosnien - mitten im Krieg - für richtig und Asylanten als Schmarotzer bezeichnen; den Bauausschuß unserer Kirchengemeinde, der es tatsächlich fertigbringt, im November/Dezember die Fenster unseres Gemeindezentrums zu renovieren.

1996: die Lehrer, die mit dafür sorgten, daß eines meiner Kinder »sitzengeblieben« ist.

1997: Die Ideologen der Globalisierung, die Statistiker der Arbeitslosigkeit und die Schönredner der Kirche; die Besitzer der günstigen Ferienwohnung, die eigentlich für August 1997 gebucht war und nun plötzlich wegen Eigenbedarf nicht mehr zu mieten ist.

Politisches mischt sich mit Privatem, Kirchliches mit Sozialem, und über allem hängt das Schwert meiner Verurteilung, meines Aufrufs zur Reinigung.

Angesichts dieser Liste entdecke ich, der zu »reinigende« Tempel bin ich selbst. In mich sind die Dealer eingezogen, ich bin korrupt, alt, ersetzungsbedürftig, zumindest reinigungsbedürftig. Und ich bin gleichzeitig so wertvoll, ein Tempel Gottes, ein Tempel Christi. Spannend wird es, wenn ich darüber nachdenke, daß ich selbst »Ort der Auseinandersetzung« bin.

Zum Gottesdienst

Theodor Bohlen

Exegetisch-homiletische Slizze

Der 10. Sonntag nach Trinitatis ist in den kirchlichen Insidern unter dem Namen »Israel-Sonntag« bekannt. In vielen Predigten wurden in der Vergangenheit und werden oft auch heute an diesem Sonntag Fragen des Verhältnisses der Kirche zu den Juden, des Leidens des jüdischen Volkes und der Schuld und Verstrickung des deutschen Volkes und der deutschen Kirchen angesprochen. Das sind wichtige Themen, die wir nicht unterdrücken und verschweigen dürfen. Dennoch eignet sich der Predigttext Johannes 2,13-22 nicht für solches Gedenken und für solche Gedanken.

Der Predigttext ruft bei den Gottesdienstbesuchern, zumal bei den kirchlich distanzierten, so vermute ich, andere Assoziationen hervor. Schlüssel-

wörter des Textes für die Predigt sind für mich die Wörter »Tempel« und »Kaufhaus« oder das Gegensatzpaar »Bethaus-Kaufhaus«. Ich unterstelle, daß auch die Gottesdienstbesucher ähnlich assoziieren.
Der Tempel, das Gotteshaus, die Kirche ist ein Haus, in dem ich mit Gott reden kann, in dem ich das, was mich erfreut in Lob und Dank und das, was mich bedrückt, in Klage und Bitte vor Gott bringen kann. Das kann im Alltag während eines kurzen Augenblicks der Stille in einer geöffneten Kirche oder am Sonntag im öffentlichen Gottesdienst geschehen.
Ich möchte im ersten Teil der Predigt verdeutlichen: Unser Glaube braucht ein Zuhause, braucht Orte der Erinnerung, der Anbetung, der Vergewisserung, Orte, an denen ich zu mir selbst finden, mit mir selbst und mit Gott ins Gespräch kommen kann. Wir brauchen Orte, Räume, Symbole, Bilder, an denen wir unseren Glauben festmachen können, uns erinnern lassen an Werte, Erfahrungen, die nicht zu kaufen sind. Dafür stehen der Tempel, das Gotteshaus, die Kirche.
Im zweiten Teil möchte ich den Satz »Macht nicht meines Vaters Haus zum Kaufhaus« entfalten. Die Schlagworte »Ökonomisierung« und »Marktwert« haben Hochkonjunktur. Nicht der Tempel, vielmehr die Welt, in der wir leben, Gottes Schöpfung ist zu einem Kaufhaus geworden. Vieles wird nach seinem Marktwert beurteilt: Sportler werden gekauft und verkauft, Hühner in Legekäfigen gehalten, damit sie Eier produzieren, die Wälder Südamerikas werden nach ihrem Nutzwert für die Möbel- und Papierindustrie gehandelt. In der Kranken- und Altenpflege unserer Diakonie- und Sozialstationen können aufgrund des Pflegeversicherungsgesetzes vielfach nur »abrechenbare Leistungen« angeboten werden.
Im abschließenden dritten Teil möchte ich auf den ersten Teil der Predigt zurückkommen und daran anknüpfen. Kirchen, Gotteshäuser stehen für eine Welt, für Werte, die nicht zu kaufen, nicht abrechenbar sind, nicht nach ihrem Marktwert beurteilt werden.
Ich entdecke z. B. beim Hören oder Lesen der Psalmen, wie sehr ich verlernt oder vergessen habe zu staunen, mich zu wundern, mich zu freuen, zu danken.
Ich erfahre z. B. aus den Worten und Taten Jesu: Gott beurteilt mich nicht nach meinem Marktwert. Darin besteht mein Wert, meine unverlierbare Würde, daß er mich annimmt, ja zu mir sagt, mich nicht aufgibt, mir Freiheit schenkt, ja zu sagen auch zu meinem Nächsten als meiner Schwester und meinem Bruder.
Ich erfahre z. B. aus den Worten der Bergpredigt: Ich werde gebraucht, ich bin eingeladen, Annahme, Liebe, Barmherzigkeit, Gerechtigkeit weiterzugeben, zu verschenken.
Ich nehme z. B. beim Anblick des Kreuzes wahr: Daß ich Gott etwas wert bin, dafür bürgt er, der Bote, der Sohn Gottes durch seinen Tod, durch seine Auferstehung. Das stellt mein Leben in einen neuen Horizont.

Die homiletische Skizze macht deutlich, daß ich mich in der Predigt auf den ersten Abschnitt des Predigttextes (Verse 13–17) beziehe. Exegetisch scheint mir einleuchtend, daß der zweite Abschnitt (Verse 18–22) mit dem christologischen Akzent sein eigenes Gewicht hat. Die Worte »Das ist das erste Zeichen« als Abschluß der unserem Predigttext vorausgehenden Erzählung von der Hochzeit zu Kana (Johannes 2,1–11) und das Stichwort ›Tempel‹ in unserem Predigtabschnitt legen es dem Verfasser des Johannesevangeliums nahe, die christologischen Aussagen an die Erzählung von der Tempelreinigung anzuschließen.
Wer am 10. Sonntag nach Trinitatis nicht auf den Bezug zum Israelsonntag verzichten möchte, hat Gelegenheit, diesen Bezug im Fürbittengebet oder in den Abkündigungen durch die Beschreibung eines Projektes der christlich-jüdischen Verständigung für die Kollekte zur Sprache zu bringen.

Vorschläge zur Liturgie

Lieder
EG 166 (Tut mir auf die schöne Pforte)
EG 172 (Sende dein Licht)
EG 225 (Komm, sag es allen weiter)
EG 262 (Sonne der Gerechtigkeit)
EG 326 (Sei Lob und Ehr, Strophe 7-9)
EG 360 (Die ganze Welt hast du uns überlassen)
EG 395 (Vertraut den neuen Wegen)

Zum Kyrie eleison (Sündenbekenntnis)
Wir kommen aus der Nacht, aus dem Zwielicht. In deinem Licht, Gott, sehen wir die falschen Wege, die wir gegangen sind. Bring uns heim.
In deinem Licht, Christus, sehen wir die falschen Bindungen, in die wir verstrickt sind. Befreie uns.
In deinem Licht, Heiliger Geist, erkennen wir unsere verkehrten Worte und Gedanken. Bring uns zurecht und bewege uns.
Kyrie eleison …

Eingangsgebete
Gott, aus unseren Häusern kommen wir in dein Haus. Wir bringen mit unsere Arbeit und unsere Unruhe, unsere Abgespanntheit und Müdigkeit, unser Lachen und unsere Freude, unser Weinen und unsere Klage. In deinem Haus wollen wir auf dich hören.
Rede zu uns, daß wir ruhig werden und gelassen. Sei uns nahe durch dein Wort, das uns aufrichtet und stärkt. Gott, wir danken dir. In Jesu Namen. Amen.

Gott, in deinem Namen werden wir still, denken wir nach, suchen wir uns selbst und suchen wir den anderen.
Gott, in deinem Namen begehen wir diesen Tag, singen wir dein Lied, hören wir dein Wort. Gib, daß wir nicht nur Besucher bleiben an diesem Tag und an diesem Ort. Gib, daß wir deine Freunde werden über diesen Tag hinaus, daß uns dein Name begleitet in jeder Stunde unseres Lebens, die kommt.
Gib auch, daß wir uns zu Zeugen machen lassen für dich, für deinen Namen, und gib uns dabei Lauterkeit und Reinheit des Herzens, daß unser Zeugnis wahrhaftig wird und daß wir deinen Namen nicht mißbrauchen. Amen.

Fürbittengebet
Gott der Güte, du sendest uns zu den Menschen mit der Botschaft deines Friedens. Du stärkst unseren Glauben. Du weckst unsere Liebe durch die Verbindung mit Christen in aller Welt. Wir preisen dich.
Wir bitten dich für die Frauen und Männer, die in deiner Kirche überall in der Welt Dienst tun: Laß sie glaubwürdige Zeugen deines Evangeliums sein. Sei ihnen im Rücken mit deiner Kraft. Schenke ihnen offene Augen und Ohren für die Nöte der Menschen. Bewahre sie vor Resignation. Stärke sie in ihrem täglichen Dienst.
Wir bitten für die christlichen Kirchen in allen Kontinenten, daß keine Angst und menschliche Rücksicht sie hindert, dein Wort als frohe Botschaft zu verkündigen, daß sie die Menschen freimachen und mit nichts anderem binden als mit dem Band deiner Liebe. Hilf, daß die unnötigen Schranken fallen, die durch Hautfarbe, Nationalität und Religion, Kultur und Tradition, Herkunft und Geschlecht zwischen uns stehen. Du willst, daß wir eins sind. Dein Wille geschehe bei uns und in allen Kirchen.
Wir bitten dich für alle Menschen, die verfolgt, gefangengesetzt und mißbraucht werden, die unter Krieg und Kriegsfolgen leiden:
Gib ihnen Kraft auszuhalten, dem Unrecht zu widerstehen und Boten deiner Gerechtigkeit zu sein. Laß die Verantwortlichen Vernunft annehmen und Wege zur Verständigung und Versöhnung finden.
Wir bitten dich für alle, die fremd sind unter uns, für die ausländischen Mitbürger, die Spätaussiedler, die Asylsuchenden: Lehre uns, sie willkommen zu heißen und zu lieben. Hilf, daß wir uns für sie einsetzen, sie in unsere Gemeinden aufnehmen und ihnen helfen, Heimat zu finden.
Wir bitten dich für unsere Gemeinden und für uns selbst:
Erwecke deine Kirche, und fange bei uns an. Baue deine Gemeinde und fange bei uns an.
Laß Frieden überall auf Erden kommen, und fange bei uns an. Bring deine Liebe und Wahrheit zu allen Menschen, und fange bei uns an.
Wir beten in der Stille ... – Vater unser

Vorschläge zur Predigt

Möglicher Predigtanfang
Auf die Frage, wo Gott wohne, antwortete Joachim, Sohn eines Arztes, im Kindergottesdienst spontan: »Gott wohnt im Himmel, aber in der Kirche hat er seine Praxis.« In der Tat, wir brauchen Orte, an denen wir Gottes Nähe spüren, erleben und schauen können. Wir brauchen Orte, an denen wir das, was uns erfreut und glücklich macht, in Lob und Dank, und das, was uns bedrückt, in Klage und Bitte vor Gott bringen können.
»In meiner Mittagspause«, erzählte mir der vielbeschäftigte Manager einer großen Bank, »gehe ich gern in die nahe gelegene Kirche. Gott sei dank, daß sie geöffnet ist. Da finde ich Ruhe. Ich kann für einen Augenblick alles um mich herum vergessen, Kraft sammeln für den hektischen und anstrengenden Alltag. In der Kirche - da beginnen auf einmal in der Stille der Raum, die Glasfenster, der Altar, das Kruzifix zu mir zu sprechen von dem, was ich brauche, - auch von Gott.«

Zum weiteren Verlauf
Wir brauchen nicht nur den Gottesdienst in der Stille, wir brauchen auch den Gottesdienst am Sonntag: »Es muß uns einmal wieder gut zugeredet werden. Es muß uns Mut gemacht werden, bevor wir neu aufbrechen. Oft haben wir keine Lust mehr, sind mürrisch, verbittert, müde. Es ist gut, zusammen mit denen, die mit uns auf dem Weg sind, innezuhalten, uns neu zu orientieren, uns sagen zu lassen, daß Gott uns nicht aufgibt, daß er mit uns unterwegs ist«. Gott will zwar überall wohnen, im Himmel und auf Erden, und wir können ihn gewiß nicht in den Mauern unserer Kirchen einsperren. Trotzdem: »Es ist gut, daß es diese Orte gibt, an denen Gott uns in besonderer Weise begegnen will; es ist gut, daß es sie gibt, ganz in der Nähe, unsere Gotteshäuser, die Kirchen«.
Ich möchte weiter erzählen, was Besucher in unserer Kirche auf die Gebetszettel geschrieben haben, wofür sie danken und warum es ihnen gut tut, in der Kirche zu sein. Ich möchte von meinen Beobachtungen erzählen, daß nach dem Zugunglück in Eschede und in anderen Krisensituationen mehr Menschen als sonst in die Kirche gekommen sind - zu einem stillen Gebet oder um das, was sie erschüttert und nach Gottes Gerechtigkeit fragen läßt, besser auszuhalten und zu verkraften. Die Predigerinnen und Prediger können gewiß von eigenen Erfahrungen, Begegnungen oder Gesprächen berichten.
Im zweiten Teil möchte ich den Gedanken »Macht nicht meines Vaters Haus zum Kaufhaus« entfalten. Stichworte, daß Gottes gute Schöpfung, Pflanzen, Tiere, Menschen immer mehr nach ihrem Marktwert beurteilt werden, sind in der exegetisch-homiletischen Skizze genannt und zu ergänzen. An dieser Stelle kann auch das im Kontext zitierte, dem Indianerhäuptling Seattle zugeschrieben Wort verwendet werden.

Im dritten Teil der Predigt knüpfe ich an die Gedanken des ersten Teiles an: Gotteshäuser stehen für eine Welt, die nicht zu kaufen ist. Ich entdecke und erfahre, daß der Mensch und mit ihm die gesamte Kreatur ihren eigenen Wert, ihre eigene Würde hat. Konkretionen sind in der homiletischen Skizze stichwortartig genannt.

Möglicher Schluß
Schließen möchte ich mit dem Text von Lothar Zenetti, auch wenn er manchen Gottesdienstbesuchern bekannt ist:

»Einmal wird uns gewiß die Rechnung präsentiert
für den Sonnenschein und das Rauschen der Blätter,
die sanften Maiglöckchen und die dunklen Tannen,
für den Schnee und den Wind,
den Vogelflug und das Gras und die Schmetterlinge,
für die Luft, die wir geatmet haben,
und den Blick auf die Sterne
und für alle Tage, die Abende und Nächte.
Einmal wird es Zeit,
daß wir aufbrechen und bezahlen;
bitte die Rechnung.
Doch wir haben sie ohne den Wirt gemacht:
Ich habe euch eingeladen,
sagt der und lacht,
soweit die Erde reicht:
Es war mir ein Vergnügen!«
(Lothar Zenetti, Sieben Farben hat das Licht, München 1975, © beim Verfasser)

Kontexte

»Wir sind ein Teil der Erde und sie ist ein Teil von uns. Die duftenden Blumen sind unsere Schwestern, die Rehe, das Pferd, der große Adler sind unsere Brüder. Die felsigen Höhen, die sanften Wiesen, die Körperwärme des Ponys und des Menschen – sie alle gehören zur gleichen Familie.
Wir wissen, daß der weiße Mann unsere Art nicht versteht. Ein Teil des Landes ist ihm gleich jedem anderen, denn er ist ein Fremder, der kommt in der Nacht und nimmt von der Erde, was immer er braucht. Die Erde ist sein Bruder (seine Schwester) nicht, sondern Feind, und wenn er sie erobert hat, schreitet er weiter. Er läßt die Gräber seiner Väter zurück – und kümmert sich nicht. Er stiehlt die Erde von seinen Kindern – und kümmert sich nicht. Er behandelt seine Mutter, die Erde, und seinen Bruder, den Himmel, wie Dinge zum Kaufen und Plündern, zum Verkaufen wie Schafe oder glänzende Perlen.
Der weiße Mann muß die Tiere des Landes behandeln wie seine Brüder. Was ist der Mensch ohne die Tiere? Wären alle Tiere fort, so stürbe der Mensch an großer Einsamkeit des Geistes. Was immer den Tieren geschieht – geschieht bald auch den

Menschen. Alle Dinge sind miteinander verbunden. Was die Erde befällt, befällt auch die Söhne der Erde. Lehrt eure Kinder, was wir unsere Kinder lehren; Die Erde ist eure Mutter. Wenn Menschen auf die Erde spucken, bespeien sie sich selbst. Denn das wissen wir: Die Erde gehört nicht den Menschen – der Mensch gehört der Erde. Der Mensch schuf nicht das Gewebe des Lebens, er ist darin nur eine Faser. Nein, Tag und Nacht können nicht zusammenleben.

Eines wissen wir, was der weiße Mann vielleicht eines Tages erst entdeckt: Unser Gott ist derselbe Gott. Ihr denkt vielleicht, daß ihr ihn besitzt, so wie ihr unser Land zu besitzen trachtet. Aber das könnt ihr nicht. Er ist der Gott der Menschen – gleichermaßen der Roten und der Weißen. Dieses Land ist ihm wertvoll und die Erde zu verletzen heißt, ihren Schöpfer zu verachten.«

(Verfasser unbekannt; dem Indianerhäuptling Seattle, 1856, zugeschrieben)

11. Sonntag nach Trinitatis

Annäherungen an den Predigttext Matthäus 21,28-32

Günter Thomé

Zum Text haben sich etwa sechzigjährige Frauen in einem Gesprächskreis der gemeindlichen Erwachsenenbildung Gedanken gemacht.

1. »Ja sagen / Nein sagen«:
Die Frauen merken sofort an, daß diese Problematik oft Gesprächsgegenstand ihres Kreises ist. Da habe der Predigttext große Chancen, zu einer aktuellen und viele Menschen ansprechenden Predigt zu werden.
Ja-Sagen: »Das ist leichter und bequemer.« - »Man macht sich keine Feinde damit; man macht sich Liebkind.«
»Das ist eine Erziehungsfrage: Wir Älteren wurden früher zu Gehorsam und Pflichterfüllung erzogen. Da mußten wir immer Ja sagen.« - »Ich mußte früher immer machen, was meine Mutter wollte, sogar bei der Berufswahl. Aber meine Mutter hat ihre Meinung immer begründet.« - »Wir Frauen sind (bisher) dazu prädestiniert, Ja zu sagen. Sage ich Ja, habe ich meine Ruhe.« - »Erst durch den Feminismus haben wir Frauen gelernt, durchaus auch mal Nein zu sagen.«
»Die Ja-Sagerei in der Politik ist schlimm; es gibt unheimlich viele Angst-Ja-Sager.«
»Beim Ja-Sagen kann ich mich aber auch in die Nesseln setzen, wenn ich nur halbherzig zu der Sache stehe. Unangenehm wird es, wenn ich später gefragt werde und begründen soll, warum ich da Ja gesagt habe.« - »Ja-Sagen verpflichtet.« - »In der Gemeinschaft läßt sich leichter Ja sagen als wenn ich als einzelne gefragt werde.«
»Vor einiger Zeit wurden wir in diesem Kreis gefragt, ob wir ehrenamtlich in der Kleiderkammer der Gemeinde mitarbeiten wollen. Zu zweit, eine andere Frau und ich, haben wir zugesagt. Und obwohl wir schon manchmal negative Erfahrungen mit den Frauen gemacht haben, die die Kleiderkammer besuchen, bleiben wir aus Solidarität mit den anderen Mitarbeiterinnen der Mütterhilfe. Als ich krank war, da dachte ich allerdings schon mal ans Aufhören.«
Nein-Sagen: »Man eckt mehr an.« - »Man muß es lernen.« - »Kinder testen mit dem Nein, wie weit ihre Grenzen sind. Sie müssen auch mit dem Nein ihre Stärke lernen.« - »Im Supermarkt erlebe ich es allerdings oft: Die Müt-

ter sagen zehnmal Nein; und beim elften Mal bekommen die Kinder doch, was sie wollen.«

»Bei uns zuhause war vor Jahren eine heiße Diskussion, als meine Tochter vorzeitig von der Schule abgehen wollte. Drei Tage Diskussion, aber ich blieb bei meiner Gegenposition. Als ich dann endgültig Nein sagte, hatte ich den Eindruck, daß meine Tochter darauf richtig gewartet hatte. Sie lachte sogar ein wenig, vielleicht aus Erleichterung, daß das Thema jetzt erledigt war. Ich glaube, mein Mann hätte der Tochter nachgegeben.«

»Es gehört Mut dazu, Nein zu sagen.« – »Ein Nein traue ich mich oft nicht aus Angst vor Spannungen und Konflikten oder davor, Freunde zu verlieren.« – »Es gibt viele alte, alleinstehende Menschen, die den Konflikten lieber aus dem Weg gehen, als daß sie riskieren, daß keiner mehr zu ihnen kommt.«

»Es kommt darauf an, wie man Nein sagt!« – »Oft wirkt ein Nein Wunder. Mensch, die Mutter hat Nein gesagt!« – »Es hat eine bereinigende Wirkung. Wenn das Nein selten kommt, dann hat es mehr Gewicht.«

2. Wir reden dann zunächst nur über das Gleichnis samt der Schlußfrage (Verse 28–31 a); die restlichen Verse halte ich noch zurück.

»Das Naheliegendste ist doch, daß der erste Sohn den Willen des Vaters getan hat. Mit seiner Antwort hat er den Vater beruhigt. Vielleicht fiel es auch gar nicht auf, daß er nicht in den Weinberg kam. Die Arbeit wurde doch gemacht – von dem anderen.«

Warum ändern wohl beide Söhne ihre Meinung? »Der erste Sohn vielleicht, weil er im Nachhinein einsieht, daß die Arbeit gemacht werden muß – und weil er dem Vater eine Freude machen will. Der zweite Sohn wollte entweder dem Vater keine Absage ins Gesicht sagen – oder er denkt auch noch um.«

»Christen sagen oft Ja, aber tun nicht, was Gott von ihnen verlangt.« Die Frauen sind sich schnell einig, daß dies die negativ formulierte Pointe des Gleichnisses sein könnte.

»Alle haben gute Vorsätze, wenn sie in der Kirche sind, aber nachher ...« – »Ja-Sagen zu Gott hat Konsequenzen und ist schwer: sich sozial zu engagieren (z. B. im Mobilen Pflegedienst), sich christlich für die Mitmenschen zu engagieren, sich mit Gott zu befassen.«

3. Zum Symbol »Weinberg«:

Die Frauen überlegen, warum Jesus für sein Gleichnis den Weinberg als Arbeitsort benutzt. Zum Teil nennen sie andere Gleichnisse, das johanneische »Ich-bin«-Wort Jesu vom Weinstock und den Reben, die lebensbejahende Bedeutung des Weins beim Essen und beim Abendmahl. »Gott will die Lebensfreude. Die Arbeit (im Weinberg) ist mühselig, aber das Getränk macht fröhlich.« – »Heute geht es darum, daß die Gemeindearbeit Freude macht, die Arbeit am Menschen Freude macht.«

Fast alle Frauen assoziieren bei der Weinbergarbeit die *Weinernte:* viele Erntehelfer für eine begrenzte Zeit von Erntetagen, eine fast familiäre Gemeinschaft in freier Natur ... »Meine Cousine hat oft bei der Weinlese mitgearbeitet und von der fröhlichen Arbeitsatmosphäre geschwärmt. Manchmal wurde sogar bei der Arbeit gesungen.«
Viele haben die Weinberge von Zugfahrten entlang des Rheines vor Augen, erinnern sich aber auch an steile, zum Teil längst aufgegebene Hanglagen an der Mosel und an Fotos aus der Eisweinernte bei eisiger Kälte.

4. Zu den Versen 31 und 32:
Hier haben die Frauen eine Auflösung erwartet. Zuerst fühlen sie sich von der Antwort der Zuhörer bestätigt, aber von allem anderen sind sie enttäuscht: »Da ist ja auch alles und nichts drin!«
Es verwirrt, daß nicht in der Sprache bzw. auf der Ebene des Gleichnisses weitergesprochen wird: »Die beiden Söhne werden gar nicht mehr erwähnt!«
Einer Frau ist nicht klar, wer mit Johannes gemeint ist: Johannes der Täufer, nicht der Lieblingsjünger Johannes!?
»Ins Reich Gottes kommen ... der rechte Weg – das ist mir zu hoch!« Es verwirrt, da auch nicht klar ist, ob Jesu »Wahrlich, ich sage euch ...« die Zuhörerantwort bestätigend aufnimmt oder korrigiert.
»Beziehen sich die Zöllner und Huren, also die Schlechten und Sünder, auf den ersten Sohn?« (Wille des Vaters = Reich Gottes = rechter Weg = Glauben?) »... und setzt Jesus den zweiten Sohn dann mit dem ›ihr‹, also mit den Zuhörern, gleich?« (der im nachhinein schlechtere Sohn = ungehorsam = nicht glauben = nicht Buße tun?)
»Es hinkt: Vorher ging es um Menschern, die ihre ursprünglich geäußerte Meinung ändern und dadurch gehorsam oder ungehorsam sind: ein Nein-Sager, der zum Ja-Täter wird – ein Ja-Sager, der zum Nein-Täter wird. Und plötzlich geht es um Menschen, die wider besseres Wissen ungehorsam sind, bzw. um unbeliebte Randgruppen, die aber gehorsam sind.«
Zwei Einfälle: »Stimmiger wäre es doch, wenn Jesus sagen würde: Ja, nun guckt euch selber an! Wie habt ihr doch alle zu Johannes Verkündigung und Taufe am Jordan Ja gesagt, – aber handelt nicht entsprechend! Und die, von denen man es nicht erwartet hätte, die glauben und leben danach und kommen eher ins Reich Gottes als ihr!«
»Die Predigt könnte doch auch nur den reinen Gleichnistext nehmen und darum gehen, wie wir sowohl Nein-Sager sind, die zu Ja-Tätern werden, als auch zugleich Ja-Sager, die zu Nein-Tätern werden können.

Zum Gottesdienst

Traugott J. Simon

Exegetisch-homiletische Skizze

1. Nach dem Lesen der Annäherungen

Ja - Nein - und die Angst: das fällt mir nach dem ersten Punkt der Annäherungen ein. *Immer* gehe ich ein *Wagnis* ein, ja-sagend *und* nein-sagend. *Immer* setze ich mich aus - meinen inneren Bildern und Ängsten (und dann sage ich aus Furcht vielleicht lieber (?) mehr Ja als Nein). Mein *Ja bindet* mich - an eine Aufgabe, an eine Gemeinschaft. Mein *Nein setzt Grenzen* nach außen, und ich beachte auch meine eigenen Grenzen - und beides kann guttun. Das weitere Gespräch der Frauen (2.) verändert sich durch Be-Wertungen bis hin zum Spitzensatz: »Christen sagen oft Ja, aber tun nicht, was Gott von ihnen verlangt.« Erwartet hätte ich: »... aber tun nicht, was sie versprochen haben.« Ein doppelter Abgrund tut sich auf: die Unzuverlässigkeit dem eigenen Versprechen gegenüber und die Unzuverlässigkeit gegen Gott. Der Gleichnis-Ort »Weinberg« schwankt zwischen Angenehmem (»Lebensfreude«, »fröhliche Arbeitsatmosphäre«, »Freude [an] Gemeindearbeit«) und Beschwerlichem (»steile ... Hanglagen«, »Eisweinernte bei eisiger Kälte«). Und schließlich die nachvollziehbare Enttäuschung, weil die erwartete »Auflösung« (V. 32) ausbleibt. Das Stutzen darüber, was fehlt (»die Söhne«), was verwirrt (wer ist der erste Sohn in der damaligen Wirklichkeit?), oder was hinkt (in der Übertragung auf die Anhänger und/oder Gegner Jesu) scheint sich dem Vergleich zu sperren). Offene Fragen also, Verwunderung, Erstaunen.

Dem Vorschlag am Ende stimme ich einfach so zu - nur das Gleichnis ohne Aus-Deutung auszulegen und auf uns hin als Ja-oder-Nein-Sagende auszurichten - aber ich bleibe doch auch verwirrt, also wach und interessiert genug, um erneut den Text zu lesen.

2. Mit dem Text auf dem Weg

Die Bewegung des Textes, das Hin und Her von Ja und Nein, von Zustimmung und Doch-Nicht-Tun oder von Nicht-Wollen und doch Hingehen ist aufregend - und sehr lebensnah! Aus dieser inneren Bewegung heraus ist die Frage sehr geschickt »Wer von den beiden hat den Willen des Vaters getan?« (V. 31 a). Es ist wie ein Stopschild zum Innehalten. So kommt auch die Antwort rasch, knapp und klar: »Der erste.« Aber schon eilt Jesus weiter mit seinen Zuhörern, als wäre diese Antwort entweder sowieso selbstverständlich oder nur Zwischenstation auf seinem Weg mit den Hörern - oder beides ... Und dann kommt (V. 31 b) eine sehr harte und offene Beurteilung - sozusagen im Windschatten gegenseitiger Verständigung. Das trifft! Und die Begründung (V. 32) setzt noch eins drauf. Weil es nicht das

erste Mal ist, daß die Angegriffenen einer falschen Entscheidung bezichtigt werden. Mich erstaunt das atemberaubende Tempo des Gleichnisses. Keine breite Erzählung, keine schmückenden Einzelheiten. Nur Aufträge, Entscheidungen, Fragen, Folgerungen. Entweder ist dem Gleichniserzähler wirklich sachlich alles so einfach, oder die Fronten sind ganz klar und fest. Aber warum dann ein Gleichnis?! Es lädt doch immer zu einem neuen Nachdenken und zu neuen Entscheidungen ein, indem im Bild des Gleichnisses ein gemeinsamer Weg gegangen wird.
Überraschend ist tatsächlich auch, daß es mit einem Mal - von den Söhnen wegführend - um das Reich Gottes geht, das für Matthäus und sein Evangelium so wichtig ist. Die beiden unterschiedlichen Söhne freilich bleiben zentral, bzw. deren Haltung:
- das Nein in aller Offenheit, das später doch Verantwortung übernimmt
- und das Ja aus Angst, das dennoch nicht zur Tat führt.

Beides ist als Haltung gegenüber dem Evangelium als Antwort-Haltung des Glaubens verwunderlich. Mehr zum Ganzen erwarte ich bei den Auslegern:

3. EinSichten nach der Auslegungs-Literatur

Nach einer neueren Untersuchung - Eckhard Rau, siehe Kontexte - können »Gleichnisse als eine Technik zur Symbolisierung seelischer Funktionen verstanden werden« (100) - bis hin zu der über den Alltag in die »transzendenten Aspekte« hinausreichenden Frage: »Wie beziehst du dich auf die Aspekte der Lebenswirklichkeit, die du nicht realisierst?« (100). Und damit kommt dem Gleichniserzähler eine wichtige Funktion zu: Er entscheidet, was im Gleichnis beleuchtet wird und was nicht. Für die Auslegung hält Rau drei Aspekte fest: 1. die Situation damals als bekannte Problemstellung, 2. die Struktur, v. a. die Verwicklung der Hörenden in ein entfaltetes dramatisches Geschehen und 3. die vom Hörer verlangte Realitätsüberprüfung im Licht der im Gleichnis angebotenen Einsichten. So haben »Gleichnisse ... prinzipiell eine pragmatische Zuspitzung ... (die) in die Praxis des Lebens eingreifen (wollen)« (102), besonders Drei-Personen-Gleichnisse wie unseres mit einer Vater-Autorität, einem kindhaften Sohn (Ja sagen - Nein tun) und einem zum Erwachsenen reifenden Sohn (Nein sagen - dann neu bedenken und Ja tun).
Für mich bekommt das Gleichnis - so angeschaut - neue Brisanz: Was wäre denn heute eine von uns ausgeblendete Lebenswirklichkeit, die uns das Gleichnis in neuer Sichtweise erschließen könnte? Welchen überholten Gesetzen (vgl. Hohepriester und Älteste) trauen wir vielleicht mehr zu als der verändernden Kraft des Glaubens, der sich (siehe Jesus) zustimmend und handelnd auf die Gottesherrschaft ausrichtet?
Eine andere, verwandte Einsicht entdecke ich bei Christoph Köhler - siehe Kontexte -, der *Gleichnisse im Sinn aktiver Verhaltensänderung* mit therapeutischem = heilendem und mit schöpferisch-poetischem Handeln vergleicht: Gleichnisse setzen Einfühlung (»Empathie des Sprechers« als Situations-

Kenntnis; 52) voraus und ein aktives »Mitdenken, ja ein Meditieren des Hörers« (52) auf dem Weg zu »neue(n) Perspektiven« (53). So enthalten sie »mit einer gewissen Regelmäßigkeit (immer?) eine erzählerische Provokation«. Ja, sie sind als Gleichnisse auch eine Zumutung und bewahren ein Geheimnis: »Indem die Gleichnisse als Gleichnisse von der *Gottesherrschaft* apostrophiert wurden, scheint sich damit auch eine Erinnerung daran erhalten zu haben, daß durch die Sprachform das Geheimnis Gottes bewahrt bleibt.« (214) Freilich bleibt die Suche nach dem »jeweils neuen, hilfreichen Wort«: »Wer ... so angeleitet Entdeckungen in der Sprachschule des Meisters der Gleichnisse macht, wird wohl auch zu eigenen - mehr oder weniger gelungenen - Gleichnissen befähigt.« (220)

Mit so geschärftem Blick möchte ich bei den Auslegern danach schauen

- was die ausgeblendete Lebenswirklichkeit (= Streitpunkt) damals war, die provozierend angesprochen wird und wie Jesus sie aufnimmt/sich einfühlt;
- wie die Zuhörenden in ein »aktives Mitdenken/Meditieren« gebracht werden;
- mit welchen heilsamen Perspektiven Jesus das Geheimnis des Reiches Gottes aufzeigt.

Ein (wenn nicht *der*) jüdisch-christliche(r) Streitpunkt war im Blick auf Gott damals, sich entweder wie das Judentum auf eigenes gesetzestreues Handeln zu verlassen oder wie Jesus nach Matthäus in Glauben und Vertrauen dem gnädigen Ja Gottes zu überlassen. Mit Lohmeyer (308.311) stehen sich hier also der (jüdische) ›Weg des Gesetzes‹ und der (matthäische) ›Weg der Gerechtigkeit‹ des Täufers und Jesu direkt gegenüber. Jesus macht deutlich, daß auch sein Weg - sich frei der Botschaft vom Reich Gottes zu überlassen - nicht am Handeln und damit am konkreten Leben vorbeiführt (Angst bzw. Vorwurf seiner ›Gegner‹?). Das läßt er seine Zuhörenden entdecken: Der erst Nein sagt - und dann doch hingeht, hat »den Willen des Vaters getan« (V. 29+31)! Nehme ich mir das Gleichnis (V. 28-31 a) - ohne die Aus-Deutung (31 b.32), dann kontert Jesus hier mit Matthäus die Vollmachts-Frage mit der Frage nach Eindeutigkeit und Zuverlässigkeit der offenbar kritischen »Hohenpriester und Ältesten des Volkes« (V. 23). Und - zum Erstaunen aller - räumt Jesus ein, widersprüchlich zu sein/zu reden, wenn nur das Ergebnis ein Ja ist! Schließlich liegt mit unserem Gleichnis »immerhin ein Gleichnis zur Thematik der Spaltung Israels (vor), das - wenn auch nur in der Anwendung von V. 31 - explizit die βασιλεια του Θεου erwähnt« (Köhler 214). »Dem ersten Sohn, der nein sagt und hernach dennoch den Willen des Vaters erfüllt, entsprechen die ›Zöllner und die Dirnen‹; sie haben sich bisher dem Willen des Vaters feindlich verschlossen, haben alles göttliche Gesetz und menschliche Sitte geleugnet und sich dennoch dem Evangelium zugewandt ... es fällt auch ein gewisses Licht auf den bezeichnenden Zug der Parabel, daß sie nicht von der »Arbeit« des Sohnes ausdrücklich spricht. Auch die Zöllner und

Dirnen haben sich bisher nur »aufgemacht« oder, wie es hernach von Joh heißt, ›haben ihm geglaubt‹. Gegensätzlich zu ihnen und dem zweiten Sohne gleich sind die Führer des Volkes, wie immer sie näher mögen bezeichnet werden. Sie haben bisher durch Wort und Lehre den Willen Gottes bejaht, aber haben es auch unterlassen, ihn durch die Tat zu erfüllen; der gleiche Vorwurf liegt auch dem Spruch 23,3 zugrunde.« (Lohmeyer 309 f.)

Wenn die Zuhörer Jesu an der *»Unfähigkeit zu hören«* kranken (M. Limbeck, SKK 243), wie Matth 21,15 ff. zeigt, dann provoziert Jesus sie mit einem Gleichnis geradezu doppelt: Er zwingt sie zum direkten Zuhören, und er hält ihnen so etwas wie eine Spiegelgeschichte zum Alltag vor. Er will sie ändern - ihre Haltung *und* ihr Verhalten! Denn: »Nur die Tat erfüllt den Willen Gottes, nicht das Wort.« (Lohmeyer 309)

Das Wichtigste bei alledem: Jesus spricht hier mit und zu Insidern der religiösen Welt, zu den anerkannten und bewußten Vertretern, zu den religiösen und gesellschaftlichen Symbolfiguren. Und die sonst zuhören, werden insgesamt ähnlich interessiert sein!

Heute können wir wohl an so etwas wie »die Kerngemeinde« denken bzw. an die, die mit Ernst Christen/Christinnen sein wollen. Denn hier geht es nicht um gemeindliche Randsiedler oder kirchlich Fernstehende, sondern gewissermaßen um die vom inneren Kreis: Die werden gefragt nach der Zuverlässigkeit ihrer Worte und vor allem ihrer Taten. Und *sie* werden an einem 11. Sonntag nach Trinitatis auch überwiegend in den Gottesdiensten sein ... Wir also (?) müssen uns fragen lassen, ob und wie wir die »Herrschaft« Gottes, das Reich Gottes erwarten, er-hoffen, er- und beleben!

Kein Wort also des Tadels über den ersten Sohn - der im Gleichnis erwachsen wird, weil er sich um-besinnen kann(!) -, daß bei ihm anfangs ein Nein steht. Kein Anstoß daran, daß erst im zweiten Anblauf - nach dem Bedenken, Über-Denken, Um-Besinnen - Verantwortung übernommen wird. Aber eine - durch das Schweigen - gewichtige Kritik am Ja-Sager-Sohn, der dann - ganz Kind oder Trotz oder Nicht-Vertrauen - doch unverantwortlich wegbleibt.

Alles zusammengenommen heißt meine Spur:

1. Die ausgeblendete Lebenswirklichkeit damals wahrnehmen: im Vertrauen auf Gottes Ja/Gottes Reich zu leben statt - trotz Lippenbekenntnissen - dem Gesetz zu trauen.
2. Dieser Aufbruch in das mit Jesus anbrechende Reich Gottes beginnt bei bisher Geächteten und wird den Geachteten als Spiegel vorgehalten.
3. Das Ja des Herzens/des Glaubens, das zur Tat bereit werden läßt, ist entscheidender als das Ja der Lippen ohne Folgen.

Literatur:

Ernst Lohmeyer, Das Evangelium des Matthäus, Krit.-exeg. Kommentar zum NT, Göttingen 1967, 4. Aufl.

Meinrad Limbeck, Matthäus-Evangelium, Stuttg. Kleiner Kommentar, NT, Bd. 1, Stuttgart 1986
Köhler und Rau siehe Kontexte

4. Vor dem Gottesdienst-Entwurf

Jetzt interessiert mich für Gottesdienst und Predigt, welche ausgeblendeten Lebenswirklichkeit(en) das Gleichnis uns heute neu erschließt - und wie das Geheimnis des Reiches Gottes heute gleichnishaft erfaßt werden kann.

Als Beispiele für solche ausgeblendeten Lebenswirklichkeiten finde ich:

- Religiöse Suche wandert aus den Kirchen zunehmend aus und sucht sich neue Wege - aber viele in den evangelischen Kirchen klagen v. a. über die Finanznot: das »Gesetz« des Geldes/Marktes steht über der Suche nach dem, was dem Leben Sinn gibt. Dies verstehe ich als ein Ja (zum Gesetz des Geldes), das der religiösen Suche vieler ablehnend und un-tätig gegenübersteht, während sich das Nein nicht weniger Menschen, die gehen, im Kern immer wieder als ein Ja zur Suche nach Gott herausstellt.
- Die Kirchen haben ein vielbeachtetes »Sozialwort« vorgestellt, das trotzdem weitgehend in der Versenkung verschwand. So bleibt das Ja zu sozialer Verantwortung auf der Strecke, wenn dem nicht die Umsetzung in die Tat folgt, z. B. durch Einmischung in konkrete gesellschaftliche Themen wie Arbeitslosigkeit und Teilen von Arbeit, wie wachsende Armut contra wachsende Gewinne. Ein Nein zum »Weiter so« ist in Wahrheit ein Ja zur Gerechtigkeit für die Schwachen - im Geist des Reiches Gottes!
- Wer nicht den Gesetzen traditioneller Kirchlichkeit bzw. Frömmigkeit folgt, kann sehr wohl TäterIn des Evangeliums sein, z. B. in Sachen Gleichberechtigung von Frauen und Männern in kirchlichen (Leitungs-)Aufgaben auch vor Ort - oder: Stärkung Ehrenamtlicher, auch wenn sie nicht gleich den traditionellen Sonntagsgottesdienst als ihre Heimat betrachten.

Natürlich hinken diese Beispiele ein wenig - wie so oft -, weil das Nein nicht Reue oder Um-Besinnung nach sich zieht und sich deswegen zum Ja der Tat wandelt. Passend erscheinen sie mir dennoch, weil sie im Handeln, im Tun des Reiches Gottes einen Protest bedeuten gegen den überholten »Weg des Gesetzes«, wie und wo immer er beschritten wird.

Am liebsten würde ich in der Predigt solche Beispiele ausführen - und dazwischen jeweils als Contrapunkt das Gleichnis (V. 28–31 a) lesen, am Schönsten mit einem/r anderen SprecherIn. Den Text-Schluß (V. 31 b–32) würde ich gerne am Ende (noch mal?) lesen und kurz als Summe ausdeuten.

Vorschläge zur Liturgie

Alle Vorschläge - außer dem Segen - sind entnommen aus: Erhard Domay und Hanne Köhler (Hrsg.), der Gottesdienst. Liturgische Texte in gerechter Sprache, Bd. 1, Gütersloh 1997

Votum zur Eröffnung:
Wir feiern Gottesdienst / im Namen Gottes / das ist Leben / im Namen Christi / das ist Leben lernen / in Gottes Geist / das ist Leben zulassen. (a. a. O. 14: Heidi Rosenstock)

Zum Kyrie:
Wir wären / mit unserer / Weisheit / am Ende / Gott / würdest du uns / keinen Ausweg / zeigen // Wir blieben / in unseren / Selbsttäuschungen / gefangen / Gott / würdest du uns / nicht die Wahrheit / sagen // Wir müßten / an unserer / Schuld / ersticken / Gott / würdest du mit uns / kein Erbarmen / haben (a. a. O. 133: Birgit Brügge-Lauterjung)

Zum Gloria: Aufruf zur Anbetung
LiturgIn: // Dies ist der Ort / und dies ist die Zeit, / hier und jetzt wartet Gott darauf, / in unsere Erfahrung einzudringen, // um unser Denken zu verändern, / unser Leben zu verändern, / unser Verhalten zu verändern, // *Alle:* // damit wir die Welt / und das ganze Leben / in einem neuen Licht sehen, // *LiturgIn:* // um uns mit Hoffnung zu erfüllen, / mit Freude und Gewißheit / für die Zukunft. // *Alle:* // Dies ist der Ort / wie jeder Ort, / dies ist die Zeit / wie jede Zeit. // Hier und jetzt / wollen wir Gottes Lob singen. (a. a. O. 207 f.: El Escorial)

Tagesgebet:
Gott, // du Quelle des Lebens // du Licht des Glaubens, / wir kommen zu dir / mit unseren Hoffnungen und unseren Träumen, / auch mit dem, was uns beschwert: / Zaghaftigkeit, Mutlosigkeit, Kleinglauben. / Hilf uns jetzt / mit der Weisheit des Geistes, / mit der Klarheit des Glaubens. / Öffne uns für dein Wort und deine Verheißung. (a. a. O. 237: Gabriele Arnold-Dörrfuß)

(Zum/Als) Segen:
Gottes Macht erhalte dich aufrecht, / Gottes Auge schaue für dich, / Gottes Ohr höre dich, / Gottes Wort spreche für dich, / Gottes Hand schütze dich.
(aus: Hermann Multhaupt, Möge Gottes Wille hundertmal willkommen sein. Alte irische Segenswünsche II, Aachen, o. J.)

Vorschlag für die Predigt

Möglicher Anfang

»Ja sagen und doch nicht das Versprochene tun, gefällt niemand, Nein sagen und es dann doch tun, ist lobenswert. Das ist doch alles ganz einfach. Lieber weniger versprechen und mehr tun als umgekehrt. Klingt sehr einleuchtend, oder? Da können wir Jesus nur zustimmen - wie seine Zuhörer auch.

Was wir täglich erleben, sieht manchmal ganz anders aus. Da werden Versprechungen gemacht - vor den Wahlen, in der Werbung, bei Arbeitsplätzen, bei Ausbildungsplätzen, bei »blühenden Landschaften« - und was wird daraus? Und welche Überraschung, wenn jemand erst ablehnt und uns dann doch weiterhilft oder mit seiner/ihrer Zuverlässigkeit beschenkt. Das sind Sternstunden in unserem Alltag.

Solche Sternstunden hat Jesus wohl vor Augen, wenn er folgendes kurze Gleichnis erzählt:

Text lesen - vielleicht den ganzen Text

Mein lieber Mann Jesus: Das ist eine ganz schöne Zumutung! Daß ein Ja so in Zweifel gezogen wird. Und daß einem Nein noch so viel Kraft zugetraut wird, sich umzubesinnen. Deinen Glauben möcht' ich haben, Jesus, deinen Glauben an Gottes Reich. Daß es wahr wird unter uns. Daß wir uns so davon packen lassen, daß erste Bedenken und ein erstes »Nein!« sich in ein tat-sächliches »Ja« wandeln kann: Deinen Glauben möcht' ich haben, Jesus.

Vielleicht denken Sie jetzt so, wenn Sie dieses Gleichnis hören. Vielleicht haben Jesu Zuhörer von damals so gedacht und ihm innerlich widersprochen. Kann sein, kann alles sein!

Und wie kann es anders werden, daß wir auch zustimmen können? Daß wir auch solchen Glauben haben wie Jesus? Ich will ein paar Beispiele versuchen und dazwischen immer wieder dieses Gleichnis stellen von den beiden Söhnen: dem, der Ja sagt, aber nichts tut - und dem, der Nein sagt, aber zuverlässig das Erbetene tut. Das wird uns innerlich in Bewegung bringen, vielleicht in Spannung oder uns zum Widerspruch reizen. Warum soll es uns anders gehen als denen, die Jesus zuhörten und es ja ziemlich ernst nahmen mit dem Glauben?!«

Jetzt folgen einige Beispiele, evtl. die in der exegetisch-homiletischen Skizze unter 4. genannten. Oder andere, eigene, die an der jeweiligen Gemeindesituation nahe dran sind - dazwischen jeweils nur das Gleichnis lesen! - genügend Pause zum Nach-Denken geben - dann ein nächstes Beispiel.

Möglicher Schluß

»Was können wir daran entdecken, selbst wenn es uns nicht ganz schmeckt? Es bringt nichts, will sagen: keinem tut es gut, nur jemand anders zuliebe oder: zu gefallen »Ja« zu sagen. Wie es ebenso umsonst und vertan ist, nur

Nein zu sagen, um sich nicht schicken zu lassen oder in nichts schicken = hinein begeben zu müssen.
Und: Das Reich Gottes, die Herrschaft des Himmels ist offen für Ja wie für Nein, für jede Antwort des Herzens - und die kann in der Tat (!) anders aussehen als die Antwort der Lippen.
Mir klingt es so, als sagte er: Ihr müßt jetzt nicht Ja sagen - zum Reich Gottes, wie ich es verstehe / erwarte / lebe. Ihr könnt euch Zeit lassen. Wichtig ist nur, daß ihr nicht gleich abwinkt (Ja sagen aber Nein handeln oder Nein sagen und tun), sondern daß ihr euch auf die Botschaft vom Reich Gottes einzulassen bereit seid.
Und das - finde ich - ist auch heute die entscheidende Frage. Und damit verbunden: Was kann mich / uns hindern oder zum Ja der Tat bewegen? Jedenfalls steht dem Reich Gottes nichts im Wege - noch nicht einmal unser anfängliches Nein. Dazu will Jesus herausfordern, ermutigen: Gebt dem Willen und der guten Macht Gottes Raum, dann wird sich Euer Nein in Ja wandeln, dann wird Gottes Reich unter Euch lebendig. Durch uns kann das Reich Gottes wirklich werden - selbst wenn wir erst zögern - oder abwinken. Es muß nicht dabei bleiben. Mit Beispielen wie unserem Gleichnis von den beiden Söhnen oder mit Beispielen, wie wir sie aus unserem heutigen Alltag gehört haben, kann das Reich Gottes wachsen, kann Gottes Himmel auf unserer Erde lebendig werden. Und das sind allemal Sternstunden. Wir wissen das. Dann könnten wir jetzt oder später zustimmen, oder? Wir bräuchten dann nur zu sagen: So sei es! - und das tun, wozu uns ein Gleichnis wie dieses ruft. Und das heißt nichts anderes als: AMEN.«

Kontexte

Das Gleichnis sagt ihm: Dein Verhältnis zur Realität ist diffus und unklar. Betrachte es in der Perspektive der Klarheit und Rationalität, die dir das Gleichnis als dein eigenes Gesetz, dem du zu gehorchen hast, so deutlich vor Augen gestellt hat. Sieh die Welt mit neuen Augen! Überprüfe dein Verhältnis zu ihr! Laß dich von dem verpflichtenden Gesetz leiten, zu dem das Gleichnis dir den Zugang eröffnet hat! Daraufhin kann die ganze Erzähl- und Besprechungstechnik der Gleichnisse als eine Technik zur Symbolisierung seelischer Funktionen verstanden werden. Die Struktur der Seele aber ist zutiefst durch Polaritäten, Antinomien und Gegensätze bestimmt. Dem Guten steht das Böse, dem Licht der Schatten, der Ordnung das Chaos gegenüber. Dem wird das Gleichnis durch seine Vorliebe für Kontraste und jede Art binärer Oppositionen gerecht. Der Hörer soll sie ebenso unterscheiden wie als die Realitäten der eigenen Tiefe verstehen lernen. Und wenn er sie als die transzendenten Aspekte seiner selbst entdeckt hat, dann entläßt ihn das Gleichnis mit der Frage: Wie beziehst du dich auf die Aspekte der Lebenswirklichkeit, die du selber nicht realisierst?
So wäre das Gleichnis mißverstanden, wollte man lediglich die Spiegelung an sich seiender innerer Gegebenheiten sehen. Es greift vielmehr an einem ganz bestimm-

ten Punkt in einem Strukturierungsprozeß ein, der ein ganzes Leben für sich in Anspruch nimmt. Es akzentuiert die Richtung dieses Prozesses, ja, es korrigiert sie und stellt sie als ganzes in Frage.
(Eckhard Rau, Reden in Vollmacht. Seite 100 f., Göttingen 1990. Bekenntnisschriften der ev.-luth. Kirche. Hrsg. im Gedenkjahr der Augsburger Konfession 1930. Göttingen, 11. Aufl. 1992, Seite 80 f.)

... diese Welt ist merkwürdig gleichnisfähig, werden ambivalente Zusammenhänge und verbrecherische Geschichten überraschend transparent für einen ganz anderen Hintergrund, der in der Alltagserfahrung fast zu verschwinden droht. Die Welt der Gleichnisse gerät selber zu einem merkwürdig verkehrten Kosmos, anstößig, aufregend und mit z. T. winzigen Kunstgriffen verschoben, also (be)merkenswert. In den seltsamen Geschichten und den merkwürdigen, kühnen Metaphern (Senfkorn, Sauerteig, Menschenfieber) erfolgt mit einer gewissen Regelmäßigkeit (immer?) eine erzählerische Provokation, ein Verstoß gegen die übliche Bildersprache. Das ist offensichtlich eine Bedingung ihres poetischen Reizes und ihrer Überlieferung. Ohne die bestimmte Verletzung von Konventionen des Erzählens wie der Sicht von Gott, Mensch und Welt hätten sie sich wohl kaum in das Gedächtnis der Hörer eingegraben.
Er (der Sprecher der Gleichnisse; TS) beansprucht dadurch, daß er die Hörer weniger bestätigt als durch die Pointen überrascht und trifft, eine hohe Kompetenz in der Deutung und Bearbeitung von problematischen Situationen, was die Frage hervorrufen mußte, wer der ist, der so vertraut von Gott reden kann. Diese Vollmacht ist mit einem Titel schwer zu erfassen. Versuchsweise sei an Jesus als ›Arzt‹, als ›Berater‹, als ›Weiser‹ gedacht.
(Christoph Köhler, Jesu Gleichnisse als Poesie und Therapie. Versuch eines integrativen Zugangs zum kommunikativen Aspekt von Gleichnissen Jesu, Tübingen 1995, Seite 213 ff.)

Eine Überraschung erwarten
Jeder Tag hält eine Überraschung bereit. Aber nur indem wir sie erwarten, werden wir sie sehen, hören oder spüren, wenn sie auf uns zukommt. Fürchten wir uns nicht, die Überraschung eines jeden Tages anzunehmen, ob sie uns als Freude oder als Schmerz begegnet. Immer wird sie einen neuen Raum in unserem Herzen erschließen, einen Raum, in dem wir neue Freunde begrüßen und unser gemeinsames Menschsein vollkommen feiern können.
(Henri J. M. Nouwen, Leben hier und jetzt. Jahreslesebuch, Verlag Herder, Freiburg 3. Aufl. 1998, Seite 16)

Legende von den Mönchen
Es waren zwei Mönche, die lasen miteinander in einem alten Buch, am Ende der Welt gebe es einen Ort, an dem der Himmel und die Erde sich berühren. Sie beschlossen, ihn zu suchen und nicht umzukehren, ehe sie ihn gefunden hätten. Sie durchwanderten die Welt, bestanden unzählige Gefahren, erlitten alle Entbehrungen, die eine Wanderung durch die ganze Welt fordert, und alle Versuchungen, die einen Menschen von seinem Ziel abbringen können. Eine Tür sei dort, so hatten sie gelesen, man brauche nur anzuklopfen und befinde sich bei Gott. Schließlich fanden sie, was sie suchten, sie klopften an die Tür, bebenden Herzens sahen sie, wie sie sich öffnete, als sie eintraten, standen sie zu Hause in ihrer Klosterzelle.

Da begriffen sie: Der Ort, an dem Himmel und Erde sich berühren, befindet sich auf dieser Erde, an der Stelle, die uns Gott zugewiesen hat.
(Ernst Lange, aus: Chancen des Alltags. © Chr. Kaiser/Gütersloher Verlagshaus, Gütersloh)

Letztlich ist alles einfach, / so einfach wie ein Blatt, / das man in der Hand hat, / so einfach wie das / Lachen eines / Kindes.
(Jean Gebser, aus: a. a. O., Seite 256)

Der Einstieg, der Ausstieg // Gott, der Du einstiegst / in die Miseren der Welt, / der Du ausstiegst / aus dem Zirkel / von Verblendung, Gewalt und Zerstörung: / erleuchte uns, / bevor wir zerstrahlt sind! / Erbarme Dich, / damit die Erde und wir und die nach uns / nicht unwiderruflich / eigener Gier und Erbarmungslosigkeit / zum Opfer fallen: // Unbeirrbar, / stecke uns an / mit Deiner Leidenschaft / für das Leben.
(Kurt Marti, Ungrund Liebe. Klagen, Wünsche, Lieder. © Radius-Verlag, Stuttgart 1987)

Leben im Diesseits / Es gibt Menschen, die es für unernst, / Christen, die es für unfromm halten, / auf eine bessere irdische Zukunft / zu hoffen und sich auf sie / vorzubereiten. / Sie glauben an das Chaos, / die Unordnung, die Katastrophe, / als den Sinn des gegenwärtigen / Geschehens und entziehen sich / in Resignation oder frommer / Weltflucht der Verantwortung für / das Weiterleben, für den neuen / Aufbau, für die kommenden / Geschlechter. Mag sein, daß / der jüngste Tag morgen anbricht, / dann wollen wir gern die Arbeit / für eine bessere Zukunft aus / der Hand legen, / vorher aber nicht.
(Dietrich Bonhoeffer, aus: Auf den Spuren der Weisheit. Gedanken für jeden Tag des Jahres aus den Religionen der Welt. Hrsg. v. A. Büsing. Chr. Kaiser/Gütersloher Verlagshaus, Gütersloh 1997, Seite 29. Juni)

Wie herrlich ist es / daß niemand eine Minute zu warten / braucht, um damit zu beginnen, die Welt / langsam zu ändern.
(Anne Frank, aus a. a. O., Seite 8. Juli)

Ich wünsche Dir, daß Dich der Engel des Risikos ermutigt, Dein Leben zu wagen und neue Wege für Dich und für die Menschen in Deiner Umgebung zu riskieren. Der Engel des Risikos möge Dir Dein Rückgrat stärken und Dir den Rücken freihalten, damit Du frei bist, Dich selbst zu wagen und Deinen inneren Impulsen zu trauen, ohne Dich nach allen Seiten absichern zu müssen. Die Welt wird Dir dankbar sein, wenn Du etwas Neues wagst, wenn Du nicht erst die ganze Welt um Erlaubnis fragst, Deine Ideen in die Tat umzusetzen. Denn daß das Alte nicht taugt, das erleben wir Tag für Tag. Keiner traut sich, in der Frage der Arbeitslosigkeit neue Wege zu gehen. Lieber verschanzt man sich hinter Allgemeinplätzen oder schiebt die Schuld andern zu. Jeder wartet darauf, daß der andere einen falschen Schritt tut. Dann kann man ihn kritisieren. Aber keiner wagt den ersten Schritt. So tritt man auf der Stelle. Man liegt auf der Lauer, die Fehler bei anderen zu suchen, anstatt selbst einen Fehler zu riskieren. Ich wünsche Dir, daß Dich der Engel des Risikos zur Freiheit ermächtigt, auch Fehler zu wagen, um Dir und den Menschen neue Wege zu erschließen. Nur wenn Du dem Engel des Risikos traust, kann durch Dich Neues in dieser Welt wachsen, können Menschen durch Dich neue Möglichkeiten entdecken.
(Anselm Grün, 50 Engel für das Jahr. Ein Inspirationsbuch, Herder/Spektrum Bd. 5003. Verlag Herder, Freiburg 7. Gesamtauflage 1998, Seite 48)

12. Sonntag nach Trinitatis

Annäherungen an den Predigttext Jesaja 29,17-24

Heike Radtke

Das Gespräch wurde mit 10 Frauen im Alter zwischen 40 und 65 Jahren geführt. Die interkonfessionelle Gruppe trifft sich seit einigen Jahren einmal monatlich, um unter der Leitung einer Gemeindereferentin einen Bibeltext zu überdenken und ihn in Tanz und Bewegung umzusetzen. Die sehr subjektive Herangehensweise an die biblischen Texte kommt auch im folgenden Gesprächsprotokoll zum Ausdruck.

Nach dem lauten Verlesen von Jes 29,17-24 wurden zunächst einmal spontane Reaktionen gesammelt:
- »Dieser Text ist ein Manifest; er ist ein Triumpflied der Hoffnung.«
- »In meiner momentanen Situation hat mir vor allem der letzte Satz sehr gut getan.«
- »Es ärgert mich, wieder auf ›eine kleine Weile‹ vertröstet zu werden, bis sich die Verhältnisse ändern.«
- »Alles Negative wird in diesem Text von der Hoffnung eingeholt. Wie eine Lawine, die gestoppt wird. Mir fällt dazu meine jährliche Herbstdepression ein, gegen die ich nichts anderes tun kann als warten, bis auf einmal ein Licht scheint, ohne daß ich etwas dazu tun muß.«
- »Ich kann nicht akzeptieren, daß Menschen (Frevler und Spötter) vernichtet werden sollen. Ich bin gegen die Todesstrafe.«
- »Ich kann mit diesem Text nichts anfangen. Das ist alles zu unklar für mich.«

Nach dem erneuten Lesen des nun allen vorliegenden Textes entspann sich zunächst eine längere Diskussion um Vers 20. Während eine Frau darauf beharrte, daß Gott nicht die Vertilgung von Menschen wollen könne, barg für andere gerade dieser Satz ein großes Hoffnungspotential.
- »Ohne die Hoffnung, daß die Tyrannen eines Tages vernichtet werden, ist das ganze Elend in der Welt doch gar nicht auszuhalten.«
- »Mich macht es ärgerlich, wenn mit dem Verweis auf die oft scheinheilige christliche Nächstenliebe negative Gefühle unterdrückt werden. Es ist befreiend, daß diese Gefühle hier Raum bekommen und vor Gott ausge-

sprochen werden dürfen. Mir fallen dabei die vielen Klage- und Rachepsalmen ein, die bei uns häufig zu wenig beachtet werden.«
- »Das Böse ist eine Tatsache, die nicht psychologisierend verharmlost werden darf. Außerdem wird allein Gott das Recht auf Vertilgung zugestanden.«
- »Wird dabei aber nicht Gott etwas zugeschoben, was ich eigentlich selbst tun müßte? Drücke ich mich damit nicht vor meiner Verantwortung?«
- »Ich denke, daß hier die Armen und Hilflosen vor Gott stehen. Sie haben keine Chance, sich aus eigener Kraft zu wehren.«
- »Vielleicht habe ich Angst, selbst zu den Frevlern und Spöttern zu gehören, die vernichtet werden sollen.«

Als eine Frau äußert, daß für sie Vers 19 nur ein billiger Trost sei, regt sich heftiger Widerspruch.
- »Auch wenn ich ganz unten bin und alles aussichtslos erscheint, kann ich die Zuversicht haben, mich wieder einmal freuen zu können.«
- »Daß ich *wieder* Freude am Herrn haben werde bedeutet doch, daß ich diese auch verlieren kann, daß ich an Gott zweifeln darf. Gott kennt unsere Schwächen und läßt sie zu, gibt aber auch den Mut, sie zu überwinden.«

Der Versuch, die Aufmerksamkeit der Gruppe auf die Verse 22 und 23 zu lenken, gelingt nur zögernd.
- »Wenn ich mir vorstelle, daß ich Jakob bin, bedeutet das, daß ich mich für meine negativen Gefühle nicht schämen muß.«
- »Ich muß mich vor Gott nicht schämen, auch wenn mich die anderen auslachen und verachten. Gott wird mich wieder aufrichten und meine Würde wiederherstellen. Ich kann Selbstbewußtsein haben.«
- »Irgendwann einmal wird sich die Erkenntnis ausbreiten, daß Gott gut ist und das Böse nicht will. Dann wird auf der ganzen Welt Frieden herrschen.«

Eine Frau äußert, daß dieser Text trotz anfänglicher Schwierigkeiten für sie nun ein Text zum Tanzen sei. Als die Gruppe dem zustimmt, wird sie gebeten, die Bewegung, die der Text für die einzelnen enthält, darzustellen und zu erklären.
- »Eine Bewegung aus der Erstarrung und Verkrampfung in Freiheit und Lockerheit.«
- »Sich aus einer geduckten Haltung aufrichten und strecken.«
- »Gerade und fest auf der Erde stehen. Ich-bin-ich.«
- »Sich Raum schaffen. Alles Bedrängende und Einengende um sich herum vertreiben.«
- »In Gottes Hand liegen. Alles ist egal, denn ich werde gewiegt und beschützt.«

Zum Gottesdienst

Klaus v. Mering

Exegetisch-homiletische Skizze

Die exegetischen Probleme des Textes scheinen mir für die Predigt nur in soweit von Belang, daß Jesaja als Autor nicht in Betracht kommt, sondern von einer späteren Entstehung auszugehen ist. Gedanklich dürften sich eher Beziehungen zu Deuterojesaja anbieten, historisch sind sowohl die »Tyrannen« wie die »Elenden« nicht sicher zuzuordnen; manche Ausleger denken an die Seleukiden- bzw. Makabäerzeit. Der Duktus des Abschnitts selbst legt nahe, keine konkrete politische oder gesellschaftliche Situation als Hintergrund vor Augen zu haben, der Blick richtet sich auf ›die Gemeinde‹ und ihre Existenz vor Gott.

Zu den durch das Evangelium (Markus 7.31–37) und den Wochenspruch (Jesaja 42,3) vorgegebenen Koordinaten des 12. Sonntags nach Trinitatis steht der Text auf den ersten Blick in deutlicher Spannung: Zum Thema des Evangeliums, der Heilung eines Taubstummen im Gebiet der zehn Städte durch Jesus, gibt es in Jesaja 29 nur eine Stichwortassoziation: »Die Tauben werden hören die Worte des Buches«. Und die wunderbare Behutsamkeit, die den Gottesknecht in seinem Umgang mit den Beschädigten und Verletzten auszeichnet - gewöhnlich zerbricht ein angebrochenes Rohr, wenn man es aufrichtet, und ein glimmender Docht verlischt, wenn man ihn zu neuem Brennen zu entfachen versucht - scheint hier einem Eingreifen Gottes gewichen, das sich eher in den Dimensionen eines Erdbebens umschreiben läßt.

Aber bei genauerem Zusehen ist der innere Zusammenhang unter dem Leitgedanken »heilen und heilwerden« doch ungleich größer. Denn die Erfahrung des Heiles umschließt ja beides: die manchmal mikroskopisch kleinen Veränderungen im Körper einerseits und das Gefühl, ein von Grund auf anderer Mensch zu sein, andererseits. Oder man denke an die vorsichtigen, ganz undramatischen Gesten einer Krankengymnastin, die einen Patienten von quälenden Schmerzen befreien können, aber auch die Behandlungsmethoden, die einen Menschen bis an seine äußersten Grenzen führen, etwa in der Suchttherapie oder in der Psychoanalyse. Weder das, was uns zu schaffen macht und uns zu zerstören droht, noch das, was uns neu und heilwerden läßt, läßt sich in quantitativen Maßstäben angemessen umschreiben.

Tatsächlich spricht unser Textabschnitt, wie die Exegeten übereinstimmend hervorheben, nicht in der Sprache der Apokalyptik, sondern in eschatologischen Bildern und steht darin der Denkweise des Markusevangeliums nahe. »Die große Wandlung« (Überschrift in der Lutherbibel) wird nicht von politischen Veränderungen in der Völkerwelt oder durch kosmi-

sche Katastrophen erwartet, sondern dadurch, daß »sie sehen werden die Werke meiner Hände in ihrer Mitte« und so »meinen Namen heiligen« werden (V. 23). Nicht nur *es* soll anders werden, sondern *ihr* sollt anders werden (Gottfried Voigt), womit freilich nicht der Unterschied zwischen einer schicksalhaften und einer moralischen Dynamik gekennzeichnet ist, geschweige denn zwischen einer, die nur erhofft und einer, die selbst bewirkt werden will; sondern der Prophet rechnet mit einem »Frieden, der nach außen wächst« (Manfred Siebald). In der Tradition hat Jesus die Predigt von der kommenden Gottesherrschaft entfaltet. Sehr zugespitzt, aber richtig Voigt: »Versetzte uns Gott am Ende in ein ›Eden‹, aus dem er sich ein für allemal zurückgezogen hätte, dann wären wir - in der Hölle« (Die neue Kreatur z. St. Seite 274).
So fragwürdig deshalb das unreflektierte Aufsichbeziehen des Textes durch die Frauen zunächst ist, von denen die »Annäherungen« berichten - die verbreitete Wehleidigkeit in unserer Kirche nährt sich nicht zuletzt aus der Quelle, daß wir jede Unbill unseres Christseins einfach mit den Anfechtungen und Verfolgungen gleichsetzen, denen Menschen in biblischer Zeit um ihres Glaubens willen ausgesetzt waren! - so sachgemäß erscheint mir gerade bei diesem Text ihr Versuch, das aus der biblischen Meditation Gehörte und Verstandene in Tanz und Bewegung umzusetzen. Denn auf diese Weise wird nicht nur ein Schritt unternommen, die elende Unterscheidung von ›tatsächlich‹ und nur ›bildhaft‹ zu überwinden. In solcher Bewegung kann auch, wie im Text, große äußere Bewegung und kleine innere Veränderung bzw. umgekehrt grundsätzliche Neuorientierung des Lebens bei vergleichsweise undramatischen Schrittfolgen zusammenfallen.

Vorschläge zur Liturgie

Introitusmeditation
Bei dir, Gott, ist die Quelle des Lebens,
und in deinem Licht sehen wir das Licht.
Ein Blinder kann nicht sehen und darum nicht den Weg weisen.
Wem Gott nicht einleuchtet,
der kann andern ihre Finsternis nicht ausleuchten.
Aus der Unfähigkeit zu empfangen wächst die Unfähigkeit zu schenken,
und wer nichts zu verschenken hat, der hat bald auch keine Freunde mehr.
Diesen Teufelskreis der Einsamkeit hat Gott durchbrochen,
das Licht seiner Gnade durchdringt die Vorhänge unserer Blindheit.
Er öffnet unsere Augen für die Wahrheit seiner Liebe
und schenkt neue Kraft, die Wärme seiner Nähe widerzustrahlen.
Für stark und schwach setzt er neue Maßstäbe,

und der Friede geht von denen aus, die am verwundbarsten sind.
Bei dir, Gott, ist die Quelle des Lebens, und in deinem Licht
sehen wir das Licht.

(aus: Klaus v. Mering, Deine Güte reicht, so weit der Himmel ist. Quell Verlag, Stuttgart, Seite 114f.)

(Kollekten)gebet

Großer Gott, du löst Stummen die Zunge und öffnest Tauben die Ohren, damit sie teilhaben können an deinem Wort, das die Welt ins Leben rief und zum Ziel führt. Wir danken dir, daß du uns herausholst aus den Abgründen unserer Einsamkeit und bitten dich für die, die sich darin ängstigen oder mit ihrem Verstummen eingerichtet haben. Gib uns deinen Geist, der unsere Augen öffnet für deine Wunder und unseren Mund frei macht, sie zu bezeugen. Durch unseren Herrn Jesus Christus.

oder:

Gott, du hast uns die Augen geschenkt - gib uns den klaren Blick auf dich, durch die vielen Verschleierungen hindurch, die man vor uns legt.
Gott, du hast uns Ohren geschenkt - öffne sie für die Rufe unseres Nächsten und reinige sie von dem Geplärr, mit dem man sie betäubt.
Gott, du hast uns die Münder geschenkt - mach uns Mut, von dir zu reden und von deinen Verheißungen, trotz der Angst, die uns stumm machen will.

(Lutz Lehmann in: Werkstatt für Liturgie und Predigt. Bergmoser & Höller, Heft 6/93 z. St.)

Fürbitten

Herr Jesus Christus - mit deinem Leben hast du dich dafür eingesetzt, daß wir sehen lernen, wie gut diese Welt sein könnte. Wir bitten dich: Mach uns sehnsüchtig nach deiner neuen Welt, wie man sehnsüchtig auf einen geliebten Menschen wartet. - Schenk uns Augen für die Zeichen deines Reiches unter uns: für die Menschen, die sich nicht abschrecken lassen von der allgemeinen Blindheit und mutig wagen, genau hinzuschauen und zu handeln, wo andere leiden. Daß sie mehr werden unter uns und daß wir wagen, zu ihnen zu gehören, dazu mach uns stark. - Für die ausländischen Männer, Frauen und Kinder, die unter uns leben, bitten wir: daß wir ihre Angst vor uns sehen und uns zu Herzen nehmen; daß wir sie als Brüder und Schwestern akzeptieren, weil du alle Menschen zu Freunden und Brüdern gemacht hast: daß wir ihnen deutliche Zeichen der Ermutigung und Heimat bei uns geben, dazu mach uns stark. - Für alles Lebendige, in dessen Mitte wir leben, bitten wir, daß wir nicht länger wie Blinde in deiner Schöpfung herumtappen und vernichten, was wir nicht verstehen: daß wir lernen, Geheimnisse stehen zu lassen und darauf zu verzichten, alles nutzbar zu machen: daß wir den nicht-menschlichen Mitbewohnern deiner Erde dasselbe Lebensrecht einräumen wie uns selbst: dazu

mach uns stark. Nimm dich unserer Blindheit an und mach uns tauglich für dein Reich. Um dessen Kommen bitten wir, wie du es uns gelehrt hast: Vater unser ...
(Oda-Gebbine Holze in Gottesdienstpraxis V. 3, 1983 z. St.)

Lieder
Zum Eingang: Dir, dir, o Höchster will ich singen ... (EG 328,1-3)
Graduale: Nun lob, mein Seel, den Herren ... (EG 289,1+2+4)
Vor der Predigt: Gott gab uns Atem ... (EG 432)
Nach der Predigt: Suchen und fragen (1+2+4+6) (Originalfassung in Gottesdienstpraxis Serie B Trauung 1989, Seite 29)
Vor den Fürbitten: Laß uns den Weg der Gerechtigkeit gehen (EG 675 Rheinland-Westfalen) ... oder:
Herr, deine Liebe ist wie Gras und Ufer ... (u. a. in ›Umkehr zum Leben‹, Kirchentagsliederheft 83, Nr. 705)

Vorschlag zur Predigt

Möglicher Anfang
Wo die Bibel gelesen wird, da gehen Menschen die Augen auf. Denn wer die Bibel liest, entlarvt dabei, ob er will oder nicht, die schönfärberische Bemäntelung der Wirklichkeit, die man uns allenthalben anbietet und die wir uns oft viel zu bereitwillig selber umhängen. Im Unterschied zu den meisten religiösen Traditionen, Bräuchen und Anweisungen, die in der Regel darauf zielen, den Blick von der Wirklichkeit abzuwenden und die Augen fromm für eine innere Wirklichkeit zu schließen - im Unterschied dazu öffnet die Lektüre der Bibel - wenn sie unvoreingenommen geschieht! - gerade die genüßlich oder gedankenlos geschlossenen Augen für die Realitäten unserer Welt. Deshalb ist Bibellesen in Diktaturen jeder Art so etwas wie ein subversiver Akt, nicht nur in sogenannten atheistischen Diktaturen, die sich offen gegen Gott aussprechen, sondern auch in solchen, die Religion und Kirche offiziell zu fördern vorgeben.
Solche Diktaturen sind unterschiedlich brutal in ihrer Machtausübung. Manche verstehen es sogar, sich als Raum auszugeben, in dem besonders große Freiheit herrscht. Bestraft werden dann nur diejenigen, die »sich mit dieser Freiheit nicht zufrieden geben« oder die »damit nicht zurecht kommen«. Aber weil die biblischen Texte nicht nur vom Augenöffnen erzählen, sondern immer neu Augen öffnen für die, die auch im großen Raum der Freiheit die Verlierer sind, deshalb ist die subversive Kraft des Evangeliums auch in demokratischen Staatswesen wirksam.
Manchmal dauert es eine Zeit, bis die Betroffenen das begreifen; denn fast immer finden sich kleine und große Kirchenmänner bereit, eine - wie sie es nennen - ›vergeistigte‹, ›verinnerlichte‹ Deutung der Bibeltexte zu propa-

gieren. Und so passiert es immer wieder, daß der »Herr Zebaoth«, der »Herr Jesus Christus« bekannt und angebetet wird, ohne daß den Herren dieser Welt daurch irgendetwas abgeht an blindem Vertrauen oder bedingungslosem Gehorsam. Manchmal muß sich erst eine Katastrophe ereignen, damit dieses Lügennetz zerrissen wird. Manchmal geht die ›Wende‹ von einer beglückenden Erfahrung aus, die Menschen miteinander machen. Und manchmal sind es auch nur einzelne oder kleine Gruppen, die darauf hinweisen, daß den Menschen sehenden Auges ein X für ein U vorgemacht wird. Aber was auch immer den Anstoß gibt: Eine wirkliche Veränderung erfolgt erst, wenn Gottes Geist sich dieser ›Ätherwellen‹ bedient und über Auge und Ohr bis zum Herzen der Menschen vordringt.

Zum weiteren Verlauf

An dieser Stelle endet häufig das Zweckbündnis zwischen Christen und ihren ausschließlich politisch oder humanistisch motivierten Freunden. Denn weil unsere begrenzten Energien sich häufig aufbrauchen bei dem mühsamen und kräftezehrenden Kampf um die Aufdeckung der entstellten Wahrheit, bleibt am Ende nichts mehr übrig, um Hoffnung zu wecken und um denen zu vergeben, die sich, bewußt oder unbewußt, als Kollaborateure betätigt haben. Wir sind da als Christen keine besseren Menschen; aber wir erfahren aus den Texten, die uns die Augen öffnen, nicht nur etwas über Umkehr und Gericht, sondern auch von Gnade und Verheißung einer neuen Zukunft.

Häufig werden diese zukunftsöffnenden Verheißungen in Bildern aus der Natur umschrieben – das war ja damals die Lebenswirklichkeit der Menschen, in der sie hauptsächlich Veränderungen wahrnahmen und als für sich belebend und befreiend erfuhren. Aber offenbar liegt in diesen Bildern auch eine besondere schöpferische Kraft. Wie sonst ließe sich erklären, daß auch wir, deren Umwelt längst in der Hauptsache von selbstgemachten und auf diese oder jene Weise manipulierten Wirklichkeiten bestimmt ist, immer noch besonders beglückt und besonders sehnsüchtig nach ›Natur‹ ausschauen. Und die Werbung, die sich alle erdenkliche Mühe gibt, damit wir uns *nicht* mit ›Natur‹ zufriedengeben, sondern menschliche Erzeugnisse als das eigentlich Glückbringende und Zukunftschenkende ansehen und erwerben – selbst diese Werbung greift, um ihre Botschaften zu vermitteln, immer wieder auf Bilder von grünen Bäumen, unberührten Stränden oder ›wilden‹ Tieren zurück. Denn sie weiß, was unser Herz anspricht und was uns mehr bewegt als Nützlichkeitserwägungen.

»Wohlan, es ist noch eine kleine Weile, so soll der Libanon fruchtbares Land werden, und was jetzt fruchtbares Land ist, soll wie ein Wald werden«, heißt es in unserem Text. An anderer Stelle lesen wir: »Wolf und Schaf sollen beieinander weiden; der Löwe wird Stroh fressen wie das Rind.« (Jesaja 65,25) Oder: »Ich aber werde bleiben wie ein grünender

Ölbaum. (Psalm 52,10) Und Jesus macht die Sorglosigkeit der Kinder Gottes, die der Verläßlichkeit seiner kommenden Herrschaft vertrauen an den »Vögeln unter dem Himmel« deutlich: »Sie säen nicht, sie ernten nicht, sie sammeln nicht in die Scheunen; und euer himmlischer Vater ernährt sie doch.« (Matthäus 6,25).
Die rasche Abfolge von Werbung und Nachrichten bewirkt allerdings, daß bei uns Wunsch und Wirklichkeit durcheinander geraten und sich leicht ein Ohnmachtsgefühl ausbreitet, das nur noch im Konsum ein Ventil findet. Das Gleichgewicht von böser Realität in der Nachricht und schönem Schein in der Werbung soll einerseits die ängstliche Neugier in uns wachhalten, die uns immer wieder zum Hinhören und Hinschauen zwingt. Andererseits wird die Angst durch besänftigende Bilder von Harmonie und Freiheit betäubt und soweit verdrängt, daß sie nicht zur Tat drängen kann. Hier, bei ›Jesaja‹, werden uns dagegen keine zusammenhanglosen Bilder des Schreckens und der Hoffnung aufgetischt, hier werden im Gegenteil sehr sorgfältig Zusammenhänge aufgezeigt: Die »blühenden Landschaften«, die hier angekündigt werden, stehen in engem Zusammenhang damit, daß die Menschen wieder hörfähig werden für das Buch der Bücher. Und die Ärmsten haben wieder etwas zu lachen, weil vor Gericht endlich wieder ohne Ansehen der Person Recht gesprochen wird. Als Christen sollten wir mit der Bergpredigt im Rücken keine Schwierigkeiten haben, das »Heiligen des Namens Gottes« mit konkreten Bildern vom Kommen seines Reiches in Beziehung zu setzen. Wichtig ist, daß dabei nicht moralisierend, sondern hoffnungsvoll formuliert wird, wie es etwa Wilhelm Stählin in seiner Meditation zum Text tut: »Der blasierte Überdruß an allem Religiösen, die Uninteressiertheit an dem Wort der Heiligen Schrift, wird in einem neuen Fragen und Hören, ja in einer lebendigen Freude an Gott überwunden sein« (Predigthilfen III, Seite 163).

Möglicher Schluß
Ich habe die Predigt unter dem ›Thema‹ angekündigt: ›Auch die Hoffnung muß auferstehen‹. Wir von uns aus haben nicht die Kraft, auf die Dauer gegen die bösen Tatsachen eine Hoffnung auf Veränderung durchzuhalten. »Friedensbewegung und Grüne haben ihre Zeit gehabt, jetzt ist den Leuten anderes wichtig«, höre ich: »Bekämpfung der Kriminalität und Behauptung des Wirtschaftsstandortes Deutschland«. Der einzige Grund, warum dieser Satz als falsch bezeichnet werden kann und muß, lautet: Auch die Hoffnung kann auferstehen. Unsere Hoffnungen sind in der Tat sterblich, die guten nicht weniger als die selbstsüchtigen. Aber es gibt eine Auferstehung, jetzt, hier, und kraft dieser Auferstehung hat die Hoffnung auf eine friedliche und lebenswerte Umwelt Zukunft. »Der Libanon wird fruchtbares Land werden!« Die Erde als Schöpfung Gottes und das Miteinander der Menschen in Frieden, das sind keine Modethe-

men, die kommen und gehen, das hat mit Ausdruck der Liebe Gottes zu tun. Diese Liebe kann sterben, um unseretwillen. Aber sie ist auferstanden am 3. Tag.

Kontexte

Domherr Paul Oestreicher aus Coventry hat beim Kirchentag in München 10 Thesen formuliert, mit denen er den Christen Mut machen wollte, »freudig und mit etwas mehr Leichtigkeit des Herzens ans Werk Gottes zu gehen.« Seine 3. These: Habt Mut zur Bescheidenheit. Die 4.: Habt Mut zum Konflikt! sowie die 6.: Habt Mut zur Annahme der Gnade! zielen gemeinsam auf die 7., für mich in der heutigen Situation fast die wichtigste: Habt Mut zur Sünde!
»Wer ständig Angst hat, vielleicht irrig, sprich sündhaft zu handeln, ist ein gelähmter Mensch. Und das führt nicht selten zur gelähmten Kirche. Wir stecken bis zum Hals in den Verstrickungen einer sündigen Welt. Die EG bezahlt mit teurem Geld die Nichtproduktion von Lebensmitteln, und Kinder verhungern jeden Tag. Mit 70 Millionen Mark könnten die gesamten Wasserbestände der Erde saniert werden, Millionen Tote und Blinde verhindert und Schulen für die Kinder der armen Länder gebaut werden. Alle drei Wochen wird diese Summe von der Weltrüstungsindustrie verschleudert. Wir können keinen einzigen Tag sündlos leben. Auch unser bestes Tun ist nicht makellos.« Aber der bewußten Entscheidung, etwas zu tun oder zu lassen, wollen wir aus Angst, etwas falsch oder uns lächerlich zu machen, aus dem Weg gehen?
(in: Allgemeines Deutsches Sonntagsblatt 34/93, Seite 15)

»Bücher, die ich meine, sollen nicht beschwichtigen, sie sollen beunruhigen und wecken. Neugierig sollen sie machen. Auf Menschen und Dinge, auf das Unbekannte im Bekannten, sogar auf das Unmögliche. Bücher können zu neuen Gedanken herausfordern. Denk weiter, rede weiter, erzähl weiter. Trau deiner Phantasie, aber lasse sie die Wirklichkeit nicht vergessen. Das sind die Leitlinien, auf denen Sätze für Kinder geschrieben werden können und dies alles nicht ohne Witz, Vergnügen, Liebe, Anschauung und Erfahrung, Genauigkeit, Leidenschaft, Vernunft. Und das in einer Sprache, die Empfindungen nicht verkleinert.«
(aus einem Interview mit Peter Härtling, zitiert in ›Werkstatt für Liturgie und Predigt‹ Heft 6/93, Seite 336)

Die Autorinnen und Autoren

Pfarrer i. R. Ernst Arfken, Göttingen; Pfarrerin Gisela Arp-Kaschel, Freienwill; Superintendent Theodor Bohlen, Hannover; Pfarrer Kurt Dohm, Bremen; Pfarrer Gerhard Engelsberger, Wiesloch; Pfarrer Klaus Eulenberger, Hamburg; Pfarrer Pfarrer Anselm Friederich, Heidelberg; Pfarrer Bernd Giehl, Wiesbaden; Propst Peter Godzik, Ratzeburg; Pfarrer Günter Gottschämmer, Darmstadt; Pfarrer Helmut Gröpler, Neuruppin; Pfarrer Ralf Handelsmann, Kutenholz; Prof. Dr. Gert Hartmann, Herborn; Pfarrerin Susanne Hansen, Eutin; Pfarrer Dr. Rolf Heinrich, Gelsenkirchen; Pfarrer Dr. Wolfgang Herrmann, Holzappel; Superintendent Hans-Jürgen Kant, Wernigerode; Pfarrer Hannes-Dieter Kastner, Worms; Pfarrerin Dagmar Maxin-Schnell, Bad Bevensen; Pfarrer Klaus v. Mering, Langeoog; Pfarrer Hans Jürgen Milchner, Hunteburg; Pfarrer Frank Niemann, Kolkende; Pfarrer Jürgen Rogler, Nürnberg; Vikarin Heike Radtke, Göllheim; Hauptpastor Dr. Klaus Reblin, Hamburg; Pfarrer i. R. Dr. Jörg Rothermundt, Plüdershausen; Pfarrer Helmut Siegel, Hildesheim; Pfarrer Traugott J. Simon, Marburg; Pfarrer Hartmut Stuber, Korntal-Münchingen; Pfarrer Günter Thomé, Essen; Thomas Westerhoff, Mainz; Pfarrer Helmut Zeilinger, Freiburg; Pfarrerin Anke Zimmermann, Diemelsee; Pfarrerin Ute Zöllner, Marburg